異文化理解とオーストラリアの多文化主義

田中 豊裕

大学教育出版

はじめに

社会生活を営む上で人間関係は複雑である。スムーズな人間関係を構築するためにはそれなりの学習や思慮が要求される。相手がどこの出身で、どのような環境で育ち、どんな教育を受けたかなどの文化的背景を参考にその人をよりよく知ることによって、相手を理解することが必要である。生まれ育った文化の中でも性別、年齢、職業、社会的地位、地域、自然環境、歴史などによっても人が持っている文化は違うので、そのような点にも留意しなくてはならない。

ましてや自国以外においては、より幅広い複雑な異文化が存在するのでそれを認識することが大変重要になる。情報通信技術は日進月歩で発達し、世界と瞬時に交信することが可能である。さらにロジスティックの国際発展に従ってカネ、モノ、ヒト、サービスが自由に行き交う時代になった。外国から日本を訪れる人が３０００万人にならんとする。２０２０年の東京オリンピックには４０００万人の訪日客を目標にしている。日本から海外にも多くの人がでかけている。加えて、日本に住み、働いたり、学んだりする外国人が２５０万人と全人口の２％になり、外国人労働者が１００万人を突破した。その結果、われわれの身近に異文化が存在し、それがわれわれの日常生活にも影響をおよぼしている。

今回の「異文化理解」については、外国の文化を念頭に日本文化との比較検証を試みる。その背景や重要性を把握し、異文化理解のためのコミュニケーションの手段や意義を精査し、その上で、後半はオーストラリアに焦点を当てて、日豪文化を掘り下げ比較検証をする。なぜオーストラリアかについては、これまでの拙著で何度も取り上げてきた。オーストラリアは過去、現在はもちろん日本の将来にも大きく関わり、その役割が大変重要である。だから、日本にとって死活的パートナーであるこの国をよりよく知ることが大切なのである。

日本の国民生活や産業にとって、オーストラリアがいかに重要であるかを具体的に示すと、まずオーストラリアは日本にとって必要なエネルギー・鉱物資源、食料資源の主要な供給国である。発電用・都市ガス用のエネルギー資源である一般炭の70%、天然ガスの40%以上をオーストラリアに依存している。日頃われわれが食べているうどんや中華麺、その原料になる小麦をはじめオージービーフ、市販されているプロセス・チーズの原料もオーストラリアから輸入されたナチュラル・チーズが使用されている。ビール・ウイスキーの原料は大麦、麦芽（モルト）でオーストラリアからの輸入に依存している。さらに、アワビ、クルマエビ、ミナミマグロなどの水産物、食用油のキャノーラから食生活や食品加工に欠かせない砂糖や塩にいたるまで、オーストラリアから輸入されている。

鉄道、航空機、道路、橋梁、自動車、機械、電化製品、光学器械、精密機械などに多用されている鉄の原料である鉄鉱石と原料炭や金、銀、銅、ニッケル、アルミニウム、亜鉛、スズなどの非鉄金属に加えて、ガラスの主原料の珪砂（シリカサンド）、紙の原料の木材チップなどなど、経済活動、日常生活に不可欠な製品の原料が、大量にオーストラリアから輸入されている。このような原料がなければ、日本の代表的な輸出品である車を一台も作ることはできない。

またオーストラリアの希少金属（レアメタル）は、１４０兆円といわれる日本のハイテク産業を支えている。携帯電話、パソコン、電子機器などは多種類のレアメタルが使われている。その多くがオーストラリアから輸入されている。日本の需要は世界全体の25%を占め、オーストラリアの資源がなければこの重要なハイテク産業は存在できない。

オーストラリアは、アジアの時代におけるこの地域での平和と安全に不可欠な準同盟国である。混迷を深める北朝鮮問題、軍拡が進む中国など、わが国の安全を脅かす現況に対処するためには日米同盟に加え、オーストラリアとの協力関係を強化しなければならない。

日本では残念ながらオーストラリアについての知識が大変限定的で、一般的にはコアラや羊、大自然と資源の域をあまりでない認識である。そこで本書では、読者の認識を深めるために、オーストラリアの国民性、価値観を基軸に政治、経済、法律、国民生活、慣習、マナー、行動規範、教育、言語、動植物やビジネス文化などさまざまな文化情報を提供している。さらに急速に進化している多民族・多文化国家としての現状と将来を検証する。少子高齢化、人口減少、人手不足で海外から労働力を確保しなければ、国の経済を維持できない深刻な状況に直面している日本にとって、これから避けてとおれない多文化共生時代を迎える際の参考になれば幸いだと思っている。そして本書が、親密な日豪関係のさらなる構築と発展に役立てばなおよいと考えている。

２０１９年6月　吉日

著者

異文化理解とオーストラリアの多文化主義

目次

異文化理解とオーストラリアの多文化主義

第一章　異文化理解の重要性

1

　今日の社会では、外国の文化に触れ、外国人と出会うことが日常化している。われわれの身近でもその人たちと出会ったり、一緒に仕事をしたり、社会の中で共生している。アルバイト先では多数の外国人に囲まれて、日本人がただ一人などということもある。大学のキャンパスでもアジアなどから多くの留学生が学びにきている。就職すれば、職場でさまざまな国籍の人々が働いていることもある。日本企業の進出で海外勤務をすることになるかもしれないし、結婚相手が外国籍ということもあり得る。自由に海外を訪問できる。異文化との接触はもはやごく身近なテーマとなっている。また異なった文化を知ることは、自分の文化をより深く考えることにつながる。多様化する世界を前に、異なる文化を持つ人々が、互いの文化的違いや価値を理解し、尊重し、新たな関係を創造することを目指す「多文化共生」の考え方が重要な意味を持つようになった。

　振り返ると筆者が日本文化以外の異文化に接触したのは、小学生時代のころである。自宅からさほど遠くないところに占領軍に関係したアメリカ人の家族が住んでいた。その家の前に大きな広場があって、少年のころ学校から帰ればほとんど毎日、その広場で野球をして遊んだ。大きな門構えのある広い家に、どんな人が住んでいるのだろうと常日ごろ好奇心を持っていた。ある日野球をやっていたら、友達の打球が家の壁を越えてその家の窓ガラスを直撃した。まずいことになったので皆その場から逃げた。

少したってその場に戻ったら、その家から背の高い白人がボールを持って現れ、手のひらを上にして指を繰り返し折り曲げていた。そのとき、そのジェスチャーが何を意味するのかわからなかったが、その白人はわれわれに近づき、ボールを返してチョコレートをくれた。その白人は、窓ガラスが割れたのだから逃げずにまず謝らないといけないと流暢な日本語でわれわれを諭した。筆者はてっきり怒鳴られ殴られると恐怖心を抱いていたので安堵した。筆者がはじめて外国人に遭遇した事件であった。それからはそれまで持っていた外国人に対する恐れがなくなり、外国人に関心を持つようになった。しかし65年以上前に少年が遭遇した事件は当時大変まれなもので、今日のような多民族共生時代が来ることなど予想もしなかった。

今日科学技術の発達は、時間と空間をなきものにし、異文化との接触、つながりを急速に強めはじめた。その上、通信技術の発達によって情報ネットワーク時代の到来である。世界のどこで何が起こっているかが瞬時にわかる。情報の発信、受信もいとも簡単にできる時代である。一方エネルギー、環境、人口、テロ、あるいはエイズなどの問題はもはや一国だけで処理対応ができない。問題の解決のためには国家という次元を乗り越えて対話が必要で協力しなくては解決できない。

よくいわれることだが、海外で過ごすと自国について良い点も悪い点もよくわかる。筆者もそれを体験した。異なった考え方を知ることは自分の文化を再認識し、自分の生き方の選択肢を広め、人生を豊かにし、気が付かなかった自分の可能性にも目を開かせてくれる。異文化コミュニケーションの過程で、自分の文化と他人の文化の違いを意識し、相互理解と相互適応の困難さを認識しながら、互いに融和する努力を無意識にでも擦るようになり、そこから新たな文化が生まれる。だから異文化に触れ、異文化を尊重し、異文化コミュニケーションをすることが人生を送る上で大変有益で重要なのである。そして世界がますます身近になっている時代に、それぞれの国や地域がその異なった文化を認識し尊重して、共存共生世界の構築に貢献すべきなのである。

1　避けられないグローバリズム

２０１７年、日本国内における外国人登録者数は過去最高の２４０万人を超えた。これは総人口の約２％に当る。１９７７年の統計を調べると76万２０５０人であったので、この40年の間に3倍以上に増加している。より開かれた人的交流、日本社会の少子高齢化、労働人口の減少、人手不足を考えると今後も増え続けるであろう。

出身国の上位5カ国は、中国、韓国・朝鮮、ブラジル、フィリピン、ペルーである。出身地別では、特別永住者（注）が多数を占める韓国・朝鮮人が、従来外国人のほとんどを占めていたが、近年は高齢化とともに減少を続けている。他方中国人、フィリピン人、ベトナム人が20年間で大きく増加している。増加数規模では中国人の増加が同期間に51・4万人増と全体の増加数96・8万人の53％を占めており特に目立っている。日系ブラジル人、ペルー人は製造業の働き手として一時期多く流入したが、リーマンショック以降、減少傾向が続いている。それに代わって、最近は留学や技能研修で滞在するベトナム人やネパール人などの増加が目立っている。今後は日本もいっそう多民族国家に変遷していくので、異文化に対する認識と理解が必要になってくる。近い将来本格的な異文化共生社会が到来する。

また、観光などで日本を訪れる人の数がこのところ急激に増加している。２０１１年の８６１万人から、２０１４年に１３４１万人、２０１５年に１９７４万人そして２０１６年には２４０４万人、２０１７年には２８６８万人と急増している。東京でオリンピックが開催される２０２０年にはこれを４０００万人に増やすことを日本政府は目標にしていた。

訪日客増加の理由にはいろいろある。政府の意欲的な訪日客誘致活動、急速な経済成長でアジア各国における中産階級の増大、航空路線の拡張、クルーズ船の寄港増加、燃油サーチャージの値下りなどが引き続き訪日旅行者数の増加を後押ししている。加えて、ＳＮＳやインターネットを利用したＰＲなども盛んに行われている。その中でアジアからの訪日客が急拡大している。全体の80％を占め、そのうち韓国、台湾、中国の３国で全体の60％を維持している。

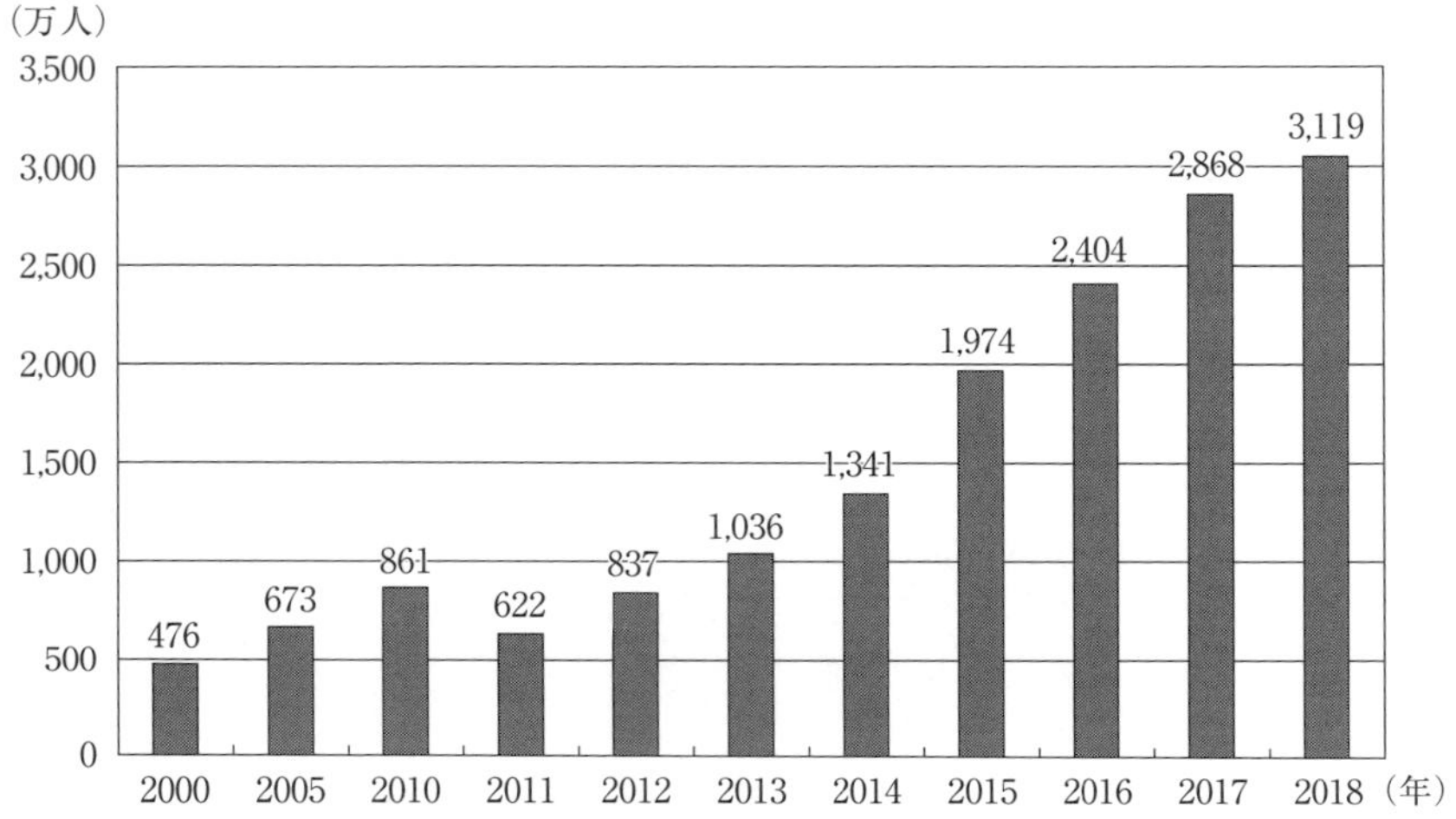

図１　訪日客の推移（2000年～2017年）

東南アジアではイスラム教徒の国が多い。イスラム教徒の訪日が増えているのでイスラム教についての知識、適切な対応が必要になっている。イスラム教を信奉する観光客は一日に5度アラーの神に対してお祈りをするので、ツアーの中でそのような場所と時間を提供しなくてはならないし、食事についても細心の注意と準備が必要である。イスラム教の経典であるコーランには「汝らが食べてならぬものは、死獣の肉、血、豚肉、それから邪神に捧げられるもの、絞め殺された動物、撃ち殺された動物、墜落死した動物、ただし自ら手を下ろして最後の留めをさしたものはよろしい」とある。グローバリズムが進展すればそれだけ異文化に対応するハード、ソフトを構築しなくてはならない。

ずいぶん昔のことだが、タイから知人が訪ねてきたので昼食に誘った。何がおすすめかと聞かれたので焼きそばをすすめた。うまそうな料理が運ばれてきたので筆者は、すぐさま箸をつけ食べはじめた。しかし彼は焼きそばに肉片が入っておりそれが豚肉だといわれ、箸をつけることはなかった。タイからきたのでてっきり仏教徒だと決めつけていたが、彼はイスラム教徒であった。最初におすすめ料理をたずねられたときに食に対する好みを聞くべきであった。そうすればこのような結果になることを防げたと後悔した。

オーストラリアからくる訪問者の中には、地方にある日本の伝統的な旅館に泊まりたいと希望する人がいる。地方の日本旅館に問い合わせをするが、外国人はお断りという返事を貰うことがしばしばである。そのことを伝えると、外国人に対する偏見と差別であると取られる。しかし旅館の対応についてよく聞いてみると、さまざまな異なった文化に対応できないのが主な原因で、外国人に対する偏見ではないと説明する人が多い。例えば、西洋では銭湯のような公共施設はなく、プライベートなシャワーである。日本旅館の大浴場に見ず知らずの人と入ることに抵抗があり、水着を着用して入ろうとする。旅館で刺身はよくだされる定番である。味噌汁や納豆などもしかり。しかし、これら伝統的な日本の食材が食べられない。とにかく生活文化や食文化の違いから問題が起こりやすい。それに外国人に対応するための外国語が話せる人材がいないし、また採用することもしない。だから外国人お断りになるのだと。しかしこの配慮は外国人には差別と見られ誤解される。

海外の観光客は、パンフレットに載っているような観光地を訪れるだけでなく、われわれからすると思いもよらない場所に興味を持ち、彼らなりの日本を探そうとすることが多々ある。そのような要望に対応するためにも、外国人を毛嫌いすることなく率直に彼らの意向や要望を聞きだし、情報交換をする姿勢を持ちたいものである。

一方毎年多数の日本人が、観光、留学、仕事、研修などの目的で海外にでていく。日本人の海外渡航は、１９６４年4月1日に自由化された。業務渡航や留学だけに限られていた海外旅行が、観光目的で自由化された。この日に観光目的のパスポートの発行が開始され、一人年1回、海外持ちだし５００ドルまでの制限付きで海外への観光旅行が可能となった。現在と大きく異なり当時海外旅行は庶民にとって夢のまた夢で、購入できる客層が限られた超高額商品だった。海外渡航の自由化から1週間後の4月8日にＪＴＢが主催した、ハワイ9日間の旅行代金は、当時の国家国務員大卒初任給（1万９１００円）の19倍という36万４０００円であった。これを現在の物価に換算すると４００万円になる。誰もがいける価格ではなかった。１９６４年の出国者総数はわずか12万７７４９人であった。１９６４年は、アジアではじめてとなるオリンピック東京大会開催、経済協力開発機構（ＯＥＣＤ）への加盟など、日本の国際化が急速に

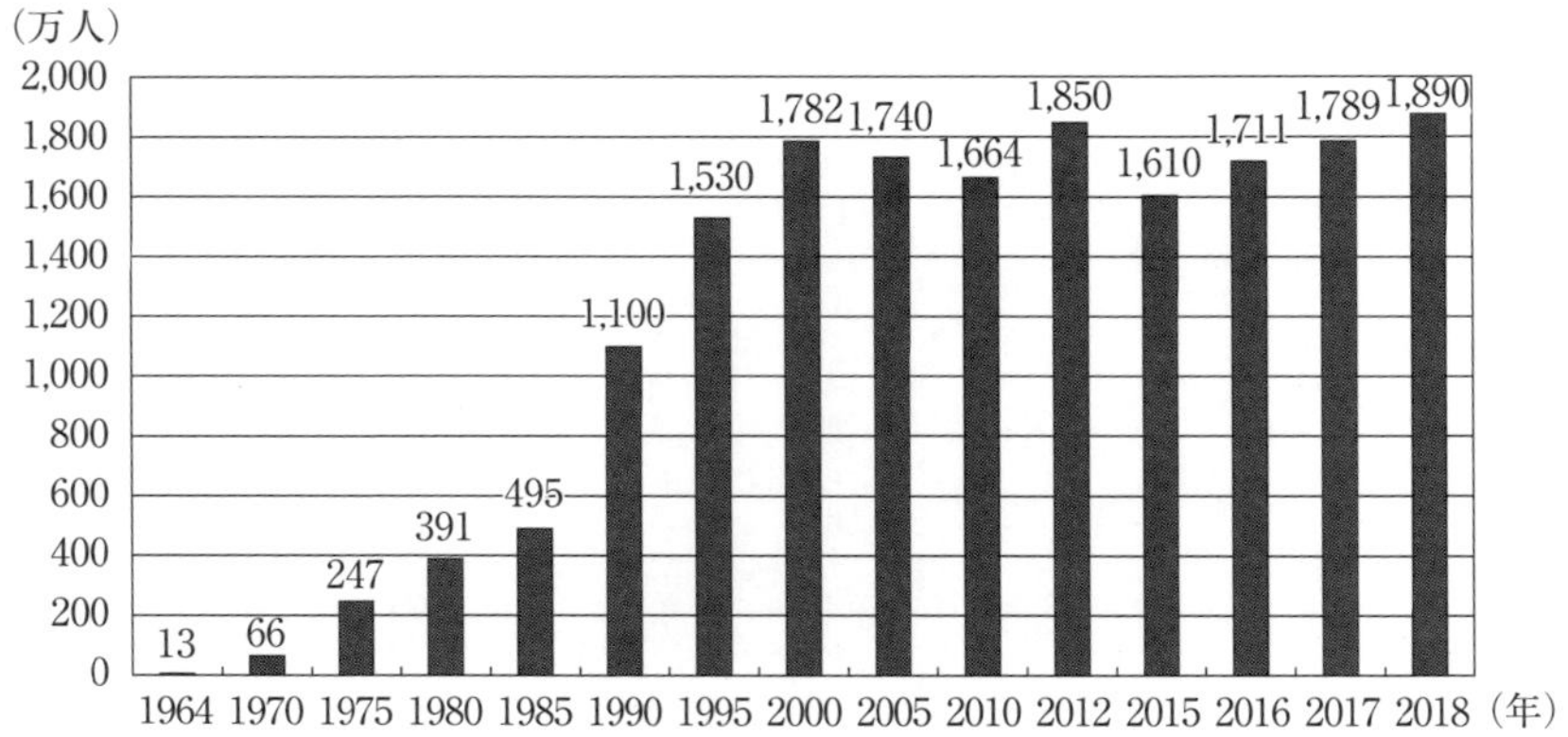

図２　海外渡航者数の推移

進みはじめた年である。そして日本経済は戦後の復興から、高度経済成長の時代に突入する。サラリーマンの給料は毎年10％以上のベースアップで増加し続けた。１９７２年には海外渡航者数が１００万人を突破した。飛行機の大型化、円高、旅行費用の低下が進み、韓国や台湾などの近隣国であれば国内旅行をするような感覚で旅行できるようになった。

今日では、約１７００万人が海外にでている。50年前と比べると１００倍以上の増加である。異文化に接触し体験する機会が大幅に増えている。文化が違う地域や国を旅するときには、事前に訪問地の文化や習慣などを前もって知っておくべきだ。さもないと困惑する不都合にでくわしたり、予測もしない困難にぶつかったり、最悪命に関わる重大事件に遭遇することもあり得る。そのために異文化を理解することが重要になる。

ときどきオーストラリアの新聞で報道されるが、オーストラリアの若者がインドネシアやマレーシアの空港で、大麻所持のため逮捕され、裁判で終身刑を言い渡されたという記事を見かける。東南アジアの国々では麻薬に対する厳しい法律があり、自分で使うだけでも重い刑が科せられる。オーストラリアでは大麻に対する法律は州法によって異なるが、規制が緩い州では自分で消費することに対しては容認され、罰金だけのところもある。数に限度があるが自分が消費するために大麻草を育てることができる州もある。最近大麻解禁の動きもでている。自分の国の法律が唯一だと思っているととんだ災難に遭遇する。

また、日進月歩で発展している情報通信の進歩によって、距離の差を消滅させ世界のどこでも誰とでも瞬時に接触できる時代になった。自宅にいながらインターネットにつなげば、手元のパソコンを利用して世界の情報をいつでもすぐに取得し、同時に世界にメッセージを発信できる。この結果異文化との交流も盛んになっている。グローバル化は、人間間の文化の違いを意識させ際立たせる。社会の中で孤立して生きられない。他人と出会い、集団で生活することが宿命である。文化もひとつのものだけで存在しない。多くの違った文化が、それぞれ触れ合い交じり合い影響し合いながら存在するのである。

異なる文化に対する理解ある寛容な態度は、今後ますますグローバル化の進む世界で生きていく上での常識となるだろう。ブログ、ライン、ツイッター、フェイスブックなどがそれを促進させる。アメリカの大統領がツイッターを駆使して世界にメッセージを発信するような時代になったのである。

（注）　特別永住者

第二次世界大戦終戦前から引き続き居住している在日韓国人・朝鮮人・台湾人およびその子孫の在留資格。他の外国人と異なり、在留資格に制限がなく母国はもちろん、日本での経済活動もまったく自由である。また、5年以内であれば母国と日本の間を自由に往来することもできる。さらに、内乱罪・外患罪など、日本の国益を害する重大な犯罪を犯さない限り、国外に退去を強制させられることがない。

2　日常化する海外進出

国内経済の低迷、成長率の収縮、円高、競争力の減退で国内製造業の空洞化が進行し、国内企業による海外への進出が不可欠になっている。外務省の調査では、2015年時点で海外に進出している日系企業の総数（拠点数）が過去最高の6万8573拠点に達した。この数字は10年前の倍である。海外進出先を国別に見ると、首位は「中国」で3万2667拠点（約48％）、2位「米国」7816拠点（約11％）、3位「インド」3880拠点（約5・7％）。次いで、「インドネシア」1766拠点（約2・6％）、「ドイツ」1684拠点（約2・5％）、「タイ」1641拠点（約2・4％）の順となっている。現在130万人以上が海外勤務に従事している。オーストラリアには400社以上が進出し8万5083人が働いている。40年前は海外勤務の数がまだ43万5000人だったのでこの間3倍に増加した。

企業活動をとりまく環境がめまぐるしく変わる中、海外市場をスピーディーに開拓・拡大していくため、日本企業は積極的に海外企業との合併、買収を実行している。2017年には672件と4年連続で最多を更新した。M&A関連会社レコフの調査では2018年1～6月に日本企業が関わったM&A（合併・買収）の総額は、資本参加も含めた公表ベースではじめて20兆円を超えた。前年同期比3・4倍の20兆1078億円に達した。案件も過去最高の1798件になった。企業経営を成功させるためには合併、買収先の企業、現地の人材を最大限に活用することがいっそう重要になってくる。これに加え、自社で海外進出するケースも増えており、それに伴って海外赴任者も増加する。このような環境の下、企業活動を成功裏に導くためには異文化を理解し、それに対応する考えを養い実行することがますます重要になる。そして海外進出した際の施策と海外赴任者向けの対策が不可欠となる。

このような企業活動の結果どういうことが起こるか？　もっとも大きいのは「働く環境の変化」である。それまで日本人のみで構成されていた組織が、多国籍出身者の集まりになる。さらに、ひとつの組織やチームであっても、メンバーが地理的に離れたところに分散している場合がある。そうすると、世界各地の拠点を結ぶコミュニケーションの手段は、主に電話とメールになり、対面のようにじっくり人間関係を築いていくことはできない。そんな中、日本人が外国人のメンバーに関わり、マネジメントできなければ優秀な人材ほど退職してしまう。国籍が異なり、ときには会ったこともない人間同士がどう信頼関係を築き、成果に結びつけていけばいいのか。組織やチームを率いるマネジャーはメンバーたちをどうまとめていけばいいのか。地理的に離れている中で、一人ひとりをどう評価しフィードバックすればいいのか。そのすべてにおいて、異文化への理解とコミュニケーションが土台となる。

海外赴任した場合、駐在員は現地スタッフを指導する立場となることが多く、現地スタッフとの異文化コミュニケーションは必要不可欠である。国・地域により仕事への価値観や姿勢、考え方の違いが存在し、日本の常識が必ずしも通用しない海外で成果を上げるためには、異文化への理解を深め、その国の文化に即したコミュニケーションが求められる。海外駐在経験者に実施された意識調査によると、海外マネジメントで苦労したこととして、「1位 ローカルスタッフの働き方の違い」「2位 英語および現地語によるコミュニケーション」「3位 現地の政治・経済・社会情勢の理解」が挙げられ、「異文化理解」「語学・コミュニケーション」に対する課題が上位を占めている。

海外勤務となるとストレスの要因が一気に増える。その要因は以下を含む。

- 拡大する職務範囲
- 新しい職務内容
- 日本と現地の板挟み
- 異文化環境でのマネジメント
- 言葉が通じないストレス、疎外感
- 商習慣・ビジネスルールの違い
- 食事や気候の違い
- 日本と異なる社会制度や生活習慣

・家族の現地適応

このようなストレスにいかに対面し、解消するかという対応能力、忍耐などが要求される。筆者の子供たちは、長男がアメリカ勤務で三女がオーストラリアで働いている。若いころに留学やワーキング・ホリデー制度（注）を活用してオーストラリアで異文化を体験したことがあるので、なんとかストレスが大きくなりすぎないように自己管理ができているようだ。親戚を見渡しても、海外に勤務をしている人や過去に海外勤務の経験がある人、またほとんどの人が海外旅行を経験している。このように異文化との触れ合い、そして共生が日常茶飯事の時代になったのである。今から50年以上前、筆者がはじめてオーストラリアに留学した当時は、南半球辺境の地で再び生きて帰国できるかわからない、出征時を思いだすような雰囲気であった。多くの人から日章旗に添え書きをいただき大事に持っていったことが今でも記憶に残っている。そのころから考えると隔世の感が強い。

企業を巡る環境がめまぐるしく変化している。ヒト、モノ、カネ、情報をもっとも効率よく運営して利潤を生みださなくてはならない。企業活動は一カ所に留まっておれない。活動拠点を世界の各地に展開することが必然的に求められる。そして異なった文化的背景を持った多様な人材や施設を使って成果を上げることこそが、企業が生き延びる条件になる。文化的要因、つまり異なった気候風土、言語、教育・技術、風俗・習慣、宗教、歴史などが、組織を運営する上で、情報の収集方法、意思決定の仕方、実施方法、動機付け、監督、指導、評価などのやり方に大きく影響して作用する。日本の経営は、今まで一般的に年功序列、終身雇用、企業組合などが特徴とされていたが、これらの経営方針をそのまま異文化での経営に導入することは不可能である。現地に存在する固有の文化を尊重しながら、自文化と異文化との間の相互交流から新たな文化を生みだしていけるような資質が多文化経営に要求される。

（注）ワーキング・ホリデー制度

ワーキング・ホリデーとは、２国間の協定に基づいて、青年（18歳～30歳）が異なった文化（相手国）の中で休暇を楽しみながら、その間の滞在資金を補うために一定の就労をすることを認める査証および出入国管理上の特別な制度である。日本は１９８０年、最初にオーストラリアと協定を結んだ。現在日本は11カ国とこの協定を結んでいる。今日まで40万人以上の青年がこの制度を利用している。

3　増加する外国人労働者

日本社会は、ＯＥＣＤ諸国の中でもっとも急速に少子高齢化が進行している。少子高齢化の主な原因は、女性の社会進出による晩婚化と出産年齢の高齢化、未婚の増加などの社会的原因が考えられる。また、医学の進歩により乳児の死亡率、子供の死亡率も減った。医療施設の整備や医療保険制度なども整えられ、感染予防の対策も行われた。国民の健康意識の高まりや医療技術の発達は、今まで助からなかった命さえも助けられるようになった。そのおかげで日本は長寿国になった。日本の65歳以上の人口推移は、１９５０年に5％にも満たなかったが、１９７０年に７％に、１９９４年には14％を超え、現在は26・7％である。総務省の人口推計によると、２０２３年には30％になると予測されている。このような少子高齢化の影響で、現役世代の2・3人で1人の高齢者を支えなくてはならない時代になっている。

その上人口が減少している。２０１６年時点で、総人口は1億２７０９万４７４５人であった。これは、２０１０年の前回国勢調査から96万２６０７人の減少である。２０２３年には総人口は1億２０００万に減少し、２０４５年には1億人を切ると予測されている。日本は高齢化に加え人口減少社会に突入している。人口が減少するということは、労働人口も縮むということである。

国立社会保障・人口問題研究所の推計では、１９９５年に約８７００万人いた現役世代（15〜64歳）は、２０１５年には約７７００万人と約1割も減った。そのため、建設業、介護サービス、接客・外食業などでは、すでに人手不足が深刻だ。今後はすべての産業で労働力が不足することが予想され、日本の重要な産業として期待されているＩＴ産業でも必要な人が集まらなくなる恐れがある。国内の15〜64歳生産年齢人口が20年後に約６５００万人に減少するといわれる。コンピューターやロボットの導入で省力化が促進されているが、それでも労働力減少を埋めることができないだろう。特に医療、介護、建設現場では労働力不足がいっそう深刻になっている。日本生命が２０１８年に行った取引先企業（約３６００社）に対する調査で、その62％で人手不足に陥っているという結果が報告された。この数字は2年前の調査と比較して約10％増えている。すでに経済活動に大きな影響がでている。

つい最近パーソナル総合研究所と中央大学が、２０３０年には６４７万人の人手不足が生じるという推計結果を発表した。この推計結果によると、２０１７年に１２１万人だった労働力不足は、２０２５年に５０５万人、２０３０年には６４７万人に拡大すると推測される。産業別に見るとサービス業で４００万人、医療・福祉分野で１８７万人、卸・小売業で60万人が不足すると報じている。

日本経済を支えてきた中小企業、特に地方の中小企業では、人手不足がますます深刻になって地域の存亡に黄信号がともっている。国内の出生率を高めることに成功しても、生産年齢に達するまでには15～20年が必要である。国内ですぐに調達できなければ、この穴を海外から確保し埋めねばならない。この労働力不足を補うため政府はその柱として、女性・高齢者の活用と外国人労働者の受け入れを促進している。ここでは外国人労働者の受け入れ状況を検証する。

この20年日本では社会の少子高齢化が深刻化し、労働力不足が社会問題になる中、外国人労働者の数がそれに呼応するように増え続けている。多文化共生を現実の問題として国、地方、企業、国民がそれを受け入れる対策を立てなければならない。国レベルでの対策はまだまだこれからという段階である。

一方経済界については、２００９年の経団連事業計画において「これまでの外国人材受け入れの提言を踏まえ、多文化共生社会の形成、円滑な外国人材受け入れの推進に向け、制度改革の実現に取り組む」と発表し積極な行動を取りはじめた。ただ経団連は下級労働者を受け入れるのではなく、高度な技術を有した労働者を対象にしている。

地方では、１９７０年代以降、在日朝鮮・韓国人が多く住んでいる関西の大都市や川崎市などの取り組みにその先駆けが見えた。その後１９８０年代になると、その他の大都市や地方工業地域においてニューカマーが急増し、その地域の自治体は外国人を対象とした政策を実施するようになった。ただし、ここまでの自治体政策は、役所に相談窓口を設

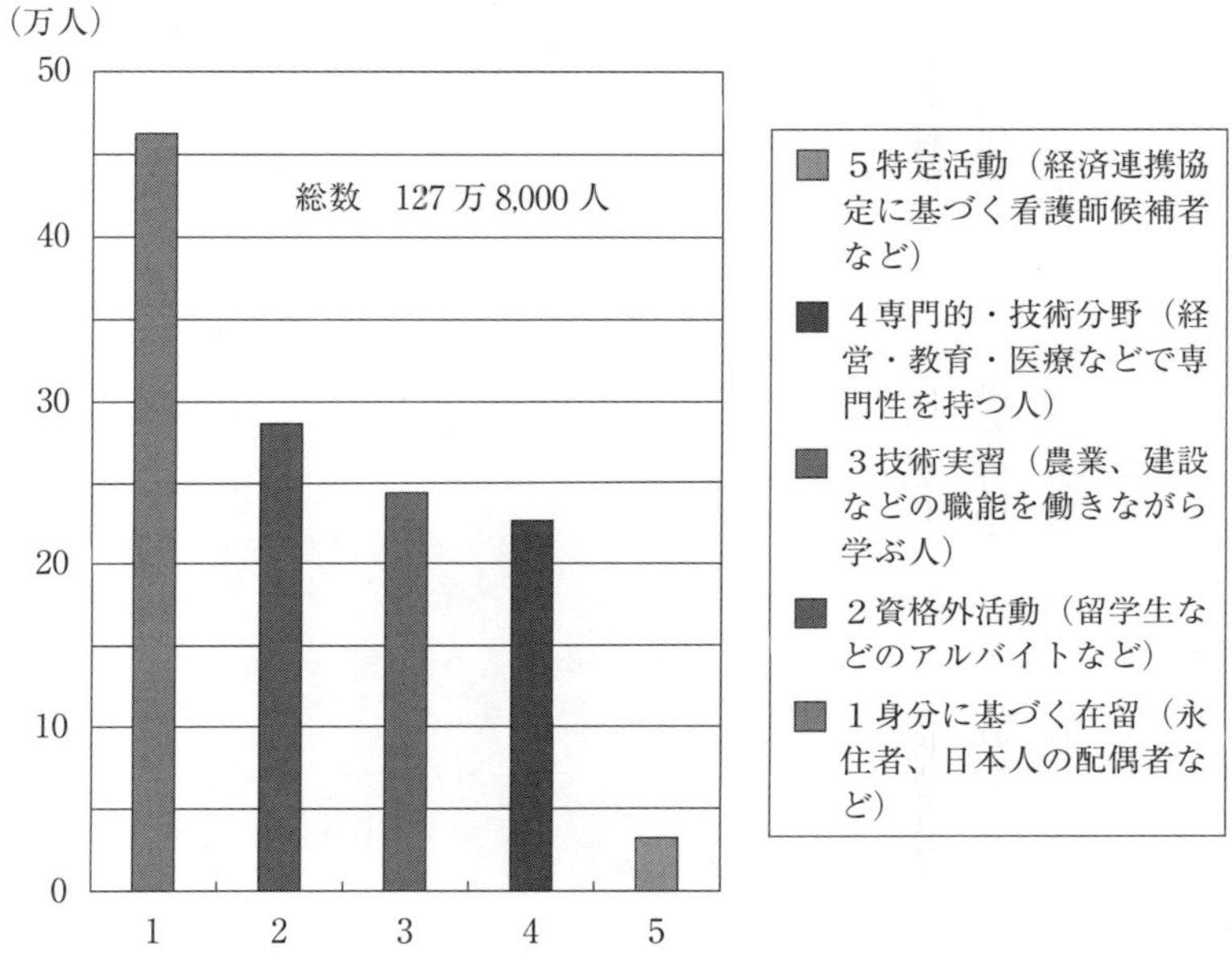

図３　在留資格別内訳

置したり、多言語による情報発信をしたりするといった外国人市民を「短期滞在者」と想定した施策であり、基本的に国際交流に視点が向けられたものであった。１９９０年代後半になると帰国すると思われていた外国人市民が、集住地域へ定住する傾向が顕著に表れはじめた。それに伴い、地方自治体は外国人市民の生活全般にわたる諸問題に対応した政策を取る必要がでてきた。つまり、各自治体は従来の「支援」という形の政策のみならず、外国人市民が地域社会や市政に「参画」できるような多文化共生政策を行うことが重要となってきた。今後、国・地方自治体・市民団体が連携した多文化共生政策が促進することが期待される。

群馬県の大泉町は全国でも外国人の割合が高い。住民の６人に１人が外国人で実に52カ国の人々が暮らしている。自動車や家電メーカーの工場が広がる。周囲には下請けから孫請けの町工場が隣接する。１９９０年バブル経済に湧く年に出入国管理法の改正で、日系２、３世と家族の就労基準が緩和されたのをきっかけに、出稼ぎのブラジル人を大量に受け入れた。街の出先機関である多文化共生コミュニティーセンターではさまざまな相談に応じ、ホームページでは15の言語で生活情報を発信、町の役場には通訳を常駐させ外国人の問い合わせに応じている。病院では5言語で問診票を準備している。多文化共生時代の先駆けをいくが、ゴールはまだまだというのが関係者の偽らざる感想である。

外国人労働者は年々増加し、外国人を雇用している事業所も全国で17万2798カ所になっている。厚生労働省の「外国人雇用状況」の届出状況によると、2017年10月末の外国人労働者数は、128万人と100万人を上回り、過去最多を更新した。そのうち製造業がもっとも多く30%以上を占める。一方、建設業、宿泊業・飲食サービス業や卸売業・小売業などでも増加している。国別では中国が一番多く34万4658人、続いてベトナム17万2018人、フィリピン12万7518人、ブラジル10万6597人、ネパール5万2770人の順である。なお在留資格別内訳は表のようになっている。都道府県別では東京都が一番多く、次いで愛知県で、2都県を合わせると全体の4割が集中している。

1990年以前は、世界にはわずか21件の自由貿易協定しか存在しなかった。90年代の10年間に56件増加し、2000年代に入ると加速し、2000年以降200件を超えるFTA（注）が新たに発効した。現在も交渉中のものが多くあり今後も自由貿易協定は増加するであろう。日本は、2002年にはじめてシンガポールと自由貿易協定を締結した。その後、メキシコ（2005年）、マレーシア（2006年）、チリ、タイ（2007年）、インドネシア、ブルネイ、フィリピンなどの、アセアン諸国（2008年）と締結した。さらにスイス、ベトナム（2009年）、インド（2011年）、ペルー（2012年）、オーストラリア（2015年）、モンゴル（2016年）との間で自由貿易協定を発効させている。協定発効済みは2017年現在、15件である。

この結果、モノ、カネ、ヒトの往来が盛んになり、国境の壁が低くなった。貿易量が拡大し、カネの流れがより盛んになり、ヒトの往来も拡大する。特に東南アジからの労働者が増えている。労働力が不足している介護、建設現場、生産ラインなどには外国人労働者が不可欠になっている。

（注）　ＦＴＡ（自由貿易協定）
２カ国以上の国や地域が相互に、関税や輸入割当などその他の貿易制限的な措置を一定の期間内に撤廃あるいは削減することを定めた協定。関税や非関税障壁をなくすことで締結国・地域の間で自由な貿易を実現し、貿易や投資の拡大を目指すもの。近年締結される自由貿易協定は、関税の削減のみならず投資、知的財産権、動植物検疫、食品衛生など幅広い分野をカバーしている。

例えば、２００６年に締結された日本とフィリピンの経済連携協定の核に看護師・介護士の移動と受け入れがある。その内容は、資格保有など一定の要件を満たしたフィリピン人の看護師候補、介護士候補が日本の国家試験取得の準備活動をするために入国することが認められた（滞在期間の上限は看護師３年、介護福祉士４年）。国家試験を受験後、資格取得者は引き続き、看護師、介護福祉士として就労できるというものだ。介護福祉士については、日本語の研修終了後、課程を修了すれば国家資格が取得できる日本国内の養成施設へ入学する枠組みも設けられた。これは、人手不足が深刻で今後さらにその度合いが高まるため、外国から人手を確保するということである。厚生労働省によれば、介護職だけで２０２５年には１００万人が不足するという。

２００８年に発効した日本・インドネシア自由貿易・経済連携協定では、インドネシア人看護師候補者および介護福祉士候補者を受け入れている。介護福祉士は、入国後六カ月間の日本語研修・介護導入研修を受けたあと、介護の現場で勤務する。介護施設が受け入れ先となり、そこで経験を積んだ後、介護福祉士国家試験を受験する。４年以内に介護福祉士の国家資格を取得できれば継続して就労し、取得できなければ帰国となる。対象となる人は、インドネシアの大学または高等教育機関の修了証書Ⅲ（高等学校卒業後3年間の教育課程を修了した者）以上の取得者で、６カ月程度の介護の研修を修了し介護士としてインドネシア政府から認定された者。またはインドネシアの看護学校の修了証書Ⅲ取得者あるいは大学の看護学部卒業者である。平成28年までに看護師候補者５９３名、介護福祉士候補者１１９９人を受け入れた。またベトナムとの経済連携協定に基づいて２０１４年から看護師候補者・介護士候補者の受け入れを実施している。

日本では技術移転をとおして国際協力をするため、発展途上国を対象に外国人の技術実習制度というものがある。この制度は外国人を日本の企業などで受け入れ、習得した技術を母国の経済発展につなげる狙いで創設された。これまでに農業、漁業、機械加工、自動車整備など70を超える職種で、中国人やベトナム人など約25万人が働いている。2017年から法律を改正してこの制度に介護職種を追加することになった。その第一弾が2018年早々に到着した。受け入れ先は開設3年以上の事業所を対象とし、実習生は入国段階で基本的な日本語を理解できる能力が必要とされる。在留期間は最長5年とした。

介護の仕事はデリケートな対人サービスである。言葉を十分に理解する能力がないと問題が発生する。例えば、痛みを表現するとき、どのような痛みなのか。「ちくちく痛い」「さすように痛い」「鈍痛」などさまざまな表現がある。看護師など医療の現場では繊細で正確な表現が求められ、それには高度な語学力が必要とされる。認知症の人や会話が不自由な高齢者のわずかな表情の違い、短い言葉の中から、伝えようとしていることや体調の変化をつかみ取り、医師などに適切につなげていくことが求められる。

また、文化の違いによる問題も起こりやすい。介護福祉士の仕事は、寝たきりや認知症のお年寄り、障害者などに日常生活での介護、補助をすることである。日常生活での仕事なので文化の違いがでる。例えば、介護作業の中に入浴介助という仕事がある。日本では41~42度のお湯が一般的だが、風呂につかるということがあまりない文化ではこの温度は高すぎると判断してぬるい温度に入れて風邪を引かせるということも起きている。その他、日本で介護は自立支援を促すためであり、リハビリのためにあえて過剰な手助けをしない。しかし、フィリピンでは困った人にはすぐに手を差し伸べるのが当り前という考えがあるため、現場で混乱を生む場合もある。

その特殊性ゆえ、経済連携協定（ＥＰＡ）に基づいて例外的に認めているインドネシア、フィリピン、ベトナムの3カ国についても、母国で看護師資格などを身につけているようなエリートを対象としている。しかも、滞在期間は原則

4年。この間に日本語をマスターし、日本の看護師、介護福祉士の国家試験に合格しなければ帰国するという厳しい条件つきである。3カ国のエリートでさえ苦労しているのに、介護や看護を本格的に勉強したわけではない実習生であれば、介護技能を学ぶためにもなおさら日本語力が必要だろう。

介護分野での人材難は、仕事の厳しさに比べ賃金水準が低いために起こっている。全産業の平均よりも10万円も安い。まずすべきは処遇の改善だろう。資格を持ちながら他業種に移らざるを得なかった人々を呼び戻すのが先である。にもかかわらず、低賃金でも働く外国人が大量流入したのでは、日本人職員の賃金が低く据え置かれることになる。いずれ介護職につく日本人がいなくなることだろう。

以上のように労働力不足が深刻な介護分野への外国人受け入れには、現在①自由貿易・経済連携協定②技能実習③在留資格（専門学校などに留学して介護福祉士を取得すると在留資格が認められる。主にベトナム、中国、ネパールなどからの留学生が対象）の3つの制度がある。

さらに政府は働く女性の支援につなげる事業として、国家戦略特区を活用して家事支援のための外国人受け入れを認可した。家事支援を行う外国人の要件として、満18歳以上、家事支援の実務経験1年以上、家事支援活動の知識・技能を有し、必要最低限の日本語能力としていることなどである。フィリピンでは年間1000万人以上の人が海外で出稼ぎをし、約3兆円の外貨を稼いでいる。そのうち約40％が家政婦なのでフィリピンからの受け入れが視野にある。

最後に外国人労働者を雇用するに際してのメリットとデメリットはどのようなものかを考えてみたい。

日本企業にとってのメリットは、製造業等、現場の人材が不足している業種において、外国人労働者により労働力を補完できる。また近年国内市場の成熟に伴い、中国、インド、アセアン諸国といった新興国市場をはじめとした海外市場に進出する日本企業が増えている中、国際化に対応し競争力を維持するため、各々の国の文化に精通し、高い語学力を有する外国人を採用するメリットもある。さらに、高度な技術・技能を持つ外国人を雇用することによって、優秀な人材を社内に確保できる。異文化の人材を導入することで日本人にはない発想を期待でき、企業活動の活性化と国際化につながるなどのメリットもある。

一方日本企業にとってのデメリットは、外国人雇用については日本人労働者と異なる特別の手続き、配慮が必要とされ、外国人労働者を受け入れる社内体制を導入し、整備するまでに時間と手間がかかる。外国人技能実習生を受け入れる場合、通常は計画してから来日まで1年から1年半はかかる。また、留学生のアルバイトや就労できるビザを持っている外国人でも滞在し続けるためにさまざまな手続きが必要である。就労できる在留資格を持っていない外国人を採用して働かせていた場合、雇用主も罰を受ける。さらに、異なる文化背景に対する理解、寛容そして意思の疎通を図るためのしっかりしたコミュニケーションが不可欠になる。さもなければ、日本人労働者との摩擦や組織内での孤立化が生じ、メリットが十分に活用できなくなる。

国としては外国人の労働者が多数職につくと、日本人の雇用機会が減少したり、犯罪、不法就労、地域での摩擦などが増加したりすることが心配される。そのため国、企業はもとより地域での受け皿整備をしっかりしなくてはならない。ここに異文化理解の促進、重要性が強く叫ばれるのである。

日本政府は現時点で移民政策を行うことはしないと断言し、外国人労働者の確保に関しては、今後制度改正を含め解決策を検討するとしている。安倍総理の議会での発言を引用すると次のとおりになる。

安倍内閣として、いわゆる移民政策を取る考えはありません。この点は堅持します。他方で、5年間のアベノミクスによって、有効求人倍率が43年ぶりの高水準となる中で、中小・小規模事業者の皆さんをはじめ、深刻な人手不足が生じています。生産性向上や女性・高齢者の就業環境の整備のため、生産性革命・人づくり革命・働き方改革を推進するとともに、あわせて、専門的・技術的な外国人受入れの制度の在り方について、早急に検討を進める必要があると考えます。在留期間の上限を設定し、家族の帯同は基本的に認めないといった前提条件の下、真に必要な分野に着目しつつ、制度改正の具体的な検討を進め、今年の夏に方向性を示したいと考えています。

そして2018年6月の経済財政諮問会議で、安倍首相は外国人労働者受け入れ拡大を表明した。そして、11月には外国人の就労拡大のために在留資格を新設する入管難民法などの改正案を閣議決定し、法案を議会に提出した。2019年4月1日施行。改正法によると一定技能が必要な業務に就く特定技能1号と、熟練技能が必要な業務に就く同2号の在留資格を新設。受け入れ対象は農業、漁業、建設、外食、宿泊など14業種で計約4万人を想定している。

このような拙速な政策で、各種調査報告で指摘されている深刻な人手不足がはたして解決できるのか疑問が残る。政府の施策を見ていると付け焼き刃の感がして仕方がない。やはり節度ある移民政策を真剣に考える時期にきていると筆者は考える。いずれにせよ日本は多文化共生社会に向かって歩を進めていることだけは疑う余地がない。そのためのビジョンを確立させ、政策を早急に検討、整備する必要がある。

以上のように今後外国人労働者がますます増加する環境下、国も企業もそれに対応する考え方や施策を確かなものにしたいものだ。いかに効率よく、満足できる企業経営、外国人労働者との共生時代を生き抜いて企業収益を上げていくかが重要になる。そして外国人労働者を安く雇用できる労働力としてのみ扱うのではなく、その社会で一緒に暮らす市民として受け入れ、そのためのハード、ソフト面での整備を急ぐ必要がある。

今後もますます外国人とともに仕事をする機会は増え、それが日本国内においても、またどこの国・地域にいっても一般的になる。

外国人の受け入れに際して、国際社会では「内外人平等待遇」が基本原則となっている。社会保障だけでなく、あらゆる生活の場面において、国民と外国人の差別をしてはならないのは当然のことである。しかし、日本ではまだ随所に直接的・間接的差別が存在している。外国人は低賃金でいいという意識が残っている。受け入れ拡大を実行する前に、受け入れの条件整備を急ぐべきである。さもないとアジアでの労働力争奪戦に日本は生き残れないだろう。

その際、多くの国がこれまで行ってきた同化主義（異文化を認めず自文化に強制的に同化させる考え）は大きな民族問題を引き起こし失敗した。その経験を教訓に各国は異民族・異文化との融合・共生政策を実施しはじめている。

オーストラリアでは、国民の30％近くが外国生まれの多文化社会を反映して、積極的に外国人の融合・共生政策を展開している。語学教育から各種公共サービスを組織化して、外国人が社会に馴染み直接参加をして、いろいろな問題を解決するよう鋭意努力している。詳しいことは第7章でその理念、施策について解説しているので参考にされたい。これから外国人受け入れの拡大が不可欠になっている日本も、当然ながら多文化共生政策を準備していかなければならない。この避けられない状況にいかに対応していくか、一日も早くしっかりと議論し、国民的合意の上で施策を確立したいものだ。今まではっきりとした問題意識がなかった民族問題が深く絡んでくる。国民の心の問題にも触れ、解決しなくてはならない側面が高い壁のごとくいく手に存在する。

以前拙著『資源争奪戦時代』でオーストラリアの資源争奪戦に日本は生き残れるのだろうかという課題を投げかけた。急速に発展するアジア諸国は、自国での経済拡大に伴う資源需要が膨張し海外の資源をあさりはじめている。その矛先が主にオーストラリアに向いている。資源確保のため国運をかけた熾烈な争奪戦がはじまっていることを指摘したことがある。

いまアジア諸国でも少子高齢化の影響で労働力不足が深刻になっている。そのため韓国、中国、台湾などはベトナム、ミャンマー、ネパール、インドネシア、フィリピンなどアジアの発展途上国から労働力獲得のため国を挙げ尽力している。中国は、2017年学歴や語学力で外国人をランク付けする就労許可制度を導入した。台湾は移民に比較的寛容で、1992年には外国人の雇用を広く認める法律を施行した。この法律の特徴は日本では許可されない介護や建設などの単純労働者を受け入れたことである。韓国は、外国人の受け入れ拡大と生活支援をセットで実施してきた。外国人支援のため国はもとより教会や寺などを母体とする民間組織が積極的な活動を行っている。今回は天然資源に加え、人的資源確保のための戦いがすでにはじまっているのだ。

第二章　異文化コミュニケーション

異文化理解をするためには、異文化とのコミュニケーションが必要になる。「異文化コミュニケーション」とは、国籍や性別などにかかわらず、自分自身とは違った考え方や価値観、文化を持っている人同士が、言語でのやり取りだけでなく、ボディーランゲージや顔の表情・アイコンタクト、身振りやしぐさなどをとおしてやり取りをすることである。異文化コミュニケーションとは、同じ言語を持った日本人同士にでも存在しているものであるが、本章ではその広さや深さの度合いが大きい外国の人達との間で交わされる「異文化コミュニケーション」に焦点を当てたいと思う。これは１９６０年代に多民族国家アメリカで専門的に研究がはじまったもので、異文化コミュニケーションは言語をとおして行われるものと、言語以外の手段を用いて行われるものがある。それらの役割、限界や問題点について実際の例やエピソードを示しながら考えてみる。

1　言語的コミュニケーションの限界

異なった文化を理解するにはコミュニケーションが不可欠である。その中で言語をとおしての方法がある。その言語的コミュニケーションは話す、聞く、書く、読むことをとおして行われるが、文化の違いで伝えるメッセージが異なることがよくある。このため言語をとおしてのコミュニケーションでは正確に伝えたいメッセージの3割程度の効果しか期待できないといわれている。

書き言葉について、日本、中国、韓国は漢字を使用する。日本人が中国を訪れたとき中国語が話せないので、漢字で筆談をすればある程度は理解し合えるのではと思いがちだが、意外に同じ漢字でも三国でその意味が異なることが多々ある。これに関してはいろいろ参考になるエピソードがたくさんある。

例えば、韓国にはじめて留学してきた中国人留学生に、下宿の主人が筆談で、冷蔵庫を差し上げると書いて大騒ぎになったことがある。「韓国人が、いくら暮らし向きが良くなったからといっても、冷蔵倉庫までくれるとは！」中国人留学生は、冷蔵庫を中国語そのままに冷蔵倉庫のことだと勘違いしたのである。中国では冷蔵庫のことを「氷箱」という。

また、ある韓国人男性が日本に商用でやってきた。東京のホテルで韓国に手紙を書こうとしたが、部屋備え付けの便箋が切れていた。それでボーイを呼んだのだが、韓国語は通じない。仕方なくメモ用紙に「便紙（韓国語で便箋のこと）」と書くと、ボーイは不思議そうな表情をしながらも「ハーイ」といって取りにいき、しばらくして持ってきたのはトイレット・ペーパーであった。中国語では「便紙」がトイレット・ペーパーという意味である。

同じ漢字でもまったく意味が異なることからくるとんでもない話は枚挙にいとまがないほどある。われわれが使っている漢字の約80％は、中国語でも同じ意味だといわれているが、残りの20％はまったく違ったことを意味するので注意が必要である。以下同じ漢字でも日本語と中国語では意味が異なる例を挙げる。上が日本語で、下は中国語での意味である。

（日本語）	（中国語での意味）
人口	国民
汽車	自動車
鮎	なまず
花子	乞食
愛人	配偶者
読書	通学
新聞	ニュース
丈夫	夫
経理	支配人、経営者
老婆	妻
娘	母親
工夫	時間
縁故	理由
人間	世間
床	ベッド
挨拶	拷問
走る	歩く
東西	品物
脚気	水虫

例えば、日本語で「有り難い」は感謝するという意味であるが、タクシーの車内に「毎度ご乗車有り難うございます」という言葉が掲示してあると、観光などで日本にはじめてやってきた中国人は「なんと恐ろしい車だろう」とおびえてしまうようだ。中国語では「毎回乗るたびに災難がある」という意味になるからである。「告訴」という漢字にも要注意である。日本では犯罪の被害者が捜査機関に犯罪事実を申告して処罰を求めることを指すが、中国では「単にお知らせする」という意味でしかない。このように日常何気なく使っている同じ漢字でも国によって意味が違うので、それがもとで誤解を招いたり、騒動や争いになるケースが生じることがある。

もちろん漢字だけでの話ではない。英語が公用語であるアメリカとオーストラリアで同じ単語でも違うことを意味することは珍しくない。また同じ意味でも違った単語を使うケースも多々ある。例えば、同じ言葉でも建物の1階部分をアメリカではファースト・フロアというが、オーストラリアではそれは2階を意味し、1階はグランド・フロアという。これを知っていないと

表　米豪英語での同意語

日本語	アメリカ英語	オーストラリア英語
秋	fall	autumn
予約	reservation	booking
休暇	vacation	holiday
ガソリン	gasolin	petrol
薬局	drug store	chemist shop
台風	harricane	cyclone
映画	movie	film
歩道	side walk	footpath
郵便番号	zip code	post code
行列	line	queue
辞める	quit	resign
消しゴム	eraser	rubber
店舗	store	shop
タンス	wardrobe	closet
賢い	neat	clever
押しピン	thumb tacks	drawing pin
エレベーター	elevator	lift
医薬品	drug	medicine
差し込み	wall plug	power point
受付	lobby	reception
紙幣	bill	note
缶	can	tin
広告	commercial	advertisement

待ち合わせのときなどに失敗することがある。アメリカ英語とオーストラリア英語で同じ意味でも違う単語を使う例の一部を表で示してある。

日本人はよく「何もありませんが」とか「つまらないものですが…」という。これは儀礼的な表現で、いう方は必ずしもそう思っていないが奥ゆかしさを表す謙譲言葉である。しかし言葉が文字通りの意味を持つ文化の人に向かって、このようなことをいったら理解されないだろうし、不愉快に思われるだけであろう。日本語にはホンネとタテマエという言葉があるように、日本の社会では儀礼的な言葉が重視される。独立心や個人主義の強い社会では、儀礼的な言葉は重視されないし、ホンネとタテマエの区別も、偽善と思われる。もちろん西洋の文化にもこのホンネとタテマエの概念が存在しないということではないが、日本ほど強いものではない。

日本人は西洋人との会話で、ちょっとしたことでごめんなさい「I am sorry」をよくいう。次の例はアメリカに駐在する日本人の奥さんが経験した話である。車で信号待ちをしていたところ、後ろから自転車に乗ったアメリカ人の女性がぶつかってきた。その拍子に、彼女は転倒して腕の骨を折った。駐在員の奥さんは、最寄の病院まで親切心で送り届けた。後日見舞いに訪れたとき「こんなことになってごめんなさい」（I am sorry）といった。それを聞いた彼女は、ここの治療費や慰謝料をだせとわめきはじめた。「I am sorry」という表現は英語では自分の非を認めて謝罪することである。日本人の謙虚な気持ちで気軽にいったことが大きな問題になる。

「はい、わかりました」は欧米社会では「同意します」（I agree.）というポジティブな意味合いを含む。しかし、日本では必ずしもそうではない。相手の話を聞き、何をいおうとしているか理解しているという意味で「わかりました」を用いる人が多い。欧米人が自分の話に賛同してくれていると思われたくなければ「I see.」や「Really?」のような表現を使う方が無難である。

これと似たようなことであるが、例えば、「リンゴは好きではないですか？」と否定形の英語でたずねられたとき、好きな場合日本人は普通「いいえ、好きです」という。逆の場合は、「ええ、好きではありません」と答える。これは文章全体に対して同意か不同意をしているのである。英語ではこの質問に対して、好きであれば「はい、好きです」と、嫌いであれば「いいえ、嫌いです」と答える。好きか嫌いについて返事をする。

欧米人が悩む日本人との会話の解釈に「たぶん」や「～かもしれない」がある。「おそらく～だと思う」は欧米人にとって自信なさげに聞こえ、はたして信頼してよいものか不安に感じてしまう。欧米人は率直ないい方、「そうだと思う」に慣れている。インパクトを弱くする表現の捉え方を知らない場合が多いので、欧米人の前では物事をいい切った方がいい。

言葉がわからない場合、他人の助けが必要になる。その代表的なものが、異文化コミュケーションの前線に位置する通訳と翻訳であろう。そのお蔭で世界で何が起こっているか、そのニュースが毎日リアルタイムで一般の家庭に飛び込んでくる。

歴史的に見ても日本は外国の文化を積極的に摂取してきた。古くは中国、朝鮮半島から、日本の近代化を遂行した文明開化の明治時代にはヨーロッパから、先の大戦後アメリカから民主主義や自由主義が紹介された。それも当時の翻訳者の並ならない貢献があったからである。しかし、翻訳・通訳をとおしてのコミュニケーションには限界があり、誤解の原因を生みだすこともある。以下のいくつかの例えはそのことを如実に伝えている。

昔あるオーストラリアの学生が、大学で日本文学についての研究をしていた。その中で夏目漱石の作品について翻訳の授業があり、作品の中にあまりにも寒い外から帰ってきた「男性はこたつに飛び込んだ」という文章があった。これを英語に翻訳する課題が提出されたが、彼は「こたつ」という意味がわからず和英辞書で調べたところ「fireplace」とあったので「The man jumped into a fireplace.」と訳した。これだと「彼は火の中へ飛び込み自殺をした」という意味になり元の言葉の意味が正確に伝わらない。

また川端康成の有名な『雪国』の一説に、書き出しの名文として「国境の長いトンネルを抜けると雪国であった」というのがある。「The train came out of the long tunnel into the snow country.」と、ある翻訳家によって英語訳されている。原文では汽車のことなどいっていない上、訳文では国境が完全に忘れられている。

武者小路実篤の『おめでたき人』の中に、「女そのものは知らない」という箇所がある。日本語を学ぶ多くの学生は、これを「I don't know the woman herself」と訳した。この英語だと日本語では「その女自身を知らない」という意味になる。作者がいいたかったのは「自分は女と寝たことがない」ということであり日本人であればすぐわかる。

さらに外国語を翻訳・通訳する人たちの技量・裁量に任されているから、その人たちがどのような教育を受けたか、どのような人生を送ってきたかや、対象となっている分野や文化にどれほど精通しているかなどが、結果として翻訳や通訳に影響する。異なる言語の翻訳・通訳には必然的に異なる文化背景に関する知識が必要になる。実際同じ英語で書かれた作品の日本語翻訳を見ても違いや特徴がある。

この件に関してシェイクスピア作品の日本語訳がよく話題になる。特にその多様性である。多くの人が訳している。例えば、かの有名な『ハムレット』の2幕1場の冒頭に次のようなセリフがある。「To be, or not to be, that is the question」。これは彼の作品の中で一番有名な「ひとり言」である。ハムレットが死と生について自問している場面であるが、要するに生きていることは多難、苦痛であるが、死はそれ以上に厳しく底知れぬ恐怖があるものだと示唆している。これを翻訳家の安田徹雄は「あるべきか、あるべきでないか、問題はそれだ」と訳し、福田恆存は、「生か、死か、それが疑問だ」とした。一方小田島雄志は、「このままでいいのか、いけないのか、それが問題だ」と、また河合祥一郎は、「生きるべきか、死ぬべきか、それが問題だ」と。古くは戸澤正保の「定め難きは生死の分別」や坪内逍遥の「存(ながら)ふるか、存(ながら)へぬか、それが疑問じゃ」がある。プロが訳しているので注釈を加えるつもりはないが、誤訳ではないとしても違ったニュアンスが伝わる。大阪弁で次のような名訳(?)がある。「やったろか〜あかんか〜、ほな〜、どないしょ〜」。

1960年初頭の日米貿易摩擦の最中、日本の首相が訪米しアメリカ大統領と首脳会談をした。その席で大統領が「日本の急激な繊維輸出をなんとか規制してくれないか」と要請をした。首相は「善処します」といった。通訳がこれを「I will take care of it.」と訳した。この「will」を使った表現は英語では強い意思表示をしたと受け取られる。ところが日本では「善処する」ということは、できない相談だということをやんわりと表現しているのである。この首脳会談における日米間での違った理解によって、一時厳しい外交問題に発展したことがある。翻訳、通訳をとおしてのコミュニケーションにはこのような危険が潜んでいる。

鳥飼玖美子が『歴史をかえた誤訳』の中で次のようなことを書いている。1945年7月27日午前4時半、同盟通信社が日本の無条件降伏を勧告するポツダム宣言を傍受した。これに対して最高戦争指導者会議は、和平の仲介を頼んでいるソ連の出方を見ることにした。そのときの鈴木貫太郎首相は最終決定まで時間を稼ぐには「静観」したいが、国内向けには弱気を見せられない。そこで日本語で「黙殺」とし、同盟通信社はこれを「ignore 無視」と翻訳、打電した。モスクワの日本大使館ではこれはイコール「reject 拒絶」と取られると懸念し、重大な食い違いと外務省に打電したが、すでに遅く8月6日の原爆投下につながったと記述している。重要な歴史の事実に通訳・翻訳者が絡むことを指摘している。

最近日本に住んでいる外国人が凶悪な事件を起こして、新聞で報道され問題になっている。外国人の場合、日本語が十分にわからないことが多いので、被告人の法廷での発言を通訳する人が必要になる。また、裁判官や検察官、弁護人、証人などの発言を被告人の理解できる言葉に訳さなくてはならない。両者の橋渡しをする重要な役割を果たすのが通訳である。法廷通訳人の訳し方ひとつで裁判の結果が違ってくる。

例えば、相手が死んだ場合「死にました」「死なせてしまいました」「殺しました」では罪が違ってくる。故意に殺したのであれば殺人罪、相手が助かっても殺人未遂罪になる。殺すつもりがなかったが、暴行や傷害で相手が亡くなれば傷害致死罪。もし相手を傷つける意図もなかった場合は、過失致死罪や過失傷害罪、あるいは無罪になることもある。責任が重い法廷通訳人であるが、質の高い人材を確保するための制度整備が遅れているので問題が大きいと警告されている。

日本では会話の中で「よろしくお願いします」という表現をよく使う。「よろしく」はさまざまな意味・意図を内包する。そのため「よろしく」に意図された真意の解釈はある程度聞き手にゆだねられている。聞き手も必ずしも的確な解釈をしているわけではなく、話し手の意図していることを深く詮索するようなことはせず、適宜に推測する。はっきりとものをいうコミュニケーションを尊重する欧米の社会でこれは通用しない。しかし「以心伝心」とか、「阿吽の呼吸」とかをとおして理解し合う、つまり、曖昧さがなんとなく容認される日本社会において可能なのである。だから「よろしく」の英訳には前後関係を考えて意訳したり、省略したりすることが求められる。

「お疲れさま」や「お先に失礼します」なども日本人固有の思いやりや心配りである。これらを英語に翻訳するのは難しい。それに日本語では、「バリバリ」「ボサボサ」「フカフカ」などの擬似語を多用する。英訳できなくはないだろうが、微妙なニュアンスを訳すのは至難の業ではないだろうか。

集団主義の強いタテマエ社会では、義理、恩、縁などの概念が発達し、それに付随した「義理を立てる」「義理を欠く」「義理と人情で板挟み」「義理チョコ」や「恩人」「温情」「恩に着る」などの表現は、日本独特のもので西洋では理解しずらい。ゆえにこれらを翻訳によって伝えようとする努力は並大抵ではない。

「侘び」「寂び」はどのように翻訳されるのか？　侘び、寂びを例を挙げ説明しても外国人には理解してもらえるだろうか。これは日本独特の文化で、外国人が理解できなくても当然である。オーストラリアの知人が京都に住居を構え、俳句を英語に訳し小冊子をだしていた。松尾芭蕉のかの有名な「古池や蛙飛び込む水の音」を「カエルが古い池に飛び込み水の音がした」と事実を忠実に訳してあった。西洋人には、「なんだ、なんの変哲のない描写で、これが日本でそんなに有名な詩なの」「カエルが水に飛び込めば水が跳ね音がでるのは当然だ」などと思い、句に込められた作者の寂びを読み取れないだろう。とうてい真意などが伝わらない。

翻訳という作業は実に難しい。「わたしは彼に同情しました」「俺は奴に同情した」。これを英語に訳すと、どちらも同じ文で同じ人称代名詞を使うことになる。英語では人称代名詞には単複と男女の区別しかない。日本語には、地位、立場、状況などに応じて、使用する主語が異なる。そこに敬語が絡んでくるのでいっそう難しい。

夏目漱石の有名な作品に『吾輩は猫である』がある。これを英語ではI am a cat. と訳されているが、「私は猫よ」「われは猫なり」「おれは猫だ」「わたいはお猫ちゃんよ」などの表現はどのように訳すのだろう。これらの文にあるように日本語では主語が誰になるかによって異なる人称代名詞を選ばなくてはならない。日本語ではコミュニケーションを開始する前に、一人称代名詞を何にするか、敬語を使うのかそうでないのか、男性語か女性語なのか、あるいはどのような言葉を使うのかなどを決めなくてはならない。

さらに、自分を表す言葉は英語で言う人称代名詞だけではない。父親が子供に向かって話すとき「お父さんはこう思うのだが…」あるいは「パパはお前のことが大好きだよ…」、学校で先生が生徒に向かって「先生は…」など、これらに英語のように「わたしはこう思うのだが…」とか「わたしはあなたが大好きだよ…」という人称代名詞を使って話さない。英語のように単純に人称名詞で解決できないのも日本語の持つ特徴である。日本語で自分や相手を表す言葉を使う上で話し手や聞き手の性質、つまり地位、年齢、性別、職業などが深く関わっている。英語やヨーロッパの言葉にはこのようなことにはほとんど無関係である。この違いを他文化の人々が理解することは難しい。長い説明文が必要だし、それとて本意が伝わるか疑問である。

だから、言語によるコミュニケーションにはその役割に限界があり、メッセージの30％しか伝わらないといわれるゆえんである。その理由を要約すると……

＊言葉そのものが難解である場合、また日本語には敬語が存在する。

＊方言や俗語といったある特定の地域や社会でしか一般的に通用しない言葉がある。

＊その社会での環境、慣習、伝統、価値観などの文化が強く反映している。

＊政治、経済、文化、歴史、社会の話題などに精通していない。

＊言葉の多様性とさまざまな文化的背景が存在する。

筆者は大学で英語を専門的に勉強したが、はじめてオーストラリアで生活しはじめたころは地元の人との会話でわからないことが多かった。それは会話の中で話題になる政治や文化情報に精通していなかったので、内容を十分に把握することができず、相手のメッセージが理解できなかった。また、現地で日常使用されている俗語には最初おおいに手こずった。

夕食後にはオーストラリア人のホストとテレビでよく映画鑑賞したものだ。現地で放映されているテレビ映画は、ほとんどアメリカからの直輸入である。そのオーストラリア人が筆者に「アメリカ英語は70%ぐらいしかわからないよ」といっていたことを思いだす。同じ英語でも3割ほどは理解できないことがあることを聞いて驚いた。これも直近に要約した理由のためである。

2　非言語コミュニケーションの役割と誤解

言語的なものと非言語的なものはコミュニケーションに併存する。ほとんど分けることができないものである。一般的に非言語メッセージは、言語メッセージを強調したり、補足したり、否定したりするなどの機能を持っている。面接で「わたしはあがっていません」といっても、額に汗をかいたり手が震えていれば、その言語メッセージを否定することになる。また言葉の代役を果たすこともある。試合に敗れがっかりして帰宅した高校生球児の顔の表情や姿勢を見れば何を意味しているのかすべてわかる。

非言語とはジェスチャー、顔の表情、接触行動、距離・空間、身体特徴、人工物、シグナル、標識、記号、絵、色彩などで、それらによって伝えられるメッセージの意味を理解することが、言葉によらない非言語的コミュニケーションである。

英語には単語が約20万個あるが、非言語のシグナルには75万個もあると推計されている。非言語のシグナルはほとんど無意識のうちに送られる。非言語コミュニケーションは、われわれの感情、心の状態を忠実に正確に示すものである。非言語行動には欺瞞や歪曲があまりないので真意をごまかすのは難しい。第一印象は、主に非言語のデータによるものである。人は最初の30秒でのやり取りの間、まだ言葉が発せられる前に相手について平均6～8個の結論をだすといわれている。チャンスは一度きり、繰り返しがない。

非言語手段は、世界共通のものもあるが、文化の違いで意味することが異なり誤解を生むことがよくある。それぞれのケースを詳しく検証してみよう。

よくいわれるのがアイコンタクトである。「目は口ほどにモノをいう」。話中のアイコンタクトはいろいろな機能を果たす。例えば、会話の交代時期を示す。アイコンタクトは話す順番を決める手助けになる。「わたしは終わりました。次はあなたです」と声にしなくても自分の話が終わったとき相手の目を見れば、どうぞという合図になる。相手の反応をモニターする。相手の顔の表情を見て、自分の言葉や振る舞いが妥当かどうかを確認する。

オーストラリアの小学校で、昼食用のサンドイッチがなくなったときの話をときどき聞く。日頃から悪童ぶりで知られている子供に「君が取ったのでは?」と先生が彼に問い詰めた。すると彼は「俺は知らないよ」と視線を落としながら答えた。自分が犯人ではないという言葉を信じさせるためには、先生の顔を見て視線に訴えなければ説得できない。しかし彼はそれをせずに視線を落とした。非言語の合図は言葉によるものに優先するから、先生は彼が犯人だと断定した。それが事実であった。

アイコンタクトには男性と女性の間で差があり、異なることもある。女性はアイコンタクトをとおして自分がどのように理解されているのかを確認する。また目を使って人との絆を作り、服従のしるしに視線を落とす。一方男性はその地位と支配力を示すために使用する。女性と比べるとアイコンタクトの性質が異なる。

日本の文化では目上の人と話をする場合、あまりまっすぐ相手の目を見ることは少なく、胸の辺りに視線を置くのが普通である。日本人が相手の目を直に見ない傾向があるのは自己の謙遜と相手への敬意を表しているのに対して、英語を母語とする人々にとっては目を見て話すことは、相手への誠実さを表し、目をそらすことは不誠実さを表しているととらえられる傾向がある。帰国子女がしかられているときに、まっすぐ先生の目を見ていたために、反抗的な態度を取っていると誤解されたということがある。

イタリアやフランスを訪ねたアメリカ人女性は、自分を見る目つきに困惑する。なぜならば、アメリカでは普通男性は見知らぬ女性の目をちらっと見るが、イタリアやフランスの男性は、全身をくまなく探るように長々と見つめる。西洋の国の間でも違う。オーストラリアでは、男が心ひかれる女性には5秒以上視線を向ける。5秒以上続けられるとそれは性的な関心を表現しているのに他ならない。

ましてや、西洋や日本の文化とはまったく異なった文化背景を持っている国や地域にいくと、このアイコンタクトの状況が異質なものになる。例えば、北アフリカのとある部族では、対話中に過酷なほど深く長く見つめあう。目をそらすものは怪しいと思われる。この部族の信仰だと死者の霊は人間の姿をして現世に現れるが、本物の人間の顔を見られない。だからそれは死者と見なされる。同じアフリカ大陸でも子供が大人の目を見ることが許されていない地域や、男性が相手の女性の目を見ることができない部族も存在するという報告がある。

顔の表情は多くの情報を相手に伝える。よく知られている「顔色を伺う」「目くじらを立てる」など非言語的表現を表す言葉がたくさんある。初対面の人との会話でその人が発する言葉以上に、目線、表情、しぐさなどでその人の印象が残るものだ。相手の顔の表情に注目し、言葉でははっきりと掴み取れない微妙なニュアンスを探ろうとする。

顔の表情や動作で表せるメッセージには、性別や年齢といった生物学的情報、口や頭の動きが示す合図、意図、心理的状態などといった非常に多くの情報が含まれている。顔には20以上の表情筋があり、それらを用いて意図的に表す表情は60種類以上あるとされる。感情や意志表現では驚き、恐れ、怒り、不快、快適、悲しみ、憎み、嘆願、誘い、欲望、幸福、愛などを読み取ることができる。例えば、視線を落とすと女性のつつしみや子供が反省をする様子、目を丸くすると驚きや恐怖を表し、上瞼を上げると不快の念を示し、横目をすると服従や欲望などを表す。その表情は文化が異なっても大きな違いはない。違いがあるのは人前でどの種類の感情を表にだすことが許されるのか、どの程度の表現が適当だと考えているのかなどといった点であろう。

例えば、人前で怒りを表すことは立派な行為とされないアメリカに比べて、南ヨーロッパ、南米や中東ではその怒りを大っぴらに表にだすことが当然のこととされ、そのためデモや暴動などもよく起きる。教養ある日本人にとって自分の感情をコントロールできなければそれは恥であり、自制心が強い文化を当然だと思っている。

アメリカではこの分野の研究が進んでいる。「Lie To Me」というアメリカの人気テレビドラマシリーズでは、捜査段階で容疑者などの顔の表情を読み取り真相を探る。まさに顔の表情を読み取ることによって事件を解決していくというストーリーである。日本でも個性美学といって顔の様子で人の性格、心理状態を読み取る研究が進行している。

頭や首の動作について考えてみよう。日本では肯定、同意という意思を伝えるとき、頭を縦に振る。否定の場合は横に振る。垂直と水平の動きで理解や同意、承認、確認、否定を表す。しかし文化圏によってはこのジェスチャーの意味するところがまったく逆の場合がある。例えば、ブルガリアでは「はい」は首を横に振り、「いいえ」の場合は首を縦に振る。アラブの国の一部、ブータン、インドやバングラデシュでは肯定のときは首を横に振る。このように頭・首の振り方の違いがまったく逆のメッセージを送ることがある。頭の動作ひとつ取ってみてもこれほどの違いがある。

指のしぐさでもさまざまなメッセージが送られる。国や地域によってはメッセージが異なる場合がある。アメリカやヨーロッパでは、オーケーという意味で親指と人差し指で円を作って動作する。トルコ、ロシア、中東、ギリシャ、ブラジルでは性的侮辱を意味し、ベルギー、フランスなどで無とかゼロを象徴している。イタリアでは公正とか、何をいっているの？　で、日本ではお金、チュニジアでは「お前を殺すぞ」という意味になる。また「すばらしい、穴、賛成」などを意味する文化もある。

人差し指を曲げたしぐさは、日本ではスリや万引きを意味するが、死を意味する文化、9を意味する文化、また「いくら？」を意味する文化がある。指を指すことも、国によってその意味するところが異なる。敵意や軽蔑の意味を表すことがある。親指を下に下げるジェスチャーは、アメリカでは「だめ！」拒否を意味するが、中東では「下に」、アフリカでは「注ぐ」を意味したりする。他にも小指立ては国地域によってそれが意味することが異なる。日本では女性を象徴するが、フランスではお前の秘密を知っているぞというシグナルになり、バリ島では悪いという意味である。「わたしのこと」を示すのに、人差し指を鼻に向けるしぐさを日本人はする。しかし、「鼻をどうしたの？」と尋ねてくる文化がある。日本では、「おいでおいで」を手の甲を上にして手首を上下させるが、オーストラリアでは逆で、手の甲を下にして指で人を招く。

こんな話がある。昔、日本のあるバックパッカーが大きなバッグを持ってオーストラリアの街を歩いていたとき、道路の向かいにいる警察官が、彼に向かって手の甲を下にして指で合図をしていた、彼にはその意味がわからなかったのでそれを無視して小走りにそこを去ろうとした。すると警察官が飛んできて腕をつかまれた。そして「お前、俺が呼んでいたのになぜ無視して逃げたのか、怪しい」といわれ警察に連れていかれて数時間尋問を受けた。ジェスチャーが理解できなかったために起きた事件である。

インドの古典舞踊は、体の各部位をはっきり分節して操り躍動感に満ちている。片手の身振りに28の型、両手を合わせた型が23種類もあるようだ。これらは基本型に指や目の動きを組み合わせるとほとんどどんな物語も表現できるといわれる。

日本では昔から約束するときに小指を結び合う。いわゆる「指切りげんまん」である。オーストラリアやアメリカでは、右手で左胸に十字を切るジェスチャーで約束を交わす。約束などを確かめ合う手段としてビジネスで用いるのは握手である。相手の目を直視して手をしっかり握りしめることによって互いの約束を確認し合うのである。

いすや床に座ったとき足の処置の仕方も、文化背景の異なる人とコミュニケーションする際は注意を払う必要がある。厳格なマナーを要求する文化もあれば比較的自由な文化もある。それでこのようなスタイルの違いが、文化摩擦、ひいては命にかかわる問題になることもある。どこかの書物で読んだ記憶があるが、アメリカのバーでタイ出身のエンターテイナーが客のラオス人を銃で撃ち殺すという事件があった。その理由はそのラオス人が椅子に座りテーブルに足を投げ出し、足の裏を自分に向けたからというものだった。東南アジア、アラブ地域やアフリカの多くの地域では、足の裏を人に向けたり、見せたりするのは相手に対する攻撃的侮辱という意味になる。日本でも「お世話になった人」に「足を向けて眠れない」という表現がある。きわめて行儀の悪い行為である。

足は不浄なものと考えられている。このため仕事や食事に使う椅子やテーブルの上にそれを乗せることは、あきれ果てた行為といわざるを得ない。ましてやそれが靴をはいた足になるとエチケットや行儀作法以前のことになる。しかし、オーストラリアではタブーではなく机の上に足を投げ出した座り方も決して不作法とは考えられていない。それどころか、気さくな親しみやすい態度として映る。オーストラリアの映画ではよく見る光景である。ただ誰にでも許される行為ではない。例えば部下が上司の前でする行為ではない。

また人間関係は、距離の取り方や互いの位置空間の使い方によく表れる。さまざまな環境で誰が誰のそばに座るかを見ると、人脈や人間関係を知ることができる。個人、性別、社会、状況によって異なるが、他人にあまり近くに立たれたり座られたりすると人は不快感を募らせる。文化的背景が違う場合、例えば、農耕民族と牧畜民族では対人との距離の取り方が違う。前者の方が後者と比べて距離が狭い。同じ牧畜民族の背景を持つ民族間でも違いがある。アメリカ人の研究者が、アメリカ人とアルゼンチン人を比較したとき、性別に関係なくスペイン系の人が会話をするときに取る距離は、約40センチと至近距離で、普通のアメリカ人の場合は、それが45センチから1メートルと距離が開く。アメリカで男女の対面距離が40センチであればこの2人の関係は相当親密であることがわかると報告していた。このように距離や空間の取り方にも隠れているメッセージを読み取ることができる。

非言語コミュニケーション手段のひとつである身体接触は、直接的に自分の存在を相手に伝える伝達形態であると同時に、コミュニケーションの基本的な方法といえる。しかし接触行動は皆同じものではない。敵意や攻撃性から、慰め、親密性や愛情までさまざまな感情を伝える。そこには、接触の長さ、強さ、場所、人間関係や文化的背景の違いなどが大きく影響する。

一般的に成人に関して、西洋人の方がアジア人より身体接触の度合いが高い。ラテン系の人々の間では肌と肌のスキンシップがないと挨拶がはじまらないといわれる。ブラジルは陽気なラテン系文化の典型的な国で、男同士では必ず握手をして、肩をたたきあう。久しぶりに会うとしっかり抱き合う。異性間や女性同士ではキスが伴う。『身振りとしぐさの人類学』という書物の中で、野村雅一が身体接触文化の違いを述べている。それによると、ロシア人は男同士がしっかり抱き合って頬に右、左、右と3度キスをする。ロシア人が立って会話をする対人間距離は通常、15～25センチメートル程度である。女性同士の場合、その距離はさらに短い。特に椅子などに腰かけて話すときは、膝を互いにくっつけるようにぴったりと寄り添う。この点ではアラブ人も負けていない。男同士でキスをしたり、手をつないで歩いたりする。どちらも身体接触度の高い文化である。接触度の低い日本ではなかなかまねができない。日本人はキスや抱擁というと男女間の親密な関係を想像するが、そのような行為とはまったく別の行為である。日本はお辞儀の文化であり、肌の触れ合いはあまりない。スキンシップに慣れている西洋人から見ると、日本人の人間関係は冷たく見えるようだ。だが決してそうではなく、文化的背景の違いからその表現方法が異なるだけである。

このように身体接触が抑制されている文化においては、タッチ行動は不快や嫌悪をもたらすものとして認識される可能性があり、逆に身体接触に寛容な文化においては、相手からの不十分な身体接触が不信感や距離感を生じさせる要因となる可能性もある。だから相違に対する理解が不十分なまま異文化間コミュニケーションが図られると、誤解が生じることになり、お互いが相手から傷つけられかねないという場面に遭遇する。

日本人の多くは握手をする際、力を抜いてやんわりと行う。これは相手の手を強く握り締めることが、無礼で攻撃的な行為に思えるという配慮からなのだろう。中東でも男性がそっと握るのは、きつく握ると攻撃的過ぎると考えるからである。しかしこれは無気力握手と見なされ、欧米人からすれば否定的な握手に思われ、非友好的な印象すら与えかねない。か弱い握手なのでゲイと思われることもある。

筆者がオーストラリアではじめて知人と握手したとき、自分の手の骨が折れるのではないかと思うほど相手の握手が強烈で激痛を感じたことを覚えている。オーストラリア人の友好的で心を込めた行為だった。日本では握手の仕方など誰からも教わらないので形だけまねることになる。欧米では単に象徴的行為だけでなく、手の接触をとおして言葉にならないメッセージを伝えたり、感じ取ったりしている。握手ひとつに文化の違いが反映している。

接触に関しては文化背景の違いの他にも、同じ行動がまったく違うこともある。例えば、女性が接触を用いるのは、人間関係を築き社交を維持し、親しさを増すためであるのに対して、男性は地位や権力のしるしとして自己主張や求愛儀式の一環で行うことが多い。

インドでは地方にいくと今だにヒンズー教の倫理規範（法）であるダルマが粛々と実践されている。それによると男女同席はだめ。異性と話すこともタブーである。異性と話す必要があるときには同性を介しての会話になる。幼児のころから厳しくしつけられる。学校では男女同じ校舎に通うものの、校舎の中ははっきりと男女別に分かれている。男子は左棟、女子は右棟に分かれていて、寮はそれぞれ別の階にある。食堂の利用にいたっても、男女が使用する時間帯がきっちりと分かれているため、男女の生徒が出会うことはほとんどないらしい。そして、生徒が異性の顔を見たり、話をしたりすることは厳禁である。男性は男性と、女性は女生徒のみと交流すべしという決まりが守られている。この社会で受け入れられ引き継がれている文化なのである。

非言語メッセージで誤解を招きやすいことに沈黙がある。次のような状況を考えてみよう。ある高校生の男性が、同じ学校の顔見知りの女生徒に「今度の日曜日、コンサートがあるので一緒にいかない？」とデートを電話で申し込んだ。電話の向こうでは相手女性のためらいが感じられ沈黙が続いた。彼は彼女が今何を考えているのか急きょ頭を巡らせて次のような状況を考えた。①彼女は自分のことはあまり好きではないので一緒にいきたくない。どのように答えようか考えている。②急に誘われても困る。親に相談したい。③コンサートなどに着ていく服を持っていない。④今付き合っている男子生徒がいるので彼と相談したい。⑤親が隣で聞いているので離れるまで待っている。⑥恥かしくてものがいえない。⑦それとも…

これはごく一部の例を表しているが、沈黙は状況により意味がさまざまに受け止められる。一般的に次のように分類できるがすべてではない。

1　単なる静寂、空虚
2　対立、緊張
3　優越感、ゆとり
4　敗北感、焦燥感
5　祈り、哀悼
6　ショック
7　喜怒哀楽
8　沈思思考　など

人はただ精神を集中したいときや、何か深く考えあぐむときに沈黙を守ることがある。また、嫌いで拒絶したい相手と対面しなければならないときには、たいてい沈黙する。もちろん個人差はあるが、話している内容や緊張度などに「間」を取る傾向にある。これは口ごもりで沈黙の一種である。喜怒哀楽にも沈黙がその役割を果たす。ただ腹が立っているときにはモノがいえないことがある。加えて相手の発言に対して言葉を発する前に考える時間がいる。悲しいときに口を閉ざす人も多い。ショックが大きいと話すことができないことがある。敗北がもたらす沈黙はよく知られている。試合に負けるとロッカールームでもバスの中でも沈黙が支配的になる。

しかし沈黙の意義と使い方は国、地域などによって異なる。食事中には食事が終わるまで絶対話さない。病人の見舞いにいっても一言もしゃべらない。沈黙することで病人に対する思いやりが伝わる文化がある。アパッチ族の女性はあまりしゃべらないように教育されている。ここでは沈黙は慎み深さと貞淑のしるしと考えられている。オーストラリアの先住民のように、夫が死亡したときには妻が長い間（1〜2年）無言の喪に服す期間を守る慣行が行われてきた。

オーストラリアを含む欧米では、自分の考えをはっきりと言葉にだして表現することがよいとされている。黙っていると、コミュニケーションしていない、あるいはする意思がないと見なされる。日本では「沈黙は金なり」ということわざにもあるとおり、沈黙している時間を重視する文化がある。

日本では喋りすぎることが、かえってマイナスの評価につながることがある。「口は禍の元」「口と財布は閉めるが得」「でしゃばり」「舌先三寸」などとよくいわれる。黙ってじっと考えている人の方が、思慮深いと思われることが多い。このように欧米と日本では沈黙に対する評価が分れている。文化背景が異なれば、いろいろと食い違いも生じてくるわけで、特に非言語メッセージは、両者が気づかないうちに不信感の原因となっていくことが多い。このように、異文化や他文化の理解しがたい行為やしぐさには背後に何らかの理由があり、長い歴史の中で培われてきたものだという視点を互いに持つことが大切である。

サインや標識も非言語的コミュニケーションの手段として重要である。あるときオーストラリア人夫妻が韓国を訪れ、地元の韓国料理店で食事をした。この夫妻は韓国語がまったくわからずだされたメニュー（韓国語の下に英語で説明書きがある）を指さして料理を頼んだ。連れてきていたゴールデン・レトリバーにも何か食べさせたいので、手を使い犬も何か食べたいとするしぐさをした。ウェイターは理解したようで、犬を厨房に連れていった。しばらくしてでてきたものはその犬の丸焼きであった。サインの誤解から生じた悲劇であるが、韓国では犬の肉を食べる食文化がある。

オーストラリアで海に面したところで次のような標識が立てられているのを目撃する。それぞれの標識が何を意味するのかを知っていないと、危険な目に遭遇することもある。

上から順に、クラゲ注意、高波注意、危険海流注意、強力海流注意、サメ出現地域注意、ワニに注意。

オーストラリアには猛毒を持ったクラゲが生息する。この毒にやられて毎年死者がでている。また人食いザメが出没する。遊泳中にサメに襲われ帰らぬ人になることもある。特に夏場には潜水中や遊泳中にサメに襲われるケースがよくマスコミで報道される。１９６７年、当時オーストラリアの首相であったホルト氏が、遊泳中に行方不明になる大事件が起きた。遊泳中サメに襲われ連れ去られたのではないかと、新聞で報道されていたのに衝撃が走ったことを記憶している。オーストラリアの北部にいくと海水、淡水に生息するワニがたくさん生息している。大きいものは体長10メートルにもなる。海岸や川岸でキャンプをしているときに襲われることがある。

クイーンズランド州に砂でできた世界で最大の島が存在する。長さ１２０キロメートル、幅24キロメートルで世界遺産にも登録されているが、上記のような標識が海岸に立っている。この島では海岸が主たる道路で、同時に軽飛行機の発着もするので注意を促している標識である。

オーストラリアでは映画やコンピューターゲームについて年齢制限を設けている。右のシンボルマークがつけられている。上から、一般視聴、成人同伴、成人向、15歳以上限定、18歳以上限定。このようにサインや標識も重要なメッセージを発信している。それが国や地域によって異なることがあるので注意しなくてはいけない。

オーストラリアには、頭の毛の薄い人やスキンヘッドの人が多い。筆者がオーストラリアに住みはじめたまだ20代のころ、知人から友人になったらと紹介された人がいた。その人を一見したとき、なんでこんなおじさんを紹介するのかと疑問に思った。彼の頭には毛がほとんど残っていなかったので年配の人だと早とちりした。しかしよく聞いてみると筆者と同年代の青年であった。オーストラリアには若くて頭髪の薄い人が多い。見た目だけでは判断がつかない。また見た目が人工的に作り上げられていると、その本質を見誤ることがある。女性の化粧がよい例である。化粧を落とした素顔との差が大きく違ったイメージを発信する。色彩や衣料などもよい例である。

われわれは見た目だけでその人を判断する傾向がある。街角で外見だけを見て日本人と思い声をかけたが、日本人でなかったケースがある。日本人の顔をしていたのでてっきり日本人と思う。日本語がわかり日本人のようにふるまうことを期待する。しかしブラジルやペルーからの出稼ぎ労働者で日系3世や4世の場合が多い。この人たちにとって日本語は外国語であり、国籍は日本ではない。

欧米では日本人は5～10歳若く見られることがしばしばある。筆者は23歳でオーストラリアの大学に留学したが、童顔で現地の同世代の青年と比べると背も低く痩せていたので、周りのオーストラリア人からは実年齢より10歳以上若く見られた。そのため動物園の入園料は子供料金で済んだという経験がある。これは故意にしたことではなく、係員が子供用料金窓口にいけという指示に従ったまでである。

他にも言語以外でメッセージを送ることができる手段がある。言語の代理をする表象動作というものである。これは言葉で伝達することが困難な場合に使われる合図や動作である。野球で監督やコーチが選手に送るサイン、スポーツの審判が違反やペナルティーを宣告するときの合図、テレビやラジオの生放送中に放送関係者が連絡を取り合う合図、交通整理の警察官が指図する手信号、生徒が先生の注意を引くために手を上げるなど日常生活の中でわれわれが体験することである。聾唖者のために使う手話も話し言葉の代用を果たす信号である。光の点滅やモールス信号、手旗信号も代用信号である。重要なメッセージを発信する。

筆者の実家は京都の丹波で、昔から丹波松茸で有名なところで小さい頃祖父母に連れられ松茸狩りをした。松茸は貴重品で山の境界をはっきりすることが大切である。そのため隣との境に布を巻きつけたり、境にある大きな木を半分切ったり、ペンキで印をつけたりするのだと祖父から教わった。これも自分の縄張りをはっきりさせるための非言語コミュニケーションの一種である。

海上における船の航行の安全のため灯台が光によってメッセージを発信している。この光信号は紀元前数百年以上前にはじまっている。新聞やテレビで気象地図を見るとそこにはさまざまな記号が使用されておりメッセージを発信している。電気・電子製品、テレビ、カメラ、レンジ、自動車などではさまざまな記号に接する。それを理解しないと操作ができない。記章、図案、旗、シンボルマーク、商標、音符、色彩、数字や視覚・表現芸術なども言葉と同じような明確なコミュニケーション手段である。

倉庫に同じ大きさの箱がふたつ置かれている。ひとつは茶色でもうひとつは水色の箱である。作業員にどちらかの箱を持ってくるようにいうと、作業員は躊躇なく水色の箱を持ってきた。水色の方が軽いというイメージがある。このように色がメッセージを発信する。

オーストラリアに留学したとき、筆者ははじめの数か月を大学の寮で過ごした。大きな食堂には大小のテーブルが配置してあり、それに高低差がつけてあった。一番高い場所に寮長と在宅教授、次の段に他の教員、一番下に学生という具合に着席順位を意味した。また卒業式に学生が着用する式服（黒のガウン）にも違いがあり博士、修士、学士用の異なったスタイル・品質の式服と角帽がある。イギリスの伝統を幾世紀も守り続けている。帽子を見るだけで学生のステイタスがわかる。

話し言葉を文字で記録する方法を見つけるまでは、人類は岩石に絵を書いたり、目じるしをつけたりしていた。オーストラリアの中央部にいくと先住民・アボリジニーの書いた絵やしるしが多く見られる。また遠くまでメッセージを伝えるために、煙による

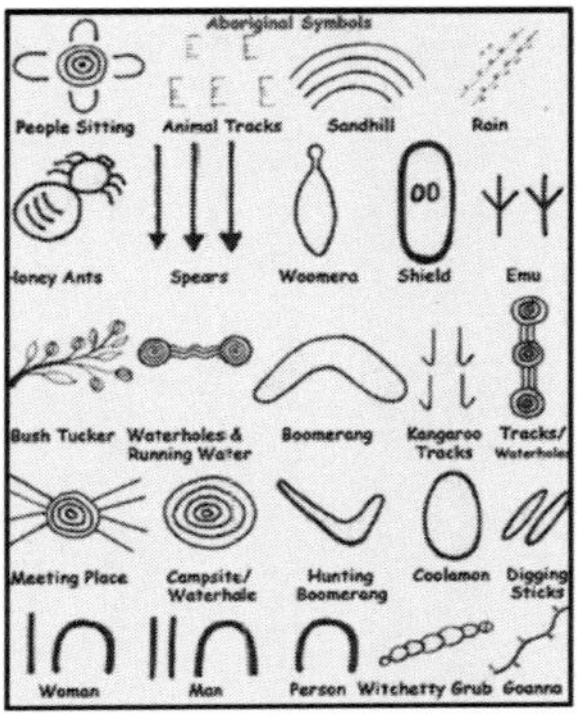

写真2-1　アボリジニーが他部族とのコミュニケーションで使った絵やしるし、それぞれが重要なメッセージを発信する

信号を用いた。太鼓や鳴きまねなどもしかり。

オーストラリアには数百のアボリジニーの部族が、5万年以上前から住んでいた。それぞれの部族は少人数で、話される言葉も500以上あったといわれている。これらの部族は狩猟民で大陸を移動して生活をしていた。他の部族の人たちと遭遇することが多かった。言葉が通じないので、意思を伝達をするために手振りやジェスチャーであらわす無数の信号体系を生み出し意思疎通を図っていたといわれる。狩猟中に獣をおびき寄せるため鳥や獣の鳴きまねをする能力を身につけた。人間の声よりも遠くまで届くので対人コミュニケーションにも利用された。差し迫った危険を仲間に知らせたり、他には悟られないように意思を伝達したりする場合にも利用された。これらの目的のため鳥や獣の擬似音声は今日でも世界各地で使われている。オーストラリアの先住民アボリジニーについては第7章で詳しく紹介する。

ここで日本人が行う特有の非言語行動の例をいくつか挙げてみたいと思う。多くの外国人には到底理解ができないものであろう。

●手刀を切る　↓　謙虚や感謝の気持ち、人の前を通るとき、ちょっと失礼。
●片手で拝む　↓　依頼、謝罪
●頭をかく　↓　恥かしい、照れている。
●親指、人差し指の順に指を折り、小指から指を伸ばしていく　↓　数を数える。オーストラリアでは全く逆の指操作をする。
●両手の人差し指を頭の上で立てる　↓　怒っている。
●人差し指で自分の鼻を指す　↓　自分を意味する。
●顔の前で左右の手のひらを合わせる　↓　お願い、許して。
●手で口を覆う　↓　恥じらい、はにかみ（女性）。
●顔の前で手を左右に動かす　↓　ダメ、いいえ。

何気なくやっている日本人のしぐさは他の文化では理解ができず、誤解されることがあるので要注意である。われわれは子供の頭をなでることをする。愛情の表現であるが、エジプトやインドネシアでは子供の頭をなでることはタブーである。頭には神が宿るのでむやみに子供の頭に触れてはいけない。

一方何気なく発信しているメッセージだから、それがどの文化に属するかがわかる。例えば、オーストラリアのレストランで東洋系の若い女性が食事をしていた。遠くから見ていたので何語で話しているのかわからなかった。一緒にいたオーストラリア人の友達が、中国人か日本人かそれとも韓国人の区別ができるかと聞いてきた。筆者は中国人か日本人かを見分けるのは難しいといったが、次の瞬間女性が髪の毛をいじる動作をはじめたので、日本の女性だとわかった。外国の女性は髪の毛を掻き上げることはあっても、いじるという動作はほとんどしない。日本の若い女性特有の行為である。

非言語の発するメッセージが何を意味するのか、そしてそれはその文化的背景によって異なるメッセージを発することが多々あるということをよく理解しなければならない。加えて、それらが状況によっては変化することも認識する必要がある。そのためには状況を観察する能力を蓄えなくてはならない。

顔色について体調が悪いときには顔色は青くなる。顔の表情、声のトーン、ジェスチャーなどは無意識に動作しているので本心を読み取りやすい。言葉はウソをつくことができるが表情はウソをつかない。またこのような観察力を養うことにより、その次のコミュニケーション戦略が立てられる。顔色を観察し相手の顔色が青ざめると、癒しや激励の言葉を発しそれに相手がどのように反応するかで相手の本心がわかる。このように観察力を養うことはコミュニケーションの基本でそれによって相手の状況を把握して、理解を深めることができる。

次の2つの図を見たとき、下の横直線の方が長く見える。実は上も下もその横直線の長さは同じである。直線に接続する線の方向によって長さが異なって見える。つまり環境の変化によって異なったイメージが作られる。だから物事に対して環境が変われば価値観も違ってくる。

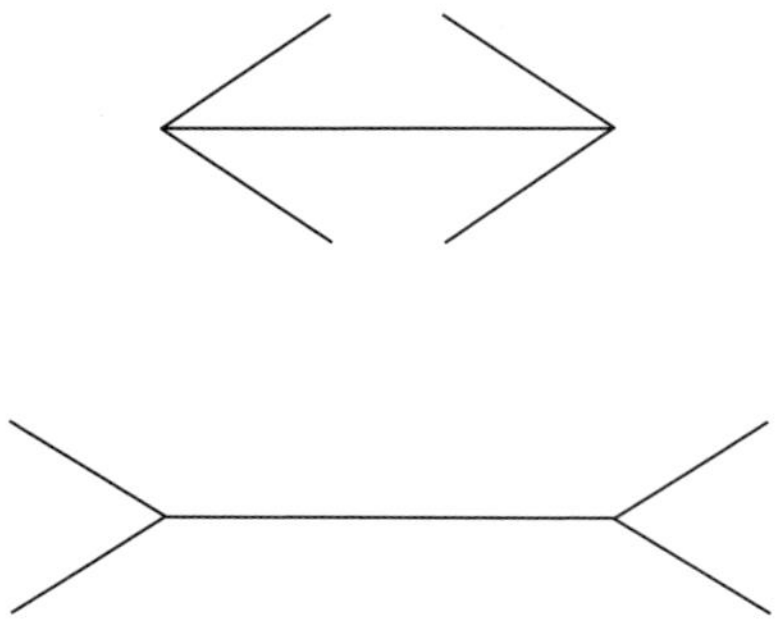

例えば水資源について、その価値観は環境によって違いが生じる。日本は世界でも雨の多い国である。火山列島で全国に多くの温泉もある。水が身近にたやすく安価で取得できる。風呂に毎日入ることもできる。食後の食器を洗剤で洗った後何度も濯ぎをする。水は使い放題である。しかし、オーストラリアや中近東などでは水は貴重な資源である。一般家庭でシャワーをするときも思い切り水を使用できない。厳しい使用制限が敷かれている。食器を洗っても濯ぎをせず、洗剤が付いたままタオルでふき取りそのまま収納する。これは日本人にとって相当抵抗がありすんなりと受け入れられない。また海水を淡水にする設備に巨額な資金を投入して水を確保している。このように環境が変わると水や水に関係する価値観の違いが生じる。

はっきりとした非言語メッセージに注意することはもちろん大事であるが、非言語コミュニケーションはそれ以外にも瞬時に発せられるメッセージもよくあるので瞬間的な鋭い観察力が要求される。一瞬顔をしかめるとか、肩を落とすとか、目の動き、口の動作などにも重要なメッセージが隠されている。

このように非言語コミュニケーションには誤解や問題があり、そのことにしっかり留意し、その上でコミュニケーションを進めなければならない。そうでなければ大きな外交問題に発展したり、誤解や疑念が生じて人間関係に悪影響をおよぼしたりすることにもなる。ましてや自分の命に関わることにもなりかねない。

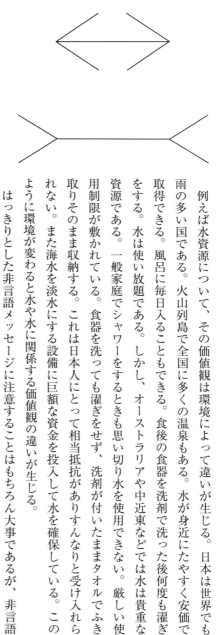

3　自文化と他文化問答

世界にはさまざまな文化が存在する。それぞれの文化は歴史、環境、宗教、慣習などによって影響を受け、それぞれが異なる場合が多い。異なった文化にいる人々に接するとき、われわれは簡単にその人を自分たちの基準や価値観・ものの見方で判断してしまう。そしてわれわれの基準に合わないと彼らは間違っている、それは劣っていると決めつけてしまう傾向にある。そこに偏見や差別が生まれる。

例えば、海外駐在の管理職が自国のやり方や考え方を現地で押し付け、現地の状況を変えようとする傾向がある。過去にオーストラリアで起こったように、入植してきた民族がその権力を振るい自分たちの文化を先住民に強引に押し付けた。自文化の方がずっと優れており、劣った他の文化は抹殺すべきであるという考えに基づいた行動であった。

文化は善し悪しの問題ではない。あるいはどれが優れていてどれが劣っているということでもない。自分の所属する文化の価値観を絶対視するのではなく、自分の文化は多く存在する文化の中のひとつに過ぎないと相対化して認識することがまず第一歩である。異文化理解とは、差異に対する開かれた寛容の心を持ち、多様な言語や文化を持つ人々と差別や偏見なしに共生することに他ならない。

日本で子供の頭をなでるのは愛情の表現であるが、国によっては侮辱されたと思う。タイではしてはならない行為である。なぜならば頭には神霊が宿り一番大切なところをやたらと触れてはいけないという文化があることはすでに言及したが、この行為はどちらが正しいか優れているかということではない。それぞれに文化の違いを反映しているのである。

交通ルールにも国によって違いがある。車を運転するとき日本では道路の左側を通行するが、アメリカでは逆の右側を通行する。左側を通行する国はイギリスやオーストラリアをはじめイギリスの旧植民地に限られ少数で、ヨーロッパ大陸や中国、韓国など、世界の90%はアメリカと同じである。これに関してどちらが正しいあるいは優れているといえるだろうか。

国によって交通ルールが違うのは、それぞれの国の歴史が深く関わっている。日本での左側通行の理由は、江戸時代、日本の路地は大変狭い場所が多く、対面で右側通行になったときに、左腰に差している刀の鞘（さや）同士がぶつかってしまうので、しばしば武士同士の喧嘩の原因になっていたようだ。この無用な争いを避けるために、侍のルールとして左側通行が定着していったというのがもっとも有力で、説得力のある理由だと考えられている。一方ヨーロッパ、アジアではナポレオン時代以降右側通行に変わったといわれている。その背景については定かではないが、一説にはナポレオンが左利きで剣を右腰にさしていたので、左側道路を歩くと相手の剣のさやが接触するので右側通行になったと。そしてナポレオンが征服した国々にそれが広まったという説である。

食文化にはそれぞれの国や地域の習慣、環境、宗教などが影響している。すでに指摘したように隣の韓国では犬を食べる。犬をペットにする人が多くなったので韓国国内では犬を食べるのはやめようという世論が強くなっている。オーストラリアではカンガルーの肉を食べる。日本人からすればかわいそうで、残酷だという感覚であるが、クジラや馬を食べる日本人に対して、オーストラリア人は同じ思いを持っている。イスラム教では豚肉をけがらわしいものとして、ヒンズー教では神聖な動物として牛を食べることを禁止している。手で食べる文化、フォークやスプーンを使う文化、日本や中国のように箸を使う文化さまざまである。これらの食文化について自文化では受け入れることができないものや、適合しにくいものが、世界には日常生活の中で一般的に行われている事実を認めなければならない。自文化では受容できないのでそれを変えさせるよう説得したり、卑下したりすることなどできないし、そのような行動を取ってはいけないのである。この世の中で自文化が唯一で一番ではなく、文化とは優劣を判断するものではない。

次のような日常の一般的な行動にあなたはどう反応するだろうか？

＊風呂に毎日入る

＊約束の時間に遅れないようにする

＊友達や同僚と食事にいったとき食事代は割り勘にする。

ほとんどの日本人は一般常識として当り前だと思うだろう。毎日風呂に入るのは日本人だけかもしれない。もちろん毎日でない人もいる。日本人にとっては、一日の汚れを落とし風呂につかることによって、疲れを癒し明日への活力を養う。水はふんだんに使える。

しかし風呂につかるという文化が存在しない国もある。西洋ではシャワーが一般的である。オーストラリアのように水資源が大変貴重な国もある。水使用制限を常時実施している国では日本のようには水を自由に使えない。また湿気の高い気候の日本と違って、空気が乾燥し湿気のない国では毎日汚れを落とすことがさほど必要でない。世界には生涯風呂に入らない民族も存在する。前節で指摘したように、オーストラリアの都市では水不足が深刻で、水を確保するため港の一角に海水を淡水に変える大規模な施設を作っている。そのため数千億円の巨額な予算が投入されている。

列車が10分遅れでホームに到着した。その瞬間、ルーマニアの駅では乗客から拍手が起きるとか。その国では1時間や2時間列車が遅れることは日常茶飯事だからという。1時間遅れは常で、数時間遅れもまかり通る文化がある。オーストラリアでは私的な約束の時間に待ち人がくることを当然と思わない方がよい。筆者の友達が約束した時間通りにきたことは一度もなかった。1~2時間遅れが常であった。アジアの国ではバスの時間表すらないところがある。あっても誰も運行時間を信じない。くるまで待ってきたら乗るというのが彼らのバス利用の仕方である。

日本人は時間に厳しい。約束の時間に遅れないようにする。交通機関では時間表通りに運行することに精神を削る。数分ごとに発着する日本の地下鉄や首都圏の鉄道は、時間厳守を最重要視する。日本の交通機関が1分の遅れもないことを体験した外国からの観光客は驚きを隠せない。それだけ正確なのである。以前にJR福知山線で脱線転覆事故があり、100名以上の乗客が死亡するという悲惨な事故が発生した。これは時刻表から1分半遅れたため遅れを取り戻そうと、運転手がカーブでの制限速度を大幅に超えたスピードで走行したため脱線したのである。1分半の差が100名以上の命を奪ったのである。時間に対する考えが文化によって相当異なる。

時間の取り扱いのおおらかさについては、ラテンアメリカの人々にはかなわない。時間に遅れても理由を説明したり謝ったりしない。商店も企業も経営者がやってきたときが開店時間である。昼休みは家に帰り数時間は帰ってこない。閉店時間も気分次第。最たるケースは、アメリカインデアンの中には、「遅れる」とか「待つ」という言葉すらない部族が存在するようだ。

中国や韓国の人から見ると、食事代はその都度誰かが持つのが常で、割り勘の常識がわからない。彼らにはこのことで日本人は情が薄いとか計算高いと思われる。しかし、日本と同じくオーストラリアでは割り勘が当然という文化である。このように人間の行動や思考には文化が大きく影響しており、自文化の常識が他の文化では非常識というケースが多々あることを認識し、それを尊重しなくてはならない。

鈴木孝夫が『日本語と外国語』という書籍の中で、日本では常識でも他の言語ではそうでない例をたくさん挙げている。色について「虹の色は何色?」という問いに日本では7色と答えるが、アメリカでは6色という答えが返ってくる。2色や3色だという国もある。日本では「虹は明るい未来を示す」という受け取り方をするが、世界の国で虹を不吉な前兆で好ましくないと取る文化もある。「リンゴの色は?」との問いに日本では赤、フランスでは緑となる。リンゴの色はどこの国でも赤、緑、黄色の種類が販売されているが国や地域により一般認識に違いがあると指摘している。この件については次節の「ステレオタイプの落とし穴」でも言及している。

しかし、近年約1700万人の人々が外国を旅行し、異国・地域の文化情報をそのまま国内に持ち込むようになった。その上、国内におけるマスメディアやインターネットの発展で外国の事物、風俗習慣を日常的に見聞きすると、日本の常識が変化していくのが避けられない。日本には外国企業、合弁会社や子会社が多く活動している。そのため異文化に基づく商標やデザインがそのまま使われることも珍しくない。実際NHKの子供番組に5色の虹が登場し、郵便局が6色の記念切手を発行したりしている。文化は時代とともに変化するものであることが確認できる。

一方、文化にはどこでも共通する側面がある。喜怒哀楽はどこの国でも共通している。家族を失ったときには悲しむ。人から親切にされると嬉しい。理由なく殴られたら怒る。違いはその感情をどのように表現するかである。例えば、日本人は普通「愛している」と面と向かっていわない。オーストラリア人は「愛している」といわねば愛していない。キスをすることによって愛を伝える。文化によって違いがある。しかし、すでに指摘したように文化は変化をすることも認識せねばならない。一昔前まで日本では愛の表現にキスをすることはあまりなかったが、近年若者同士ではれそほど珍しいことではない。

日本にきている留学生に日本で嫌いなことを聞くと、日本人が鼻をすすることを挙げている。すするのではなくティッシュで鼻をかんでほしいと思う。欧米系の留学生からすると鼻をかむときに使うティッシュが薄すぎると不満をいう。ヨーロッパではペーパーナプキンのようなもっと厚手の紙を使う。オーストラリアではハンカチで鼻をかみ、丸めてポケットにしまいそのハンカチを何度となく使う。日本人からすると少し抵抗があるが彼らはいっこうに構わない様子である。

われわれが見たり、聞いたり、体験する文化の違いは、それぞれの国の自然環境、伝統、習慣や宗教などが深く影響しており良し悪しや優劣の問題ではなく、自文化と同様尊重されなければならない。これが異文化理解の基本である。

4　ステレオタイプの落とし穴

われわれは日々膨大な量の情報にさらされて生活している。それは文章や数字・文字といった情報だけではなく、日頃見聞きしている情報がさまざまな場所、環境、時間や人との交流などでに氾濫する中で何かを判断したり、認識したりしなくてはならない。しかし、一般市民はそのような情報を吟味し、正しく事物を知るだけの余裕を持たない。メディアが伝えるイメージが固定化し、人は思考を省略してそのようなイメージに基づいて認識、判断を行うようになる。われわれはテレビや新聞、ネットの情報を頼りに生活をし、さまざまな有名人や物事のイメージは、そのようなメディアと呼ばれる情報から刷り込みが行われる。これをステレオタイプといって判で押したように多くの人に浸透している先入観、思い込み、固定観念である。そこから偏見や差別が醸成されることがしばしばある。

書物、メディア、友人などから得た文化情報がすべてではない。限られた情報がすべてであるという認識は危険である。そこには主観的なものや歪曲されたものもある。またほんの一部に過ぎない事実もある。特に支配者が社会統制の手段としてそれを意識的に操作する場合には、ナチスのユダヤ人に対する迫害運動、アメリカの「赤狩り」のような大きな社会的弊害を引き起こす。

オーストラリア人は年に120キログラム（日本人は約40キログラム）もの肉を食べるので肉食だといっても菜食主義者が多くいる。オーストラリア人は怠け者だといっても、仕事に打ち込んで長時間労働をしている人も多くいる。しかもオーストラリアは多民族・多文化国家であるので国民の間でも文化の違いが顕著である。オーストラリア人はこうだと各人が持っている情報だけで決めつけるのはあまりにも危険がありすぎる。オーストラリアの男性はレディー・ファーストで、女性に優しいというステレオタイプを信じて、日本の女性がオーストラリア人と結婚したが、結婚後は夫に暴力を振るわれ優しさのかけらもなかったという話を聞く。

若い世代では経験がないだろうが、一昔前、高度成長時代に日本人は寝食を忘れて金儲けに執着した。金で何でも買えると札束を切った。実にその当時世界各国で金の力にものをいわせ海外の資産を買いあさった。そのために、日本人はエコノミック・アニマルと軽蔑された。このことはメディアで増長され世界に知れ渡った。日本人の間にはさまざまな人間がいて、経済至上主義で生きているわけではない。しかしエコノミック・アニマルというレッテルがひとり歩きし、どこにいっても日本人は最初からそのように見られる風潮ができてしまった。今日では高度成長の時代から低成長の時代になったので、エコノミック・アニマルという表現もメディアから消えて久しい。外国人が日本人をエコノミック・アニマルとステレオタイプ的に思うこともなくなった。

われわれはよくあの国の人はこうだなどと気軽に話すが、それはたまたま出会ったその国の少人数の印象に過ぎないことが多い。非常に限られた例が全体のイメージになってしまうことがよくある。あなたは初対面の人と会ったとき、その人をどのように判断するだろうか？　人はそれぞれ個人ごとに異なる性質を持っているので性質を見極めることは困難である。そんなとき相手の所属や肩書である程度判断をする。相手は坊さんだからまじめそうだなとか、相手が弁護士なので抜け目がないようだなどと思わないだろうか。これが「ステレオタイプ」という心の働きである。

血液型O型の人は逆境に強く小さいことにこだわらない、野心家である。B型の人はマイペースで自己中心的だと、血液型占いの先入観だけで人を判断してしまう。B型の男性とは付き合えないと勝手に血液型で決めつけてしまう傾向がある。男性に対するステレオタイプを表す単語としてはたくましい、威厳がある、いざというときに頼りになる。また女性に対するものとしては優しい、気が利く、おしゃべり好き、嫉妬深いなどが挙げられる。また大学教授は頭脳明晰だが、実験ばかりしていて得体が知れない。保育士は子供好きで女性の仕事である。先生・師匠のいうことはすべて正しい。就活で大企業や公務員になれば安定・安心だ。これらはすべてステレオタイプである。

すべての日本人男性はサムライである、すべての日本人女性はゲイシャである、すべてのアメリカ人男性はカウボーイである…というような思い込みを本気で持ってしまったら異文化間コミュニケーションはうまくいかないであろう。仮に日本人男性全体を見渡したときに、サムライという言葉で表現できる性質を読み取ったとしても、個々の日本人男性は多様である。江戸時代に実際に生きていた武士も多様だったはずである。

地域や県民性などにもイメージが作られている。例えば、大阪の人はお笑い好きでおしゃべり、せっかちで派手好き。食い倒れ。東京を敵視している。いわゆる「大阪のおばちゃん」はたくましく、金銭感覚に優れ、豹柄や虎縞の服を好む。これらは往々にして在京マスコミが長年にわたって作り上げ、押し付けるステレオタイプ像でもある。

少し事情は違うが、こんなエピソードもある。アメリカにはじめて出張した日本の男性が、日本にいる妻にはがきを書いた。そしてそれを町のポストに投函するためポストを探した。しかしどこにもポストは見つからなかった。ホテルのボーイに聞いたところ、ホテルをでたすぐ前にポストがあると教えられて探したが見つからない。赤色のポストはいくら探しても見つからなかった。それもそのはずアメリカのポストは赤色でなくて青色である。日本でポストは赤色と決まっている。その先入観が見つけられなかった原因である。

国によって背景が異なり、たかがポストというがその色が違うのである。ドイツでは黄色で中国では緑である。明治時代の初期、１８７１年に日本の郵便事業が開始されたが、郵便事業に関してはイギリスのシステムを導入した。イギリスのポストは赤色であるので日本のポストも赤色になった。イギリスの植民地でスタートしたオーストラリアのポストも赤色である。固定観念、思い込みを信じたが故の災難である。

これと似たような話が、太陽を描くとき色は何色という質問にほとんどの日本人は赤と答える。日の丸、歌詞でも太陽は赤、子供の絵にも太陽は赤く描かれている。しかしヨーロッパやオーストラリアでは太陽を黄色で描くという答えが返ってくる。赤とは誰もいわない。月の色も日本では黄色が一般的で、オーストラリアでは白である。

テレビやネットでは反日デモやさまざまな悪いイメージの情報が流れてくる。それによって全中国人のマナーが悪い。中国人全員が日本人を嫌うと思ってしまう人も多いようだが、中国人の中でも親日の心を持った人は多くいるし、マナーが良い中国人もたくさんいる。学校、自治体や民間レベルでの日中交流が盛んで多くの日本人が緊密な信頼関係を築いている。

南アフリカについてどう思うかと聞かれたら、マスコミで繰り返し騒がれたアパルトヘイトを思いだすだろう。そこから人種差別や暴動などをイメージする。このイメージを南アフリカ人に当てはめていくと、どういう人物像になるだろうか？ 現地の人を見たことはなくとも多くの人が思い描いた人物像が共通の認識となりステレオタイプへと変わる。

早坂隆が『世界の日本人ジョーク集』の中で、船が沈みだし、船長が乗客たちに速やかに海へ飛び込むように指示するとき、一番効果的な言葉は国籍によって異なるとして次のようなジョークを披露している。

アメリカ人…飛び込めばあなたは英雄になります

イギリス人…飛び込めばあなたは紳士です

ドイツ人……飛び込むのはこの船の規則です
イタリア人…飛び込めば女に持てますよ
フランス人…飛び込まないでくれー
日本人………みんな飛び込んでいますよ

これらのジョークはステレオタイプの上に成り立っている。ステレオタイプは複雑な集合体を分類して単純化するのに便利であり記憶しやすいという利点がある反面、物事を一面的にとらえ、一部の事実を全体化させるので、そこに所属する個人を正しく認識できなくなる欠点がある。ステレオタイプはそこに所属するすべての人間には当てはまらないということを認識すべきである。ステレオタイプが偏見などを伴い文化摩擦の底流にあることを知る必要がある。このようにステレオタイプによる理解には落とし穴がある。このことを異文化理解の上でしっかりと留意することが大切である。

第三章　オーストラリアの国民性、価値観

異文化を理解するためのコミュニケーションの役割とその問題点に関して、前章でさまざまな例を挙げて考えてみた。それを踏まえて国民性や価値観を知ることによって、さらに理解度を高めることができる。この章ではオーストラリアを理解するために、その代表的な国民性や価値観を日本のそれと比較しながら集中的に取り上げる。

ここで取り上げる国民性、価値観とは主義、基準で同じ文化に住んでいる人々の間で一般的に共通するもので思考、感情や行動に反映するものである。態度や振る舞いがその文化で適切か否かを判断するベースになる。しかし文化と同じく価値観も変化する。オーストラリアは過酷な流刑地としてはじまり、長い間イギリス文化を継承してきたが、先の大戦後人口増のため積極的な移民政策を導入し、今日では高度に発展した多民族・多文化国家に変身している。ほとんどの人が都市に住み都市文化を堪能している。だから過去の価値観の中で、変化したことや今日では妥当でなくなったものもある。その中で新しい価値観が生まれていることにも留意する必要がある。

1　日豪国民性比較

異文化というのは自分の国の中、生活している地域の中、また身の回りなどでも存在し生活の中で常に触れる機会がある。ひとつの国の中においても、階級、性別、地域、年齢、学歴、職業、方言等の差異に基づいたさまざまな次元で文化が存在している。例えば、男性文化、女性文化、子供文化、大人文化のようなものもあれば、学校文化、職場文化、都市文化、地方文化というようなものもあるだろう。そして、それぞれの文化はもちろん一枚岩ではなく、多様性の集まりで職業、社会的地位、学歴、年齢などによるサブカルチャーが影響するということを認識しなくてはならない。そして文化が大きく影響をおよぼし国民性を作りだしている。国民性は、全部とはいわずとも多数の人から支持されているその国を特徴づける一般的なものである。

今回対象とするオーストラリアの国民性、価値観について日本と比較しながら検証する。もちろん、オーストラリアの中でも違った文化が存在する。特に多民族・多文化国家として急速に変遷していることで、さまざまな文化や価値観がオーストラリア社会に持ち込まれ、それらがマイノリティー文化を形成している。そしてマジョリティー文化に影響をおよぼしている。だからこれから取り上げていくオーストラリアの国民性、価値観については、国の歴史や背景を踏まえ、多数の国民に支持、共有されていることが前提となる。日本についても同じ前提である。

まずオーストラリアは、イギリスを主体にしたアングロ・サクソン民族が移住し発展させた国である。現在でもアングロ・サクソン民族の背景を持つ人たちが人口の多数を占めている。しかも政界、財界、教育界、メディアなどの分野にいたってはその指導的立場にいる人は今だに90％以上を占めているのが現状である。法律や制度においてもイギリスの影響が強く残っている。この背景を考慮に入れてごく根幹的な日豪国民性・価値観の特徴を比較検討してみたい。

（日　本）	（オーストラリア）
単一民族	多民族
農耕民族（相互信頼）	狩猟民族（相互不信）
談合社会	契約社会
階級（格差）社会	非階級（非格差）社会
タテ社会	ヨコ社会
優柔不断	積極果断
タテマエ重視	ホンネ重視
自然との共存	自然支配
集団主義	個人主義

この表を見ると日本とオーストラリアではその国民性・価値観に大きな差異があり、ほとんど正反対だといえる。そして日常の社会生活、家庭生活においてそれらが大きく影響している。両国の国民性の違いを具体的に解説すると次のようになる。

日本は単一民族、同一文化といわれるが、歴史をひも解くと日本も複合民族国家として発展してきた。初期の時代にアジア大陸から多くの人が日本列島に渡ってきた。日本列島の北の地域では、大和民族の歴史以前にアイヌ民族が存在した。さらに南方の琉球民族も独自の文化を有していた。第二次世界大戦以前には日本は台湾、朝鮮半島を植民地化し、多民族帝国と名乗っていた。そのような背景がありながら、日本は単一民族国家といわれている。ただ第一章で検証したように、在留外国人が人口の約２％を占め社会全体に影響をおよぼしている。日本は今後少子高齢化が急速に進行し、労働力不足が深刻になる。外国人労働者に依存する度合いが高くなる。世界との交流もより進んでくる。現に１３０万人に近い外国人が日本で働き生活をしている。日本も多民族・多文化国家に向け準備せねばならない。オーストラリアは、世界２００カ国以上からの移民で構成されている紛れもない多民族国家であり、多文化社会なのである。

遊牧民族は、同じ土地に長期間居住せず常に移動している。他人との長期にわたる交わりが少ない。自分、家族を自分で守らねばならない。そこには争いもある。自然とも対峙しなくてはならない。このような背景では自助、自立が当然必要になる。オーストラリアは遊牧民族の背景を持っている。これに対して、日本のような農耕民族は、一カ所に常時生活をして、長い間そのコミュニティーに住む人々とのつながりがあり、その人たちと平穏無事に生活しなくてはならない。その結果、互助、連帯、和ということが必要になる。争いは避ける。自然とも共存しなくてはならない。

日本では多くの契約書の最後に、「この契約書に疑義が生じたり、契約書に記載していないことで問題が生じたりしたときは、契約当事者同士が誠意を持って協議し解決を図る」とある。契約書というものは、本来問題が生じたときにどうするかを前もって決めてあるもので、問題が生じたときにはすでに当事者は敵対関係になる。協議をするより自分の主張をとおすものである。オーストラリアではこの際裁判に訴え解決を図る訴訟社会といわれる。

日本は談合社会である。皆がともに生活していくためには、競争を排除しなければならない。競争が敗者を生み、敗者に困窮な生活を強いる。そのために談合しなければ皆がともに食べていけないからである。そのために皆で話し合って、集団で問題を解決してきたのである。こうした慣習が今だに日本では続いている。最近でもリニア中央新幹線の工事請負で、大手の建設会社が談合して4社が仕事を分け合ったということが明るみになった。

契約の思想は、さかのぼればその原型は聖書にある。旧約聖書も新約聖書も、神と人間との契約の書である。例えば、旧約聖書における「モーゼの十戒」（注1）があるが、これを守って正しい生活をするから、天国にいかせてくださいという神との約束である。

日本は男性社会であるとともに、オーストラリアのようにヨコの関係があまり発達せず、タテの関係が発達したタテ社会である。そのため社会的な階級意識が強い。周知のとおり日本語では性別、年齢、身分、役職によって言葉の表現方法が大きく違っている。日本では男性と女性との言葉遣いも違う。そして会社の上司は部下に対して横柄な態度やい い方で応対することも普通である。したがって、職場における地位により暗黙のうちに応対の仕組みができ上がっている。管理職や地位の特権を表すシンボルは一般的で期待さえもある。

オーストラリアでは学校でも会社でも、日本のような先輩・後輩の考え方や対応はほとんどない。後ほど詳しく述べるが、オーストラリアでは平等主義が浸透しているので職場での階級意識がほとんどない。社長も平社員も対等だという考えが一般的である。だから特権や地位の象徴には不興を買う。またオーストラリアは男女平等社会であるため、男性と女性の言葉の表現方法もほとんど変わらない。

ヨコ社会には、タテ社会の原則である上下の信頼関係はあまり存在しない。しかし共同生活を送るためには信頼関係を構築しなくてはならない。その切り札になるのは個人間での約束尊重、社会的には法の下の契約精神の普及である。その点、日本では従来政治家が多少の嘘をついたり、公約違反をしても許されていたが、英米では嘘をつけば政治生命を失う。逆に、多少の過ちも正直であれば許されるという風土がある。例えば、第37代アメリカ合衆国大統領ニクソンはウォーター・ゲート事件（注２）で、嘘をついたことから大統領辞任に追い込まれたが、第42代アメリカ合衆国大統領クリントンはモニカ・ルインスキーとの不倫を正直に告白し、結局大統領に居座り続けた。

大学などでは、教授・助教授・講師・助手・学生という身分の違う者の集まりがあるが、日本では教授同士、助教授同士がヨコに結び付くよりは、同じ研究室という場所でタテに結び付くことの方が多い。すなわち教授は弟子である講師や助手、学生とより親しい関係を結ぶ。親分子分の序列関係である。

昔の日本軍隊でも、将校と兵という異質なものがひとつの部隊の中で「タテ」の関係をなして密着していた。同じことが日本の労働組合についてもいえる。たいてい職場単位の労働組合なので日本では職種別組合はできにくく、企業別組合ないしは産業別組合になる。オーストラリアはその逆で職種、職能別組合が主流である。いわゆるヨコ型社会である。

オーストラリアでは個人と個人とはヨコに並ぶ関係だが、日本では同じ場でタテに並ぶ関係と見なされ、そこには格差や序列の意識が生まれ、社会的階級意識が強く存在する。タテ社会の秩序を保つために年功序列というシステムがある。そしてそれを支えるのは歴史的な精神支柱である和の精神である。序列意識が強いので人間関係では礼儀が重んじられる。敬語が発達し、相手の立場に応じてどのように会話を進めるかに強い関心を払う。

自分をどう呼ぶかを注意しなければならない。日本語には自分のことを表す言葉が１００以上もある。世界中の言葉の中でも類のないことである。例えば、わたくし、わたし、わし、じぶん、ぼく、おれ、わがはい、しょうせい、それがし、みどもなどである。そして厄介なことに使い方が複雑である。自分より目上にはわたくし、わたしといわねばならないし、目下や同僚には、ぼく、おれなどと使い分けしなくてはならない。英語では誰が主語であろうと一人称のIという一語で済む。二人称に関しても同じ状況である。

タテ社会において支配する階層的秩序は、必然的に人々を上下関係に固定化する。そこには道徳的規範としての義理とか報恩の義務が生まれる。欧米の契約に代わって、日本人にとっては、義理を感じることや、恩に報いることが重要なのである。

また、集団の中で相手の意思を読み取り、波長を合わせて行動をし、争わずに調和を保っている。互いを信頼し集団行動でのルールを守ることができ、他人に迷惑をかけない。この国民性は一方で、現代社会では「人の個性を潰す」「自己表現が下手」と、国内外でしばしば批判される。

相手の意思を読み取ることがその度合いを越すと、国会で問題にされた森友学園に対する国有地貸与・売却に関する「忖度」という行動にも発展する。相手の心を読んでその期待に添うための行動を起こす。大学の学部新設に関する認許可の案件で総理大臣の友人が直接関与していたので、総理の要望や意向が当然あるものだとして、担当省庁が特別な便宜を図ったと思われている。このようなことは日本では珍しいことではないが、オーストラリアのヨコ社会の精神文化では起こりがたい。

日本では議論をして相手を論破するということは、相手の全人格を否定すると思う人が多い。その結果自分の主張をする際、このことを常に留意する傾向にあり、その結果積極性に欠けることがあり、全体的に優柔不断の傾向になる。一方オーストラリアでは地位や人間関係に関わらず、自分の主張は積極的に主張することが大事で、そのことが対人関係うんぬんよりも重要なことである。

日本人は一般的にタテマエとホンネの両面を持っているが、タテマエを重視する。これに対して、オーストラリア人はタテマエという概念が希薄でホンネが支配する。

オーストラリアにおいて自然に対する考え方には、キリスト教による世界観が影響している。旧約聖書の創世記第一章には、神はいわれた「われわれのかたちに、われわれにかたどって人を造り、それに海の魚と、空の鳥と家畜と、地のすべての獣と、地のすべての這うものを治めさせよう」と、神は自分のかたちに人を創造され、男と女とを創造された。神は彼らを祝福していわれた、「生めよ、ふえよ、地に満ちよ、地を従わせよ。また海の魚と、空の鳥と、地に動くすべての生き物とを治めよ」とある。人も自然も神が造られたものであり、その自然は神に代わって人間が治めるべきものなのである。彼らの自然観は人間中心主義であり、人間が自然より上で、自然と一体になることはない。

一方日本では、土地を耕し農作物を育て守るために常時自然と向き合う必要があった。そして、人間の意志ではどうにもならない自然を目の当たりにすることで、自然に対する畏敬の念を持つようになった。そこから「自然イコール神」という認識ができ上がったのである。

オーストラリアの「自然と対峙する」という自然観は、現代科学につながっていく。一方、日本での「人間は自然の一部であり、自然と共存する」という自然観は、芸術的感性とつながりを持つ。それは「わび・さび」であり、日本の精神文化に浸透している。日本人は詩、随筆や手紙など、ものを書くときに自然と季節の要素を取り入れる。俳句には季語があり、伝統的に幅広い自然を題材としてきた。

この章の最後で詳しく言及するが、日本人は全体・集団主義の傾向が強く、これがビジネスや社会生活全体に大きく影響している。対して、オーストラリア人は個人主義が国民性・価値観の根底にある。

（注1）モーゼの十戒（モーゼがシナイ山に40日こもって神から受けた言葉、10項目の戒律）

第1戒　わたしの他に、他の神々があってはならない
第2戒　偶像を作ってはならない
第3戒　主の御名を、みだりに唱えてはならない
第4戒　安息日を覚えて、これを聖なる日とせよ
第5戒　あなたの父と母を敬え

第6戒　殺してはならない
第7戒　姦淫してはならない
第8戒　盗んではならない
第9戒　偽りの証言をしてはならない
第10戒　あなたの隣人の家を欲しがってはならない

（注2）ウォーター・ゲート事件
1972年にニクソン再選を図るアメリカ共和党の大統領再選委員会が、ワシントンのウォーターゲート・ビルにある民主党全国委員会本部に盗聴装置が仕掛けられようとしたことに端を発し、大統領の辞任にまで発展した事件。

2　神や労働に対する考え

オーストラリアの宗教はキリスト教が70％以上を占める。キリスト教には唯一絶対神が存在し崇められる。行動の規範に宗教の戒律が存在するキリスト教では、人は生まれながらに罪を背負っている、そして生まれてからも罪を重ねている。これらの罪を許してもらうためには神に許しを乞い、法典に書かれているような戒律を重んじた生活を送り、一生を神にささげなければいけない。そうすることによって人間は神に許され、はじめて救いの手を差し伸べられる。つまり、神様に全身全霊をささげ一生を神様の許しを乞うために生きていかなければいけないのである。キリスト教では懺悔という機会があり、罪を犯してもその罪を告白し戒心すれば許される。

一方、日本文化に大きな影響を与えた仏教では、すべてのものは変化し実体がないのが真理なのに、いつまでも変わらないと勘違いして執着するから苦悩が生まれる。そして、苦悩は無知や欲望が原因であることに気づき、その無知や欲望を断ち切るために修行をするというのが基本的な教えになっている。神様はそれぞれの心の中に宇宙があってそこに神がいると教えている。性善説が基本で人間は、生まれたときは真っ白で、罪を犯したとしても相手に心から罪を詫びて相手に礼をつくし、周りに対して義を守ることで罪を許してもらおうとする。

つまり、西洋では神様に一生をささげなければいけないのに対して日本では人間に対して、自分に対して一生を全うしようという文化が根付いている。仏教ではインドに生まれたゴータマ・シッダールタという青年が努力の末悟りを開きブッダ（悟った）になったので、修行をすれば自分でも悟を開くことができ、死後極楽にいけるとされる。

日本人は無宗教だといわれる。一神教のオーストラリア人の目から見ると一見日本人はあらゆる宗教を無差別に受け入れ一貫性がない。新年や結婚式は神道で祝い、葬式やお盆は仏式で行い、クリスマスやバレンタインはキリスト教の儀式をまねする。ひとつの宗教を信じている者からすると取るべき態度ではないと考え、どうも信頼できないということになる。しかも神道、仏教や儒教などが混存し、唯一絶対神のキリスト教とは違って崇める神は自分の中にたくさん存在する。しかも具体的な姿や形を持たないが超人的な力を持つ存在と思われている。

労働に対する考え方にも違いが顕著である。キリスト教において労働は卑しい苦役で天罰と見なされる。人間の始祖アダムとイブが神との約束を破って禁断の木の実を食べたために、天国のエデンの園から追い出され、地上で労働を強いられることになったとキリスト教では説いている。つまり労働は懲罰なのである。そこで子孫の白人たちは、嫌な労働を家畜や奴隷にやらせ、自分たちは遊び暮らすという発想が生まれたのである。その結果、近代にいたっては労働時間の短縮、労働賃金の増額などを追及してより良い人生のための手段にしている。

オーストラリアの労働組合の歴史やそれに勝ち取った労働条件を検証するとこのことがよくわかる。世界ではじめて労働組合が結成された。１８５６年に世界に先駆け8時間労働を確立し、１９０７年には最低賃金制度を作り、１週間の基準労働時間を38時間と決めた。残業手当も早い時期に導入された。また日曜・祝日出勤は通常時給の2・5倍のペナルティーが支払われる。有給休暇は年最低4週間あり、休暇中は通常給料の17・5％の割増支給がある。このように労働に対する考え方が大きく影響している。これに加え、オーストラリアの入植当時極度の労働力不足が働く者にとって世界でももっとも優しい有利な状態を作り上げたのである。

これに対して、日本では働くことは生きる喜びのひとつで、働くことを軽蔑しない。怠けていてはお天道様に申し訳ない。一日不作一日不食、働かざるものは食うべからず。働くことが生きがいで、人生そのものであると考える傾向が一般的にある。そのため歴史的に労働者は雇用主の意向で使われ、オーストラリアのように労働条件の改善などはほとんど見向きもされなかった。労働者の保護を目的とした法律は、戦後１９４７年になってようやくできた労働基準法である。労働者の最低賃金を保障する法律は、１９５９年になってはじめて施行された。オーストラリアから遅れて50年後のことである。

3　罪と恥の文化

キリスト教の背景、影響を強く受けているオーストラリアでは罪の意識が強い。アメリカの文化人類学者ルース・ベネディクトがその書籍で、西洋は罪の文化であるが日本は恥の文化と規定した。キリスト教文化のオーストラリアでは、行動の規範には宗教の戒律があり神の戒律を守れば心はおだやかであるが、それに反すると強い罪の意識を持つ。彼らの心には常に神がいる。それをベネディクトは「罪の文化」と呼んだ。

多神教の日本では罪に対しての意識がそれほど強くない。強く意識するのは対人関係である。他人に笑われたくない、他人の前で恥をかきたくないということが日本人の行動規範の根底にある。正しいかどうかで行動を決めるというよりは、世間がそれをどう思うかで自分の行動を決める傾向にある。日本人は誰かに自分の悪行が知られたら非常に恥かしく思う。しかし、仮に他人に自分がやっていることがばれなければ、自分のやったことを悪いとは感じないことがある。「旅は恥のかき捨て」ということにそのことがよく表れている。人前では恥をかきたくないという意識から義理を重んじ、人情を大切にする気風が生まれる。さらには名誉を重んじる。

ベネディクトの規定したことは、西洋と日本の伝統的な価値観をいい当てている。これはごく一般的にとらえた両文化の特徴といえるが、西洋のキリスト教にも恥の文化は存在する。しかしその意味すること、背景にある考え方は日本の恥の文化とは少し趣を異にする。欧米人も対人関係を意識するだろうし、日本人にも善悪という行動指針がないわけではない。ただ傾向として欧米人は対人関係よりも神との関係を意識し、日本人は神との関係より対人関係を意識するということだろう。

オーストラリアはキリスト教文化圏で、人々は一般的に神に従順である。神の命に反しなければ、他人にどう思われようと意に介しないというところがある。次章の文化情報で詳しく述べるが、オーストラリアでは高齢の女性が奇抜な原色の服装を着用したり、超ミニスカートを平気ではいたり、スケスケの服装をまとってもいっこうに気にしない。しかし日本で重きを置かれるのは、自分の好みより世間である。世間の目があるという世間体である。世間が神の代わりになる。世間の目が気になるから80歳の女性が真っ赤な服を着て超ミニスカートをはいて道を歩くなど考えられない。もしそのような女性がいたら、日本ではその人を精神異常者とみなしかねない。

4　自由・平等、社会的公正

オーストラリアほど自由な国は、他にあまりないのではなかろうか。しかも、フランス、アメリカなど多くの国では自由を得るために、多大な犠牲を払った。その点、オーストラリアは大きな犠牲なくして、自由を謳歌しているといえる。世界１５８の国と地域を対象とした［幸福度］生き方の自由度についてのランキングを国連の関連機関である国際連合持続可能開発ソリューションネットワーク（UNSDSN）が発表している。各国の幸福度（Happiness Ladder）は、一人当たりのＧＤＰ、健康寿命、社会的支援、生き方の自由度（このランキング）、気前よさ、腐敗認識度の各指標から算出されている。オーストラリアは6番目にランクインしている。ちなみに日本は54位である。

この国は性に対しても自由で寛容である。日本人の持つ性に対する慇懃さはあまりない。羞恥心も強くない。若い世代からフリーセックスは一般的である。適齢期になると親が、思春期を迎えた子供にコンドームなどを用意したりする。もちろんそんな現象を批判する人はいる。しかしそうだからといって規制を考えたり、組織を作って反対運動を展開したりしない。社会の秩序を乱さなければ自由なのである。新聞紙上を一瞥しても性の売り買いを求めている広告が氾濫している。

またレズやゲイに関する広告が多い。人種を問わずにホモを求めたり、レズ体験歓迎、電話でのオーラルセックスなど、単刀直入で露骨広告である。業者の広告もあるが個人の広告が多い。一度限りのスリルを求める人、本気でパートナーを探している人、好奇心で一度は体験してみたいと思っている人、いろいろである。町の中にはヌーディスト・レストランがあり、ネクタイを締めたビジネスマンが、裸の女性を前にワインを飲み昼食を食べる。陰険さは感じられない。普通のレストランより少々高いが、彼らにとっては娯楽であり、話の種なのである。

シドニーでは毎年ゲイとレスビアンの祭典がある。真夏の恒例行事として世界中から注目を集めている。世界最大といえる同性愛者のイベント「シドニー・ゲイ&レスビアン・マルディグラ」である。１９８０年にはじまり、毎年2月～3月に、長期にわたり開催される。

オーストラリアでは、ゲイとレズを合わせた同性愛者が、人口の10%以上を占めるといわれている。同性愛者は、オーストラリアではすでに市民権を獲得している。１９９2年にはゲイの軍隊への入隊禁止が解除された。政界、財界、文化界などでも著名な人がホモであることはそれほど珍しいことではない。州の首相、大使などの中にもホモの経験をした人がいる。しかし、特別隠し立てをしたり、恥じたりしている様子はうかがえない。また一般人がそれを非難したり、とやかくいわない。自由なのである。あくまで個人の選択である。最近では、連邦議会議員の中にも自分がホモであることを公言している人がいる。つまり、ゲイであったりレズであっても平等な扱いをする、受けるというのが社会通念である。同性婚も通常の異性間結婚と同じ権利義務を認めている国である。自由で、寛容でお互いの考えを尊重することが国民性である。

今から50年も前から、各州（クイーンズランド州では違法）にはヌーディスト専用のビーチが設けられている。そこへはすっぽんぽんの状態でしか入れない。ヌードで甲羅干しをするだけではなく、ビーチバレーを裸で楽しむことはごく普通のことである。最近ではここで結婚式を挙げるカップルや家族もいる。新婚のカップルも招待客も全員裸での出席である。日本では決してまねのできないことであろう。他人に迷惑がかからなければごく自然に、思いのまま自由に行動ができる。

オーストラリアの初代アーサー・フィリップ総督は、18世紀後半の入植当時食糧供給が緊迫することを認識し、不平等な食糧配分は植民地での暴動や内紛に発展しかねないと懸念して、食糧は囚人、自由民を差別することなく平等に分配することを決め実行した。また囚人に対して、早期に自由民になり建国に手助けできるような仕組みを作り上げた。今日の恩赦、保釈、減刑の元になる制度も確立させた。その後任命された総督も、元囚人を植民地政府の要職にも積極的に登用した。今から２５０年以上も前の時代にこのようなことは他国では不可能であっただろう。それだけフィリップ総督はオーストラリアの平等主義、フェアゴー（社会的公正）精神の生みの親といわれている。

強者は弱者を助けることが公正である。また機会はすべての人に等しく与えられねばならないということである。国民は政府に対してもこの考え方を実行させる。最近の調査によると国民の90％以上が、フェアゴーは国の価値観として大変重要であると考えている。具体的には、人間はその肌の色、性別、年齢、宗教、文化などの違いにかかわらずすべての人が平等に扱われ、仕事、社会、政治の世界に等しく参加できる権利、機会を持つこと。等しく教育を受ける権利を持ち機会が与えられること。また公平に公共医療サービスを受け、仕事をして収入を得る権利。オーストラリアは戦後の難民、亡命者にとってもこのフェアゴー精神が発揮されオーストラリアに受け入られ、人道的な行為が国際的にも高く評価された。

オーストラリアでは人間は皆平等だという意識が強い。社長と平社員、医者と患者、先生と生徒、大人と子供、タクシー運転手と乗客にいたるまで皆平等で対等、そこには日本社会に存在する階級意識は大変薄い。その典型的な行動は、互いを名前で呼びあうことに表れている。はじめて出会った人同士でも、苗字ではなく名前で呼びあう。子供が親を捕まえて名前で呼ぶ、目下が目上の人間を名前で呼ぶ、会社では部下が上司を名前で呼ぶ。このように年齢、性別、立場などに関係なく名前で呼び、呼ばれることは、社会的階級意識の比較的強い日本では抵抗があり起こりえないことだ。もちろん友人の間では日本でも名前で呼ぶことは日常的に行われているが親しい間柄に限られる。

オーストラリアで生活をしはじめたころ、今から半世紀以上も前のことであるが、これには驚いた。赤の他人を名前で呼ぶことに、最初は罪の意識とでもいうのか大変抵抗があった。しかし、現地の社会生活に馴染みはじめると、苗字ではなく名前で呼びあうことがごく普通のようになり、抵抗感がなくなっていったので不思議である。日本の会社で平社員が社長に向き合って名前を呼び捨てにするなど考えられない。自分の親を日常会話の中で呼び捨てにすることなどとんでもないことである。筆者との会話の中でオーストラリア人の友達は、日本の天皇も名前で呼ぶ。天皇陛下、裕仁親王（昭和天皇）、御上などではなく、裕仁である。国家元首を呼び捨てにされてかなり抵抗があった。彼らの国家元首であるエリザベス女王も名前で呼んでいる。

オーストラリア人はアルコールが好きで、一人当りの消費量は世界の中でも上位を占める。仕事帰りや週末のバーベキュー、スポーツ観戦などにアルコールは常につき物で、主にビールが大量に消費される。仕事帰りバーで飲むときにこの平等主義を目撃するのである。「シャウト」という儀式はそれぞれが奢りあうもので、10人で飲みにいけばそれぞれが少なくとも1回、全員の分を「シャウト」するので10回分ビールが飲めるわけである。ここでは地位や身分に関係なく平等に飲み代を負担する。

人間関係において皆平等で、対等だという価値観である。先生と生徒、医者と患者、社長と平社員、タクシーの運転手と客、など上下・主従関係は存在しない。オーストラリアでは、タクシーに乗るとき運転手の隣の助手席に乗り込む。現地のエチケット本にも取るべきマナーとして記載されている。日本では当り前だが、客が自分だけのとき後ろの席に座ると変に思われる。日本では逆に、客が助手席にでも乗ってくるものならタクシー強盗と間違われかねない。東京で実際に起きた事件がある。

もちろん、伝統的な学校、組織の大きい会社などでは必ずしもそうでないケースもある。そこでは、ある程度の階級意識が存在する。また主要な都市では入植当時の昔からその土地の著名人、エリートがメンバーの排他的な紳士だけのクラブが存在する。いわゆる上層階級のたまり場である。建物は歴史的建造物の指定があり由緒あるもので、宿泊設備、バー、レストラン、図書館、談話室などが整備されていて、大きなパーティーを開催できる広い庭もある。シドニーには１８３８年創立のオーストラリア・クラブ、メルボルンには１８３９年創立のメルボルン・クラブなどがあり、政治、経済、社会生活全体に大きな影響力を行使してきた。

しかし、一般的にはオーストラリアでは他の人との兼ね合いで、どのようなスタンスを持つべきか、食事のとき誰が一番先に食事を取り、シャワーを最初に誰が浴びるかの順序など関係ない。オーストラリアのルールとは、すべての人が対等であることにある。また、社会的地位、民族あるいは経済的背景など関係なく平等に扱われさえすればすべてよしということである。富をあらわにすることは、優越感を誇示しているとして人々は顔をしかめる。また奢られるということは、逆に劣等感の印として卑下される。秩序ある社会生活を送る上のルールやエチケットを知ることにより、自分もその社会に溶け込め、楽しく生活が送れるというものである。人は、地位、階級、職業、性別、人種などではなくその人自身の内容、つまり人柄によって評価されるのである。

筆者は、南オーストラリア州首相が来日するたび、日本流に空港にハイヤーを仕立て、前もって外務省、法務省（入管）に連絡を取り、ＶＩＰ待遇を手配し出迎えた。ＶＩＰ待遇なので入国の際の通関はフリーパスで、入管は一般客とは違って筆者が全部のパスポートを預かり、特別室で入管手続きをし、外にでるという手順であった。出国するときもほぼ同じ手順で、Ｘ線チェックなどもなしで構内のＶＩＰ待合室まで直進。そこへ航空会社の幹部が出迎える。しかし、このようなＶＩＰ待遇に関して本人は最初戸惑いがあったようだ。本人はＶＩＰ待遇を必ずしも期待していることではなく、一般客と一緒に入管、税関検査、あるいはX線チェックを順番にやるのであれば、それはそれでまったく問題のないことである。他の人たちと平等に取り扱われることが大切なのである。それが、平等社会の精神なので地位、役職の違いで、待遇が違うべきでないという考えである。

平等の精神は、すでに述べた〝シャウト〟あるいは〝ラウンド〟という奢りあいのルールによく表れている。またレストランでの飲食料の折半など、他の人の経済力、地位、性別などはまったく考慮にない。自分が他の人のために支払うとか、他の人から支払いを受けるなどという考えはない。他人から支払いを受けるということは一種の恥であり、怠け者だということになる。

オーストラリアではセックス抜きの男女関係がよくある。男も女も同じという平等精神が強い。また独身の女性が男性と自由に飲みにいくことも珍しいことではない。そのときも女性は男性と対等であるという認識である。もちろんこのときには飲み代は折半でなくてはならない。そうでなければ誤解を生む。ただナイトクラブなどで酒を飲む場合は、人それぞれ好みに合わせて飲み、ある人は他の人と比べてずいぶん高い飲み物を注文したり、異なる飲み方をしたりするので、このような場合はシャウトということでなく、それぞれが自分の支払いをすることになる。もちろんビジネスの世界では、関係を良好に保つための接待として、招待する方が全部支払いをしている。すでに述べたようにフェアゴー精神というのは植民地時代の生活の中で培われた価値観で、人間がその立場、地位に関係なく公正に扱われなければならない。強者は弱者を助けることが公正である。また機会はすべての人に等しく与えられねばならないということである。

オーストラリアには毎年30〜40万人の日本人が訪問している。現地でいろいろなサービスを受けたときに、多くの人がオーストラリア人はサービス精神が希薄であるという意識を持つが、考え方の違いが顕著に表れている。日本での「お客様は神様」という認識はない。オーストラリアでは、サービスを提供する人も、それを受ける人も、買手も売手も対等である。一方が主で他方が従という認識はしない。

社会における階級意識の強い日本では、権力に媚びる傾向が強いため汚職の温床になるが、強い仲間意識と社会的公正という国民性は、クリーン度の高い社会を保持している。国連が世界各国のクリーン度を調査しているが、オーストラリアは上位から常に10位以内に入っている。

オーストラリア人の開放された、単刀直入な言動には問題があると指摘を受けることもある。外部の人間にとって、オーストラリア人は無作法で失礼だと映る。オーストラリア人にとって人はすべて平等で、同じであるという価値観を持っているので、外国からの賓客に対しても相手の地位、階級などにはお構いなく普通に挨拶をする。典型的な例に、オーストラリアの著名なスポーツ選手が訪問中のイギリス女王に対して、自分の友達と話すように挨拶をしたことがある。彼は、女王といえども自分と同じなのだという考えでの挨拶であった。もちろん日本では天皇陛下同様、女王陛下に対しふさわしい格式ある挨拶が行われるだろう。

5　メイトシップ（仲間意識）

18世紀初頭にオーストラリア大陸が発見された。当時イギリスでは産業革命の余波を受けて犯罪が増加し、囚人の収容所が満杯になっていた。植民地であるアメリカに急増した囚人を送っていたが、独立戦争でアメリカを失い、囚人の収容先を探していた。そこでイギリスは、オーストラリアを領有し囚人をオーストラリアに島流しにした。

このころドイツでは宗教革命が吹き荒れ、この混乱に愛想をつかした人々が新天地を探していた。オーストラリアを新天地としてイギリス、ドイツなどから長い過酷な船旅を経て入植してきた。この長旅は何カ月にもおよび、航海途中、船が難破し目的地に着くことができなかったり、船内の環境が悪く多くの人が病気になり死んだり、海賊に襲われ貴重な財産を奪われたり、日本人が南米に移民したときの環境より過酷でつらいもののようであった。

オーストラリアに無事到着したあとも、予想以上に過酷な自然が待っていた。この状況を打破するためには互いが助け合い、協力する必要があった。幾多の苦難を乗り越えて新しい生活がはじまった。その中で仲間意識が生まれた。身分、立場などに関係なく互いを尊敬し、助け合う精神が培われた。イギリスから遠い国、オーストラリアに島流しにあった囚人、売春婦、孤児、単身の入植者などは自分たちを愛し、守る家族がいなかったので、自分たちの知人、友達がその代わりの役目をした。

さらには入植当時の過酷な自然と生活環境を超越するためには、自分だけでは難しく、お互いが助け合い、依存していかなければならない状況であった。それはゴールドラッシュを経て、第一、第二次世界大戦を待ってより強く社会に根付くようになった。イギリス軍の一員として派兵された外地での戦争で、生死をともにした兵隊たちの間で同胞意識がさらに高められ、死に直面したときには仲間の兵隊がその死を見届け、家族の役割をした。今でもこの精神は脈々と受け継がれている。メイトシップとは立場がどうであれ、君と俺は生涯仲間だということである。友情、忠誠、協力、共同生活などがその核になっている。

すでに言及したように、はじめて会う人でも苗字でなく名前で呼ぶことはこれが反映している。年齢、性別、立場などに関係なく名前で呼び、呼ばれることに日本人としては抵抗がある。目下の人から名前で呼ばれたり、目上の人を名前で呼び捨てにすることはなかなかできない。

仲間意識は一種の義務感であり、同胞のためになすべきことをなすという考えはアジアの国などでの家族の絆と同じような役割を果たす。必要とされるときには援助の手を差し伸べる。いいときも悪いときも、自分の周りには一蓮托生、常にメイト〝mate〟、信頼できる仲間がいる。困っている人に援助の手を差し伸べても見返りを期待しない。

ある雨の日に地方の町を運転しているとき、前方にトラックや車が止まっていて5～6人の人が何か騒いでいる様子が目に入ってきた。なんだろうと車を止めよく見ると、乗用車が路肩の泥たまりの中に突っ込んでいるではないか。乗用車がでないので家族が困っていたところ、通りがかりのトラックの運転手が、ロープを使って乗用車を引っ張りだそうとしているところであった。間もなく、トラックの力で難なく車は泥沼から道路に引き上げられた。このトラックの運転手は、仕事柄急いでいたかもしれないが、ここはやはりオージー、救いの手を差し伸べたのである。助けられた家族はもちろんこの運転手に〝どうもありがとう。大変助かったわ〟と謝辞をいった。彼は〝お安い御用で、それじゃ〟といってトラックを走らせていった。助けた方も、助けられた方もこの好意に見返りを考えたり、期待したりすることはない。これはオージー流の自然な行為なのである。車のパンクや故障で困っているときなど気軽に助け舟をだしている光景によくでくわす。はたして日本ではこのような行動を取れるであろうか。国民性がその行動規範に反映する。

6 寛容

オーストラリアの国民は、他人に対して寛容である。

シドニーから西へ約250キロメートルのところにカウラという小さな町ある。ここは、太平洋戦争中、オーストラリアの敵国の捕虜が収容されたところで知られている。当時オーストラリアで収容されていた日本人捕虜は全体で約2000名、その半分がこのカウラの収容所で捕虜生活をしていた。ここでは、負傷兵や栄養失調者に手厚い看護、介護が施され、また日本人は魚を食べるというので、日本人捕虜のために特別の魚料理もメニューに含まれ、相撲、マージャン、野球などのレクリエーションも自由にすることが許されていた。日本酒を作って「カウラ正宗」と名付けた酒を飲むことも許された。警護も緩かった。

それでも捕虜たちの心を離れることがなかったのは、「生きて虜囚の辱めを受けず、死して罪禍の汚名を残すことなかれ」という「戦陣訓」の教えだった。捕虜になって生き延びていることを日本に知られたくない。だから、捕虜の多くは偽名を使い、将兵の階級もオーストラリア兵に明かさなかった。カウラに収容されていたイタリア兵が故郷と手紙のやり取りをしていたのと大きな違いだった。

この収容所で1944年8月5日午前2時、日本人の捕虜約1000名が集団脱走を決行した。脱走時、携帯したのはナイフやフォーク、野球のバットなどしかなく、機関銃で装備された警備兵に立ち向かうことは不可能であった。この結果、231人の日本人捕虜が死亡した。脱走に成功した人間もいたがすぐに捕獲された。しかしこの地域に住む農家の中には腹をすかした脱走兵に食べ物を与えた人もいたという。また、戦後ここに死亡した日本人捕虜の墓地が作られ、地元の若い帰還兵が、戦争で亡くなった兵士に対する敬意は敵味方関係がないということで、荒れていた日本人墓地の清掃などをしたといわれている。この事件を見ても、オーストラリア人が寛容な国民であるのがわかる。

カウラ捕虜収容所から脱獄した日本の捕虜兵に対して食事を提供したりかくまったりしたのは、キリスト教の許し、寛容の精神からか、あるいはオーストラリアの先祖は囚人で厳しい投獄生活を強いられたことから官憲に対する憎しみと権力に対する反抗心がそうさせたのか。はたまた、ヨーロッパ人入植後のオーストラリア歴史上唯一、武器を持って政府権力に抵抗したユーレカ砦の反乱（注）の流れか。

オーストラリアは世界の中でも、異なった人種、宗教、文化に対して大変寛容な国である。アメリカのハーバード大学が毎年行っている調査によると、オーストラリアは世界の調査対象132カ国中、5番目に寛容な国だとしている。

オーストラリアは急速に多民族・多文化国家として発展している。それを70年代以来の国家戦略としての多文化主義が支えている。他文化に寛容な態度で接し容認することがその根底にある価値観である。この歴史的価値観が世界でも多文化主義が成功していることに貢献している。オーストラリアの多文化主義に関しては最後の章で詳しく検証する。

（注）ユーレカ砦の乱

1854年12月3日の日曜日にビクトリア植民地のバララットにおいて、金鉱採掘者が団結し国家権力に対抗した事件である。当時、金鉱採掘者は政府に免許料を支払う義務があった。植民地政府にとって免許料は重要な歳入源であり、何度も値上げを行った。このことにより採掘者の不満が蓄積していた。

ドイツやアイルランドから移住してきた急進的な鉱夫達の指導の下、11月に結成された【バララット改革同盟】は、採掘許可料の廃止、議会への代表権、成年男子の普通選挙権などの要求を掲げた。鉱夫達はユーレカ砦に集結し、国家権力に対して武力をも辞さない、反旗を掲げることになった。そこには青地に十字と南十字星が描かれた共和国旗が掲げられ、その前で自らの権利と自由を守ることを誓った。

植民地当局は、武力で鎮圧するために、警察と軍の合同隊を送り込んだ。戦いは、装備に優れた軍によって即座に終結した。鉱夫の多くが死亡、残りは逮捕された。この報を聞いた住民達は、半旗を掲げ、道いく人々は黒いリボンを身につけ、鉱夫達に哀悼を示し、植民地政府に対する怒りをあらわにした。逮捕された鉱夫達は、翌年１８５５年2月裁判にかけられ、反逆罪で死罪が問われた。ところが、多くのメルボルン市民が、ユーレカで取った植民地政府の行動、腐敗した行政、無謀な権力に対して大規模な抗議のデモを実行し、鉱夫達の無罪を主張した。裁判の結果に関して、陪審員がすべて無罪の表決をだしたので、鉱夫達は釈放された。その後も市民の政府に対する抗議は継続した。その結果、採掘現場での採掘許可料が事実上廃止された。また、本国イギリスに先駆け、成人男子の普通選挙権を勝ち取るなど、鉱夫達の主張が全面的に認められた。戦いには敗れたが、鉱夫達は政治的に勝利を勝ち取った。この事件の影響を強く受け、2年後にはメルボルンで働く建設労働者が、世界に先駆け8時間労働制を獲得した。

7　判官びいき、トール・ポピー症候群

権力に対しては昔から抵抗感がある。特に警察権力に対しては拒絶反応が強い。これは「ユーレカ砦の乱」にも見られるように植民地時代の名残である。イギリスから遠く離れたオーストラリアに島流しされた囚人たちは、過酷で非人間的な囚人生活の中で、囚人を監督した権力者に対してこの上ない憎悪と不信感を抱いていた。また弱者に対する同情、ひいきを醸成した。オーストラリアの国民性の中にいわゆる判官びいきを見るのである。勝ち目のない勝負に挑戦する人間が好きである。チャンピオンや既存の権力組織に立ち向かう頑張り屋には惜しみなく拍手を送る。

オーストラリアがイギリスの流刑地となり、多くの囚人がオーストラリアに流された。刑務所や強制労働中に脱走するものが後を絶たず、これらの脱走囚が強盗や山賊となり、大きな社会問題を呈していた。脱走に失敗すれば絞首刑や

鞭打ちの刑など厳しい刑罰が待ち受けているのに、監視の目を逃れ自由を求めて脱走する勇気と度胸を持ったこれらの脱走犯は、畏敬の念を持って見られ、中には食糧を与えたり、かくまったりして協力した住民も多くいた。彼らは一種の英雄と考えられていた。ほとんどの脱走因が内陸、奥地に逃れて、ブッシュ・レインジャー（追いはぎ、山賊）になった。アメリカの西部劇映画でよく登場する幌馬車を主に襲って生計を立てていた。ブッシュ・レインジャーがもっとも横行したのは、１８００年代の後半で脱走犯に加えて、貧困生活を送っていた入植者や元囚人の親を持つものが多かった。彼らは警察、金持ち、権力に対する怒りと憎しみを持っていた。

そして、ブッシュ・レインジャーの最後に登場したのが、ネッド・ケリー（Ned Kelly）である。彼は、権力の象徴である横暴な警察権力、銀行に象徴される金持ちに対して、体を張って対抗したので民衆の共感を呼んだ。逃亡資金のため銀行を襲撃し現金を略奪したが誰一人傷つけることもなく、奪った現金はその一部を貧しい人々に分け与えたといわれている。最終的には警察に捕まり、裁判の結果絞首刑を言い渡され、弱冠26歳で生涯を閉じた。ネッド・ケリーの劇的な短い生涯は、その後小説、舞台、映画、テレビなどで格好のテーマになった。彼の死後１４０年近く経った今日でも、オーストラリア民衆のヒーローとして愛されている。無法者ながら民衆の共感を呼んだ彼は、赤城山に立てこもった国定忠治や鼠小僧を思い出させる。

２０００年に開催されたシドニーオリンピックでのエピソードであるが、赤道ギニア共和国のエリック・ムーサンバという黒人の水泳選手が、１００メートルの自由形競泳に出場した。彼が参加した予選第1レースには3人の選手が出場することになっていたが、他の2人がスタート違反で出場できなくなり、彼がひとりで１００メートルを泳ぐことになった。スタートから30メートル、彼の泳ぎはシンクロのようにクネクネ状態で、水泳になっていなかった。これを見て笑う人がいた。嫌な顔をし軽蔑する人もいた。それでも彼は必死に泳ぎ続けた。最後の15メートル、この選手が懸命にゴールを目指している姿に、競技場に居たすべてのオーストラリア人は、この選手の一挙一動に拍手を送り、懸命に応援した。あたかも、この選手が金メダルを目指しゴールに向かって最後の追い込みをしているがごとくの様子であった。そして無事ゴール、時間は1分52秒72で世界記録から1分6秒遅れであった。この選手は、明らかに競技では敗者であったが、懸命にゴールを目指し必死に泳いでいるその姿に、その場に居合わせた観衆、テレビで観戦していたすべてのオーストラリア人が惜しみない応援をしたのである。これこそがオーストラリア版判官びいきの典型である。彼はそのクネクネ泳ぎから〝ウナギ野郎エリック〟というニックネームを貰い、オーストラリアの国民的ヒーローになり、今日でも彼はオーストラリア人の心に生き続けている。

オーストラリア人を語るときにトール・ポピー症候群という言葉が使われる。トール・ポピーとは背の高いケシの花であるが、他人より偉ぶったり、でしゃばったり、ねたんだりしないのがオーストラリア人の気質である。日本では「でる杭は打たれる」ということわざがあるが、他人から自分が偉ぶっていると思われることを嫌う。あるがままの自分以上に良く見られることを好まない。自分は実際大金持ちであってもそれを他人に知られないようにする。自分の社会的地位が高くてもそれを知らしめない。彼らの服装を見ればこのことがよくわかる。オーストラリア人の服装は質素で、目立たない。いくら金持ちでも高価な衣服を身につけない。他人を刺激したくない。大学の教授であろうと、政治家であろうと、また会社の社長であろうとゴム草履、スリッパさらには素足で街中を歩く。オーストラリアでは見た目で人の地位を判断できない。他人より自分は優れている、偉いのだということを知られたくないし、それを見せびらかすことを嫌う。逆に年代物高級外車を見て、崇めるより車のキーで傷をつけたくなる感情である。つまり自分は他人と同じ平均的な人間であることを意識させる。

これはオーストラリアがイギリスの流刑植民地としてはじまった背景が反映している。イギリス本国で法律を犯して悪いことをした荒くれ者やはみ出し者が、その罰としてイギリスから遥か彼方の植民地に送られた。彼らはイギリス社会では落伍者であり成功したものを忌み嫌う。成功したものに嫉妬し、反抗

写真 3-1　けしの花畑

心をあらわにする。そして自分たちのレベルまで引きずり下ろそうとする。

学校ではしばしば発生する話として耳にする。期末試験で優秀な成績を取り学内でトップになった生徒がいた。それまで親しくしていた友達が急に冷たくなり距離を置くようになり、廊下ですれ違っても避けるようになる。そしていじめを受けるようになる。こんな話も聞く。ある大学教授が昇進の申請を理事会に提出した。昇進申請は彼の実績からすると当然と見なされたが、同僚からはねたまれ、昇進を執拗に妨害する行動にでた。この結果教授はこの大学を退職して転職した。これは、オーストラリア人の心の底にあるトール・ポピー症候群の典型的な例である。自分より優れたり、上をいったりすると自分の高さに引っ張り下ろす行動にでる。

同じキリスト教文化の背景を持つアメリカでは成功することが生きがいであり、そのことを誇りに思い、自己顕示欲があるが、オーストラリアの社会ではでる杭は打たれないように気を配る。日本の価値観に通じるところもある。

今までに述べた、自由・平等主義、メイトシップ、フェアゴー精神、トール・ポピー症候群などはいわゆる古き良き時代の価値観である。しかも入植時のアングロ・サクソン民族の男性中心のものである。女性は蚊帳の外であった。

女性が歴史的に伝統的な価値観を必ずしも共有していない例は、今日の社会の中で多く見られる。外見上この国は、レディー・ファーストの国である。男性が女性に対して優しくする光景をよく目にする。車に乗るときにはドアを開け女性を乗せる。パーティーなどにいくときには、女性を丁重にエスコートする。エレベーターや公共の交通機関に乗るときには、女性を先に乗せる。買い物で重い荷物は男性が持つ。家庭での後片付けや、掃除、洗濯なども男性は手助けをする。これらは、外見上女性に優しく映るが、男性が女性を平等で、同胞だという精神にのっとった行為では必ずしもない。むしろ女性は男性より劣りかつ弱い存在なのでそれを男性は補うべきだという考えもある。

今でも地方のホテル・パブにいくと男性のみで女性禁制のところがある。長い歴史の由緒あるゴルフクラブなども今だに女性がメンバーになれないところがある。女性の入会を認めても、正会員としてではなく準会員の資格しか与えていないゴルフクラブもある。日本では夫が、自分の稼ぎをすべて妻に渡すことが一般的であるが、オーストラリアの亭主は、自分の稼ぎは自分のものとして、財布の紐はしっかり握っている。妻がパスポートを申請するのに1982年まではは夫の承認が必要であった。男性優位のアングロ・サクソンの伝統は今でもあちこちで残っている。確かに女性の社会進出は進んでいるが、実業界、政界においても男尊女卑の現実が今だに存在している。少し前に連邦史上はじめて女性の内閣総理大臣（労働党のジュリア・ギラード）が誕生した。これを契機に女性の地位が高揚され、社会参画が進むことを期待されたが、志半ばで退陣を余儀なくされた。その理由に政治的な思惑以外に女性だという偏見があったといわれている。

従来の価値観が時代の変遷によって変化してきている。入植当時の労働者階級の社会からホワイトカラーの社会に発展するにしたがって、階級、地位、競争などが表にでて従来の価値観にも影響する。第一次産業、農業、牧畜業、鉱山業からさらに洗練された産業の発展、サービス業の拡大もこの価値観に影響をおよぼすようになる。また20世紀後半以降21世紀初頭までの間にオーストラリアの社会も他の社会と同様変化した。特に女性の社会進出、国力の増大、経済活動の国際化、高等教育の普遍化など、以前にもまして個人の価値観、関心が多様化している。アメリカなどの特定国の影響も明白である。

その上に世界各国からの移民が促進された戦後、アングロ・サクソン民族以外の国々からの移民が違った価値観をもたらし、それまでの価値観に少なからず影響を与えている。多民族、多文化社会になるに従って、その価値観も変遷していることも留意する必要がある。しかしオーストラリアの市民権を取り国の発展と強化に参加するためには、これまで述べてきたオーストラリアの価値観を受け入れ、法の遵守を履行することが市民としての責務となっている。だから移民の影響がないとはいえないが、国の根幹部分に関しては近未来に大きく変わっていくことはないだろう。しかし、将来的には少なからず変化をする可能性があり、その兆候はすでに現実の社会で目撃される。

どちらにしても平等主義、仲間意識、寛容などのおかげで、急速に変遷した多民族国家にもかかわらず、同じ多民族国家のアメリカやイギリスで頻発する民族間の暴動、白人と黒人のいざこざなどの民族紛争がほとんど発生しなかった大きな理由であろう。オーストラリア人はこのことを誇りに感じるべきである。そして、将来に向かってもこの価値観を国是としてすべての国民に支持されるよう、さらに強靭にして国のアイデンティティーを維持発展させることが大切である。

8　個人主義　対　集団主義

個人主義では個人の考えを尊重する。自分なりの意見を持っていることが大事であり、自分自身で決定できることが自立だと見なされる。自分で選択できることはよいこと、選択肢は多ければ多いほどよいという考えである。人生は自分自身で切り開き、成功は努力次第で勝ち取ることができる。オーストラリアのような自由・個人主義社会では、小さいころから何でも自分で選ばせることを大切にして厳しく子供を育てる。行動は個人の自由に任されるが、すべてがその人の責任にされる。中高校生になってくると子供を大人扱いし、自己責任にゆだね自由に行動させる。評価や懲戒は厳格に適用される。

一方、日本では幼児期に大変甘く温情的に育てるが、中学高校生になってくると厳しく管理する傾向が強くなる。親が子供のことについてあれこれ決めることが多い。小さいころは親が選んで洋服を買うだろうし、稽古事も親が決めて習わせる。将来の進路さえ、親が決めることもあるだろう。そんな日本は集団主義に属する国である。自分自身の考えを積極的に表明したり、自分の主張をとおすことよりも、集団としての和を尊重するように教えられる。

オーストラリア社会の個人主義的な権利保障は自己責任を前提とするという発想と、日本の集団管理主義社会で連帯責任とする発想とは家庭や学校での教育にも大きな違いを生んでいる。集団主義の発想が強い日本では、個人の責任に関することでも集団で管理し、何か起これば連帯責任だとする傾向がある。例えば、生徒に問題行動が起これば、それが校外で起こったにせよ、学校に責任の矛先が向けられる。さらに行儀や交通マナーなど、日常的なしつけまで学校が担っているようなところがある。

集団主義は集団としての和を大事にするので、個性はだしにくく、自分らしさを表現することが難しくなりがちである。個人がやりたいことよりも、集団の中に位置づけられた個人としての義務を果たす方が大事だと見なされる。従来の日本企業における年功序列制、稟議制や、長男が家業を継ぐ家父長制度がそのよい例だと思う。

こういう話がある。オーストラリアにいたとき、配達された靴のサイズが違っていたので、その靴店へ取り替えにいった。別の靴と取り替えてくれたのは当然だが、そのとき店員に苦情をいったところ、「配達係が他人の靴と間違えて配達したから、悪いのは配達係だ。自分に苦情をいわれる筋はない」と答えた。日本なら例えその本人に責任がないとしても、取引先や同僚などの過失は共同責任として謝罪する。

日本の社会は全体・集団主義的色彩をとどめている。日常生活で自分個人のことを考えるより家族のことを考える。ひと昔前であったらまず村のこと、今日ではまず会社のことというように、自分を取り巻く周囲のことを考える傾向が強い。周りの家族や、友人、隣人、会社の上司や同僚などがあってこそ、自分の存在があるというように考える。そこで集団依存の傾向が強い日本人は、社会の中でとかく派閥を作りたがる。昔は婚姻で一族の勢力を伸ばすことがよく行われていたが、今日の社会でも、地縁、血縁による集団が多く存在する。政治の世界では派閥があるし、一般社会では学閥や財閥などが存在する。世の中は依然派閥の力学で動いているようだ。

日本人の全体的・集団主義的要素は、住所表記においても表れている。日本語では例えば、京都府綾部市ｘｘ町120番地となる。まず全体の地域が最初で、次に住んでいる町（コミュニティー）そして最後に個人の居場所である番地の順である。英語ではこれが逆になり、まずは個人のアイデンティティーを示す番地が一番にきて、次にコミュニティー、最後に地域が続く。名前表示においても同じで、英語では個人の名前が最初で、家族名が最後にくるが、日本では逆である。これらを見ると日本人の全体を尊重する発想がよくわかる。さらに日本では日付を表示するのに2018年12月10日（平成30年12月10日）で年、月、日の順であるが、オーストラリアではまったく逆で日、月、年の順で10／12／2018のように表示する。

集団主義的な文化の下では人間関係や社会的環境の調和が重要視される。その結果他人との関係で面と向かって対決することは、不作法で望ましくないと考えられている。だから「ノー」という言葉を正面切ってなかなかいえない。「そのことについては後ほど検討します」とか「あなたのおっしゃることはもっともですね」などと丁重な言葉の言い回しで否定する。

一方個人主義的な文化では、自分の考えを正直に語ることが当然で、自分が感じていることについて率直に考えを語ることが誠実で正直な人間と見なされる。対決や意見の相違は当然で、高次の真理に結び付くと考えられている。日本も一般的な認識では集団主義の傾向が強いが、西洋の影響を受けて個人主義的な考えや行動を起こす人が増えてきた。しかし周りを見渡すと、個人主義を利己主義と置き換えて行動する傾向も見受けられる。

日本における集団主義は、現在明らかに崩壊しつつある。家族では、親は子を虐待し、子は親を殺害する。コミュニティーでは、誘拐、殺害が頻発し、子供が自由に外で遊ぶことにも不安が伴う。そんな事件が、毎日のようにマスコミで報道される。一方、企業では、集団主義的な「日本的経営」だけではグローバルな競争に勝ち抜くことはできなくなった。能力ある人材を年俸制で獲得しなければならない。終身雇用や年功序列が見直されるときになった。職場第一の人生は若年層に拒否され、帰属意識にも変化が見られる。

個人主義的な社会と集団主義的な社会での基本的な違いを、オランダの組織文化のパイオニアであるホフステードは『多文化世界』という書籍で次のように要約している。

集団主義的社会
- 個人の利害より集団の利害が優先される
- 私生活が集団に干渉される

●法と正義は集団によって違う
●政治力は利益集団が握っている
●社会の調和と合意を達成することが目的である
●集団に忠誠を誓う代わりに保護され続ける
●子供はわれわれという視点から物事を考えることを学ぶ
●コミュニケーションは状況に左右されやすい
●不法行為を行うことは本人と集団にとって恥でありメンツを失うことになる
●雇用主と社員の関係は、家族間と同じように扱われる
●経営とは集団をいかに管理するかである
●人間関係が職務よりも優先される

個人主義的社会

●集団より個人の利益が優先される
●プライバシーが保障されている
●法と正義は普遍的なものと思っている
●政治力は選挙民が握っている
●誰もが自己実現できることが目的である
●自分と身近な家族だけを世話すればよい
●子供はわたしという観点から物事を考えることを学ぶ
●コミュニケーションは状況に左右されにくい
●不法行為を行うことは罪の意識を掻き立て自尊心を傷つけることになる
●雇用主と社員の関係は相互の利益により結ばれた契約関係である
●経営とは個人をいかに管理するかである
●職務が人間関係より優先される

日本も西洋先進国も、多少なりとも両方の性格を有している。ただ国や文化によって社会においてどちらが他方より重きをおかれるかということである。西欧や北米では個人主義の傾向が強く、アフリカ、南米、アジアでは集団主義が強い。この点で、オーストラリアはより個人主義的社会で日本はより集団主義的社会といえよう。一方が他方より優れているという判断ではない。それぞれの価値観や考え方を尊重し、そこでいかに両者が納得するよいバランスを創り出し、それに従った行動が取れるかが重要なのである。

第四章　オーストラリアの文化情報

オーストラリア文化を理解するために、その国民性や価値観を知ることが重要だと前章で述べて具体的な例も紹介した。加えて、その国や地域の文化情報に精通することが異文化理解をする上でさらに役に立つ。この章では文化情報を構成するさまざまな要素、例えば地理、自然環境、国体、法律、宗教、経済環境から国民生活、社会生活、習慣、衣食住、教育、言葉などにいたるまでオーストラリアの文化を解明する。日本の文化と比較しながらオーストラリアの文化を理解するのに役に立つ。しかしここで留意しなくてはいけないのは、これから検証する文化情報がオーストラリアを理解する上で一般的なことであるが、多民族・多文化国家であるオーストラリアにはさまざまなマイノリティー文化が多く存在していることを知っておくべきだ。だからこれから述べることが必ずしもすべてではないということも頭の中にとどめおいてほしい。

1　自然環境・地理

地理的・自然環境についての知識が、ターゲット文化を理解するのに役に立つ。どこに位置し、気候、環境などを知ることによって、それが文化にどのように影響をおよぼしているか把握することができる。北極に近く寒いところに住んでいるのと、赤道下の常夏のところに住んでいるのでは、おのずとその衣食住文化などに違いが生じる。国境を四方八方囲まれている大陸の国と、日本のように島国ではまた違いがある。同じ国でも高い山に住んでいる人と海岸近くに住んでいる人の文化も違う。

写真 4-1　オーストラリアでの台風の吹きこむ方向は時計回りで左の図、北半球では逆

オーストラリアは南半球に位置するので、北半球に存在する日本と比較すると、逆のことが多くある。例えば、四季が反対である。日本の冬はオーストラリアでは夏で、サンタクロースは雪そりに乗ってくるのではなく、サーフ・ボートに乗ってやってくる。北半球に住む人間には想像できない（ただし、オーストラリア大陸は、南北3700キロメートル、東西4000キロメートルもある広大な土地なので、日本と四季が逆なのは大陸の南回帰線より南の温帯地域に属している東南部に当てはまることであって、オーストラリア大陸の北部は常に熱帯、亜熱帯地域なので雨期や乾期があって必ずしも当てはまらない）。

オーストラリアは、南半球なので太陽は北側を移動する。家屋は北側が暖かい。日本の南向きとは反対である。一般的にオーストラリアの住宅、ビル、アパート、ホテルの窓は北に向かって作ってある。太陽の光をできるだけ多く、長く取り入れるためである。この結果、ホテル、事務所ビルなどでは北側の部屋が南側の部屋より賃料や室料が高いのが普通である。だから家を買ったり、建てたり、借りたりするときには十分留意する必要がある。このように、日本の常識では考えられない地理的な知識が必要になる。

地球の自転の具合でオーストラリアでは水や空気は、自然の状態では右巻きに流れる。台風の天気図を見ると風は左回り（時計の反対周り）で渦を捲いているが、オーストラリアのサイクロン（台風）の風は右回りに渦ができる。テレビや新聞に載っている両国の天気図を見るとこのことがよくわかる。

オーストラリアは世界で最小の大陸で最大の島国である。面積は756万平方キロメートルもあり日本の20倍以上である。人口約2550万人で人口密度は1平方キロメートル当たり3・1人（日本は338人）で1人当たりの空間がいかに広いかがわかる。比較的温暖で過ごしやすい地中海性温帯地域であるシドニー、メルボルン、アデレード、パース、ブリスベンなどの海岸線の都会に全人口の実に8割が生活している。世界でも都市に住む人の割合が一番高い国である。

気候は場所によって大きく違いがある。すでに指摘したように大陸の北の方は熱帯地域で、乾期と雨期がある。乾期は秋、冬で、雨はほとんど降らない。日中の温度も平均して摂氏20度前後で、快適な日々が続く。雨期は春、夏で湿度が高く雨が多い。この時期にはよく洪水が発生する。日中の温度は、40～50度にもなる。中央部は、世界でも一番乾燥した大陸である。また一日の温度差も大変大きく、夏場日中温度が40度にもなるのに夜になると10度以下まで下がり、零度以下になることもある。これは空気が乾燥しているので、夜に放射冷却現象が起きるからである。日射病や脱水状態で死にいたることもある。夏場は大変乾燥するので山火事が多発する。飛行機で空から大陸を見おろすとあちこちで白い煙が上っているのを目撃する。もともと、大陸に生息している木といえば大部分がユーカリの木で、葉には油脂分が多く含まれ、高温になると自然発火しやすい。夏期にはいたるところで山林火災が目撃される。

大陸が広いので3つの時間帯に分かれている。東部標準時、中央標準時と西部標準時である。東部のシドニーと西部のパースでは2時間の時差がある。東京が正午であればシドニーは午後1時、中央のアデレードでは午後12時半で、パースでは午前11時である。その上に夏季（通常10月第3週から翌年の4月第1週まで）時間を採用している州とそうでない州が存在する。西オーストラリア州とクイーンズランド州は現在夏時間を採用していない。だから夏期には東の州であるニューサウスウェールズ、ビクトリア州と西オーストラリア州では3時間の時差が生じる。一方同じ州内でも違う時間帯が存在する。それはニューサウスウェールズ州のブロークン・ヒルという町で、歴史的なつながりを重視して南オーストラリア州の中央標準時を採用している。時差に関しては州の法律で変更になることがあるので最新の状況を常時チェックする必要がある。

2　国体・憲法・法律

オーストラリアは日本のような中央集権制ではなく、6つの州と1準州、1首都特別地域からなる連邦国家である。連邦を構成する各州の歴史や背景を見れば興味がわく。イギリスの流刑地としてスタートした州、ヨーロッパからの自由移民による新天地としてスタートした州、その生い立ちには違いがある。どちらにしてもイギリスの植民地としてのスタートを切った。１９００年初頭まではそれぞれの州が植民地政府として独自の憲法、法律を持ち政治をつかさどってきた。各植民地は所得税、法人税など普通、国が徴収する税金を課し、植民地間の通商に関しても関税を徴収していた。小さいながらもそれぞれが軍隊を持っていた。

写真 4-2　イギリス国王、エリザベス女王２世

しかし、イギリスの植民地としてイギリスが関与する対外的な活動にも植民地は参画せねばならなかった。そのため19世紀の中ごろには植民地政府の中で、植民地が統合して連邦国家にすべきという考えが芽生え、関係者の議論、協議がはじまっていた。その結果１９０１年に連邦国家として再スタートした。

政治体制に関しては、連邦政府も州政府もイギリスのウエストミンスター・スタイルの議院責任内閣制を取っている。立法、司法、行政の三権分立制が確立している。連邦政府も州政府もクイーンズランド州を除いてすべて2院制で下院、上院がある。日本と同じく選挙で過半数を制した下院の第1党（あるいは多数党連合）が政権を担う。多数党の議員代表が議会の信任により首相になり内閣を組閣する。選挙に関しては、法律により18歳以上の有権者による選挙人名簿登録と投票が強制である。これに違反すれば罰金が科せられる。

オーストラリアは立憲君主制議会制民主主義であるが、オーストラリアの国家元首は、今だにイギリス国王（現在はエリザベス女王2世）である。イギリス女王イコールオーストラリアの国家元首（実際は女王の代理としての総督）が首相を任命、内閣の認証をすることになっている。オーストラリア連邦憲法61条では「オーストラリア連邦の行政権はイギリス女王にあり、その代理である総督が執行する」とある。総督が連邦議会の召集、開会、閉会、解散、行政執行、閣僚の罷免、軍の指揮権などの権利を有し、議会で通過した法案が法律として施行されるためには女王（総督）の承認が必要である。このように連邦憲法での総督の権限は大変大きい。現実にはこれらの権限を保留し、憲政上の慣習として通常は内閣の助言によってその権限を行使している。日本も立憲君主制議会制民主主義を取っているのでこの役割を天皇が担っている。

急激に多民族国家に変遷している昨今、国民の間ではオーストラリアがなぜ今だに国家元首としてイギリス女王なのかを問う声が強く、世襲でなく自分たち独自で国家元首を選ぶ共和制に移行すべきだという意見が国民の半数に達している。国歌は、１９８４年にそれまでのイギリス国歌から独自の国歌に変更した。国旗に関してもイギリス国旗のユニオンジャックが旗の一部に残っているので、新たな国旗を制定すべく議論が進んでいる。

オーストラリアは今日ではアジアの一員で、れっきとした独立国家である認識が強く深くなっている。それに従ってイギリスから完全に独立し、国体のアイデンティティーを確立すべきだという声が、現状維持よりも強くなっている。連邦憲法ではオーストラリアは依然イギリスの自治領の位置づけである。近い将来憲法改正、国旗の変更、共和制への移行など国民投票に付せられるであろう。

オーストラリアの法律制度は複雑である。当初の植民地は、イギリスの法律を踏襲する形で発展した。6つの植民地がそれぞれ憲法を持ち、イギリスの議会制民主主義の下、各植民地の立法府（議会）が各種の法律を作ってきた。1901年の連邦制以後これらの植民地が州となる。連邦政府は新たに憲法を制定したのでオーストラリアには6つの州と連邦の合計7つの憲法が存在する。また準州、首都特別地域を含めるとオーストラリアという国に9個の別個の独立した法領域が存在する。

連邦化の時点で連邦政府と州政府の役割分担がなされ、連邦はひとつの国家としての任務、例えば、軍備、外交、移民などに権限と責任を持ち、州政府はその他の分野で独自性と権利責任、憲法、法律を維持した。州、連邦のいずれの憲法にも基本的人権に関する項目はない。アメリカでは建国時、日本では戦後直後から基本的人権がそれぞれの憲法で保障されている。オーストラリアの憲法を見ると、オーストラリアの主権はイギリス女王に帰属すると理解できる。つまり、憲法上でオーストラリアは、必ずしも自主独立国であるとはいえない。

国民の日常生活や社会生活に直接関わる法律は、その歴史的背景により各州が決め遵守されている。しかし同じ法律でも州の間では違いが存在する。中央集権制の日本では国会で通過した法律が日本全国共通して適用になる。どこに住んでいても法律は同じである。しかし、オーストラリアでは住む場所によって9つの違った法律が存在している。

極端な例として、人を殺めたらある州では殺人罪になり、ある州では過失致死罪で済むことがある。大麻の消費に関して、南や西オーストラリア州では罰金で済むが、東の州では即犯罪になるという違いがある。身の回りの騒音や日照権などにも違いがある。またそれに関しての規定や基準が存在する州と存在しない州もある。

身近な道路交通法も各州、準州で独自に作られているので、法規、標識が異なる。これでは他州からのドライバーにとって不都合で、交通安全面からも問題である。道交法においては、1992年にはじめて連邦・州の代表で構成する政府間協議会の合意に基づき、全国共通の基本ルールが設定され、各州はそれを順次自州の法律に反映させている。連邦国家としてスタートして90年後のことである。しかし運転免許取得、違反の内容、罰金の範囲・額、スピード規定、安全基準などは州の間で違いが依然存在する。

オーストラリアは島国であるので大陸は四面海に囲まれている。海洋に関する連邦と州政府の役割分担であるが、商業漁業に関しては連邦政府の管轄で、それ以外の漁業は州、準州政府の管轄である。さらに、広大なオーストラリアの海岸線の管理、管轄に関しては、海岸から3マイル以内は州、準州の法律で、3マイルから200マイルまでは国の経済水域として連邦政府の法律で管理されている。だから、海上で行われる資源開発、犯罪などについて、それが海岸線から3マイル以内で発生するものに関しては、州、準州政府が、3マイルから200マイルまでは連邦政府の管轄となる。魚は3マイルにこだわりなく移動するので、資源管理、漁獲管理の観点から、最近では連邦政府と州政府の間で管理に関する合意がなされ、あまり移動しない近海魚（例えば、イセエビやアワビ）に関しては州、準州、一方深海魚や移動の範囲が大きい回遊魚（マグロ、カジキなど）は連邦政府の管理になっている。しかし、同じマグロでも湾内で畜養されているものは州政府の管轄である。実に複雑で不効率な制度である。

さらに、オーストラリアの法律制度を複雑にしているのは、立法府で作られた成文法と、裁判所の判例が法律として効力を発揮することである。裁判所での判決は、単に判例にとどまらず法律になる。その上に、今だに効力を維持しているイギリスのコモン・ロー（不文律）が存在する。加えて、州と連邦がそれぞれの立法府で同時に法律を作ることができる分野がある。しかし、もし同じ項目で法律が存在し、差異があるときは連邦の法律が優先する（連邦憲法109条）ことになっている。また裁判所での判決で決まる法律（判例法）に関しては、議会で制定された法律の方が優先することになっている。

オーストラリアでは法領域が9つ存在するので、その番兵である警察も首都特別地域を除いて8つある。連邦警察、6州の警察、北部準州の警察である。犯罪の90％は国内で発生しているので各州政府の管轄になる。殺人、傷害、窃盗、交通違反、家宅侵入などである。不法入国、外国からの麻薬の持ち込み、外為、関税法違反など約10％が海外との兼ね合いで発生する犯罪であり、これは国家としての対応、つまり連邦警察の管轄になるのである。それぞれの警察はその生い立ちやその後の環境が違い複雑である。刑法、訴訟法の内容が州によって異なる。例えば捜査に関しての方法や手順などが違う。

その違いの一部を挙げると、盗聴やおとり捜査が認められている州とそうでない州、また州をまたいで捜査をする必要がある場合、犯人の追跡とか捜査を自由にすることができない。そのための各種手続きが煩雑で困難をきたす。つい最近まで指紋のデータについて全国レベルでアクセスができなかった。自動車登録情報の共有が全国レベルでできるようになったのも最近のことである。同じ国でここまで違った法領域が存在することは、犯罪者には好都合である。

オーストラリアに9つの法領域が存在すること自体、近い将来変わることはないと思われる。また、それらの法律をひとつの国として符合させようと長年努力をしてきたが、期待したようには成果は必ずしも上がっていない。連邦国家の特徴であり、問題点でもある。

日本では、オーストラリアの州は日本の都道府県に相当すると理解している人が多い。しかし中央集権制度の日本と連邦制のオーストラリアでは、その違いが大きい。オーストラリアの州の独立性と権限は、日本の都道府県の比ではない。外交、軍備、度量衡、移民など限られた分野以外は州政府の管轄である。州政府は独自に議会制責任内閣制民主主義を採用しているので、その長は選挙の結果議会で指名・任命された総理大臣であり、その権力は県の長である知事とは比較できない。

3　経済概論

この節ではオーストラリア経済の特徴を簡単に解説する。まず最初に日豪の経済規模の比較を一目で知るために左の表に表した。

表4-1　日豪経済指標比較

	豪州	日本
人口	2550万人	1億2700万人
GDP	160兆円	500兆円
一人当りGDP	627万円	394万円
貿易総額	71兆円	156兆円
輸出	38兆円	77兆円
輸入	34兆円	79兆円
主要貿易相手国	中国、米国、日本、韓国、シンガポール	中国、米国、韓国、台湾、豪州
最低賃金（時給）	1587円	901円
平均賃金（年収）	644万円	436万円
失業率	6・4％	2・8％
国家予算	54兆円	104兆円
国の借金	37兆円	1049兆円
借金のGDP比率	28％	210％
貧困ライン（単身）	190万円	122万円
貧困率	12・5％	16・1％

（2019年度 ― オーストラリア統計局、日本の経産省）

オーストラリア経済の特徴は、自由開放経済、自由貿易、高い労働コスト、小さい国内市場と複雑な市場、製造業の衰退、過度なエネルギー・鉱物資源依存、サービス産業の発展などである。それぞれを簡単に説明する。

＊自由・解放経済

オーストラリア経済は、外国資本によって強い影響を受ける。伝統的に経済発展のため外資導入が欠かせないという事情があり、そのために政府は自由開放経済を推進し、積極的な外資導入政策を取り続けている。しかしこのことは、外貨獲得の多くの部分を金利の支払い、元金の償還、配当、加えてパテントなどの知的財産権に対する支払い、さらには運賃、保険などの海外向けの支払いに充てざるを得ないということを意味する。

その結果、金融収支は常に大幅な赤字で、貿易収支から金融収支を差し引く国際収支の恒常的な赤字体質を露呈することになる。近年の農産品、鉱物資源に対する国際的な需要が強いときは貿易収支で黒字を確保するが、国際経済の動向により原料貿易が縮小したり、国際商品価格が下落したりすると黒字の貿易収支さえも赤字になり、金融収支の大幅な赤字と重なって、膨大な経常収支の赤字が発生することにもなる。これがオーストラリアの将来に不安と不確実性をかもしだしている。

＊規制緩和・自由貿易

世界の流れに沿ってオーストラリア経済も一段と解放された。特に伝統的なヨーロッパとの関係が希薄になるに従って、環太平洋との関係強化にいっそう励み、すでに隣のニュージーランドをはじめシンガポール、タイ、アメリカとの間に自由貿易協定を締結し、環太平洋経済圏の強力な一員としての立場を確立しつつある。２０１０年にアセアン諸国との自由貿易協定が発効した。この協定はオーストラリア貿易の約15％、輸出の40％以上を占める東南アジアの12カ国が対象で、人口６億人、国民総生産３００兆円の市場が開放された。２０１３年にはマレーシアとの自由貿易協定が発効した。さらに２０１４年には韓国と２０１５年には中国と日本の間で自由貿易協定を締結し、すでに効力を発揮している。目下、インドネシアとインドとの間で交渉が継続している。これが実現するとオーストラリアの全貿易相手地域の75％以上をカバーすることになり、ますます環太平洋地域での相互自由貿易が進展する。

＊高労働コスト、低生産性

入植当時労働力不足が深刻で、労働力確保が最大の課題であった。そのため有利な労働条件やインセンティブを提供した。その結果、世界でもっとも先進的な労働政策が実施された。前章で説明したように、まず１８５６年には世界ではじめて８時間労働を確立し、１９０７年には最低賃金制度を作り、週の基準労働時間を38時間と決めた。残業手当なども、州によって法律の内容に微小の差異はあるが、早い時期に導入され、現在平日の残業は最初の２時間が

50%増し、その後は2倍。週末出勤は2倍、祝日出勤は2・5倍が一般的である。また退社から次回の出勤まで12時間の休息時間が必要で、もしそれ以前に勤務を開始すると勤務をした時間かける2倍の賃金を支払わねばならない。このため中小零細企業などは週末・休日営業を避けている。

昔、週末にホテルのレストランで食事をすることがあった。そのときメニューに「本日は10%の割増料金になります」とラベルが貼ってあったのを覚えている。現在の最低賃金は州ごとに決めているのでその額に多少違いがあるが、時給1600円以上で日本の倍に近い。平均年収も日本の436万円と比較して644万円になっている。

また有給休暇中に世界では珍しいが、17・5%の割増給料が支払われる。長期勤務者に対する特別有給休暇も充実しており、例えば、10年も勤続すると3か月の有給休暇が取れる。長期休暇期間中に配偶者と旅行などをすればその費用を負担したり、小遣いをだしたりする企業もある。無給の休暇に関しても長期にわたって取ることができ、身内の介護のため1年間休職してもその後元の職場に復帰できる。さらにもう1年の延長も可能である。こんな気前のよい国は他にはあまり例を見ないだろう。

労働者の権利、福利を守るため世界でも一番早く、1891年に労働党が結成され、政治の場で強い影響力を行使した。会社によって解雇されたときは、10年勤続していれば4か月分の給料が支給される。もちろん資格のある年休、長期勤続休暇などに関する支払いもなされる。企業や会社が倒産しその結果職を失った場合には、政府が失職金を支給する。その上再び職を見つけられるまでの失業保険に関しても、日本では雇用主と雇用者による失業保険料拠出制であるが、オーストラリアでは政府予算で65歳の年金給与年齢にいたるまで無期限に適用される。セーフティー・ネットの整備と先進性のおかげで日本と比較して国民生活に不安が少ないといえる。その分労働コストが割高になり国際競争力の低下につながる。

＊小さく・複雑な国内市場

オーストラリアの人口は約２５５０万人で、市場としては決して大きくない。その上広大な大陸なので国内物流コストが高い。その中で国際競争力や生産性を高めることはなかなか難しい。既述したようにひとつの国に9つの法領域が存在している。同じ国の中で州によって商法が異なるので商品の販売、免許、営業時間、運送、保管、検査、包装、ラベル、品質基準などに違いが存在している。これが、余分の時間や経費を生み企業活動に大きな負担を強いている。全国共通、一律のための努力は行われているが、なかなか実現はしない。

＊製造業の衰退・空洞化

自由貿易協定、経済連携協定が推進されている昨今、国際競争力が弱いオーストラリアの製造業はますます窮地に立たされ、製造拠点、サプライチェーンがアジアにシフトし国際分業化が進行している。この結果、オーストラリアの製造業は衰退の一途をたどり、製造業以外の第一次産業とサービス産業に大きく依存せざるを得なくなる将来図がくっきりと浮かび上がっている。

国内の高い生産コスト、強い豪州ドル、低い国際競争力、小さい国内市場、貿易自由化の進展などでオーストラリアの自動車産業は窮地に追い込まれた。２０１７年に残ったトヨタ、ＧＭ、フォードが自動車生産から撤退した。その結果91年間続いたオーストラリアの自動車作りの終焉が到来した。すそ野の広い自動車生産の撤退は、他の製造業にも連鎖している。長年オーストラリア経済を支えてきた鉄鋼生産やアルミ生産も縮小、撤退を余儀なくされている。

＊過度なエネルギー・鉱物資源依存

２０１６年にオーストラリアの貿易（輸出＋輸入）総額が57兆円になった。アジアとの通商がその50％を超え、環太平洋地域を含めると約70％になる。輸出の状況を見ると２０００年に14兆円、２００７年に21兆円、２０１９年に38兆円と伸び、資源輸出がこの増加に大きく貢献している。そしてその70％がアジア向けである。アジア向け輸出総額20兆円の品目別トップファイブが、鉄鉱石、石炭、旅行、天然ガス、金である。資源がいかにオーストラリアの貿易を支えているかよくわかる。

はじめに指摘したように、日本の発電、ガス用燃料に使われる石炭、天然ガス、また鉄鋼原料の鉄鉱石、アルミ製品の原料のアルミ地金、ステンレスの原料であるニッケル、ガラスの原料であるシリカサンド、洋紙の原料であるウッドチップスなどなどすべてがオーストラリアから大量に輸入されている。オーストラリアの資源なくして日本の将来はないのである。

オーストラリアにとってもこの資源なくして今後の経済発展はない。現在外貨獲得の70％近くを占めている天然資源は20兆円以上になる。世界の資源に対する需要が堅調に拡大し、商品価格の高止まりが続けば、オーストラリアの経済発展は磐石である。一方、世界の特にアジアの経済状況に大きく影響を受けることになる。

＊サービス産業の発展

この国は建国当時から長い間羊がその経済発展の柱になっていた。今日、鉱物・エネルギー資源がその役割を担っている。すでに述べたように天然資源に対する過度の依存はこの国のリスク要因である。このところのアジア新興国での経済成長減速が資源需要に負の影響をおよぼし、オーストラリア資源に対する需要が低迷している。これによって国内経済にネガティブな圧力がかかっている。アジア圏での経済成長が鈍化すればするほど、オーストラリアはそのトバッチリをひどく受けることになる。

それを防ぐためにも資源の国内加工を促進し付加価値製品の創出、グリーンでクリーンな産業、ハイテク産業の育成が急務である。外貨獲得の1割以上を占めている教育（留学）と観光（旅行者）からの収入をさらに拡張させる努力も望まれる。そうすることによりこの国の経済をバランスの取れたものにすることができる。また、そうすることがこの国の今後の経済発展を維持し、促進するためにますます重要になってくる。サービス産業は全産業の80％を超えている。

4　国民生活

国民生活には文化の違いが如実に現れる。ここでは食、住、家庭生活、余暇の取り方、老後の生活、社会保障などについて紹介する。

食文化

オーストラリアの食文化は、伝統的にイギリスやスコットランドのものである。オーストラリアにやってきたのは囚人と役人であったから、でき合いの食材を使い、細工も加えずに手早く簡単にする。その上入植当時食材には大変な制限があり、食べることに精一杯で食文化が発展するような環境ではなかった。その後農業、牧畜業の発展に従って、本来の穀物、肉食主体の食生活になった。主に羊肉、牛肉に温野菜が定番である。肉の料理はステーキ、ローストで胡椒を使って食べる。

昼食やスナックにはサンドイッチ、ミートパイ、パスティー（野菜のパイ）。それにイギリス時代からの伝統的なスナックでフィッシュ・アンド・チップス。たら、サメなどの白身の魚（フィレ）に衣をつけて揚げてある。天ぷらである。それにポテトチップスがついてくる。デリカテッセンや屋台で売っており無造作に新聞紙、再生紙に包んでテイクアウト。またチコロール（西洋春巻き）といって、肉や野菜が入っている円筒形のペストリーの揚げたものが伝統的なスナックである。

オーストラリアは世界的にも肉の大量消費国である。一人当たり年間120キロほど消費している。日本での年間の消費量は一人当たり46キロなので、日本の食肉消費はまだまだ増えるであろう。余談であるが、日本でも縄文時代以前は、狩猟採取の時代であったので7世紀後半までは動物の肉を食べていた。それを当時の天武天皇が『殺生肉食禁止の詔（みことのり）』を発布して以来、1200年もの間肉食から遠ざけられた。明治時代になって明治天皇が肉食解禁に踏み切った。「肉食は養生のためでなく、外国人との交際に必要だから食べた」と、後日語っている。欧米の文明を吸収し、日本を近代国家に脱皮させることを最優先にしたからである。

オーストラリアが多民族・多文化国家に変遷していく過程で、オーストラリアの食文化は、移住者が持ち込んだ料理、食材、楽しみ方などに大きく影響を受けた。まず19世紀の中ごろ金を求めて中国人の入植があり、そのとき中華料理が紹介された。オーストラリアの浅い歴史の中で早いうちから中華料理がこの国に広まった。広い大陸であるが、どこの町にいっても中華料理店はある。ただ地元の味覚に沿ってオーストラリア風にアレンジされている。日本でも中華料理店という看板はどこの町にいっても見かけるが、やはり日本人に合うような料理である。もちろん都市のホテル、レストランの一部には本場の中華料理をだすところがある。またやたらにラーメンやチャーハン店の多い日本とは少し事情が違う。どこの店でもメニューは豊富である。

オーストラリアの食生活が本格的に変化しはじめたのは、戦後1950年代になり、ヨーロッパからの移民が大量に流入するようになってからである。特に、イタリア、ギリシャからの移民は、自分達で野菜を栽培し、漁業を営んだ。そしてイタリアン・レストランを開業した。特別料理は、ボローニャ風スパゲティー、マッシュルームを加えたスキャロピーニになった。

1960年代になると料理に対する関心も高まり、イタリア料理の普及に続き、フランス料理が本格的に紹介された。1970年代に入ると、ベトナム難民の大量移住に従って、彼らがベトナム料理を紹介、さらにはタイ料理が追従した。その後移民は、ヨーロッパ、アジアに限らず中近東、アフリカ、南米とその出身国が多様化し、それぞれの食文化が持ち込まれた。それがオーストラリア社会の中に浸透し、従来のオーストラリア人はその恩恵を受けている。

戦争直後は人口が700万だったのが、現在2550万人を超えている。全人口の30％近くが海外生まれという多民族・多文化国家である。そのため海外のさまざまな食文化が持ち込まれ、その多くがオーストラリア社会に受け入れられ定着している。どこの街にもエスニック料理店や食料品店が所狭しと軒を並べている。

筆者も、日本の食材を買うためによく訪れたアデレードの中心街にある南半球最大の中央市場にいくと、そこでは地球上のあらゆるものと形容できるような多種多様の食材が販売されている。そこで話されている言語も数えきれないほどである。市民は多彩な食の選択肢を享受している。

50年以上前にも、アデレードに日本料理店が数件存在したが、客の多くは地元に住んでいるか、留学、観光できている限られた数の日本人で占められていた。現地の人にはほとんど知られていない状態であった。両親がイギリスからの移民でオーストラリア生まれの弁護士をしている友人がいる。そのころには日本食には目もくれなかったが、最近出会ったときには昼食に握りずしを食べていたことに大変驚いた。しかも日本料理店のみならず、日本の食材店、加えて街の中心街にあるモールやフードコートにも握りずし、どんぶりものなどが販売されており、地元の人たちの人気メニューになっている。食の健康志向が高まり、今後和食への期待がいっそう高まるであろう。

一方先住民の食文化が見直されている。先住民は野生のカンガルーなどの有袋類の動物、トカゲなどの爬虫類、それに野兎やアリなどの昆虫類、植物の根や実を好んで食している。先住民以外のオーストラリア人の間でも、健康食としてこれらの肉を食べるようになった。レストランでカンガルーやワニの料理がだされ、肉屋ではカンガルー、トカゲ、ウサギなどの精肉が販売されている。ワニ、エミューや鹿などは有望な食材として飼育が進められている。筆者も何度かカンガルーやワニのステーキを食べたことがあるが、淡白で癖もなくなかなかのものであった。特にたたきが一番だった。ただ、カンガルーステーキを注文したとき300～500グラムの肉がだされ、量が多すぎて閉口した。

オーストラリアは養殖が盛んで、特に海産物の養殖は進んでいる。サーモンをはじめカキ、アワビ、クルマエビ、伊勢エビ、ザリガニなどが養殖されており、国内消費に加えてアジア市場に輸出されている。ミナミマグロは南オーストラリアで畜養され毎週日本に空輸されている。

オーストラリアのお茶の時間は、イギリスの伝統で紅茶に決まっていたが、戦後南ヨーロッパ、特にイタリアとギリシャからの移民がコーヒー文化を持ち込み、それが国民生活に定着し、現在はコーヒー党2に対して紅茶党は1である。カプチーノやエスプレッソなどが生活の中に定着した。

食材の確保については、日本のように主婦が毎日スーパーで買い物するのとは違い、オーストラリアでの食材購入は週に1回まとめ買いが一般的である。家庭には日本と比較すると相当大きな冷凍冷蔵庫が備わっている。ただ日本と違って平日は午後6時くらいまでに店が閉まる。週末は土曜の午前中を除いて閉まるところが多い。最近では平日のうち一日、住んでいる場所、街の中心街や郊外によって違うが、木曜日か金曜日に夜の9時ごろまで開いている。店舗の営業時間に関しても州によって法律が違う。したがって、営業時間に関する取り決めも異なる。営業時間に関する法律が存在しないところ、営業時間に制限がない州などもある。北部準州のように営業時間に関してまったく法律がないところは、いつでも規制なく店をだし営業できるということである。また店舗のサイズ、場所、販売物などによってもきめ細かく営業日、時間を決めている州などいろいろである。各州にはそれぞれの事情や歴史的背景があり、規制の内容も違う。歴史的には清教徒の精神が反映し、週末は休息日で働くべからず、平日においてもできるだけ早く店じまいをするというのが伝統的な社会通念である。一般的にはキリスト教の安息日の精神で、今だに日曜営業を禁止しているところがある。また祝日も営業禁止である。つまり、オーストラリア建国記念日、イギリス女王の誕生日、復活祭、アンザックデー（注）、勤労感謝の日、クリスマスなどである。祝日、日曜日は休息日で労働をしないのが伝統的な国民性であるが、社会が変遷していくに従って考え方も変わってくる。それに従って、法律も随時改定される。

また多民族・多文化国家になり、人々の生活スタイルも変遷する。時代背景によって営業時間が変化する。共稼ぎが増えると、仕事を終えてからの買い物になる。また週末、休みに買い物をしたい人が増える。社会のニーズを反映する必要があり、営業時間も延長される。日本では週末、祝祭日は買い物に絶好の機会である。そういう考えをする人が、オーストラリアでも増えてくるに従って、営業日の見直しが行われ、緩和の方向に向かっている。州によって、また職種、地域によっては日曜日の営業もできるようになってきている。ただ、日曜日に営業するということは、前に述べたように賃金の大幅な上乗せが必要になり、人件費が通常より相当割高になるので、はたして日曜営業がペイするかどうかは経営者の判断になる。

日本と比較すると外食は少ない。また酒類を提供できるライセンスを取っていないレストランが多い。その代わり、コーケージ（栓抜き手数料）を払えば自分好みのアルコールを持ち込みできる。これはＢＹＯ（bring your own）という制度である。レストランでは日本のようにおしぼりやお冷は一般的にでてこない。知人や友人などとレストランで食事をすれば仕事上の接待など特別なことがない限り割り勘である。日本のように先輩や上司、あるいは女性のため男性が支払いをしない。これはすでに検証した平等主義で、人はすべて平等で、身分、性別、地位などにかかわらず人間は皆対等であるという国民性によるものである。

接客態度に関して日豪では大きな違いがある。簡単に比較すると、日本のレストランやコンビニなどの一般的な接客態度として、お客様が第一、礼儀正しく販売員やウェイターなどの与えられた役割になりきる。日本ではチェーン店による画一化されたレストラン、コンビニ、スーパーなどが多く存在し、効率よく統括するために接客マニュアルを作成している。

それに比べて、オーストラリアのレストランやコンビニ、その他のお店での接客は、個性的、フレンドリーで職の役になりきるより、個人として仕事をこなすという傾向が大きい。一般的な考えとして、オーストラリアでは、国民性・価値観の章で説明したように「お客様」と「従業員」の立場が対等であり、日本のような「お客様は神様」という認識はあまりなく、個性的でフレンドリーな接客態度につながる。レストランでウェイターをしているからといって、そのウェイターという役割に染まりきることなく、一人の人間として、お店にくるお客さんに接している。ただし、オーストラリアは近年多民族・多文化国家

写真 4-3　ある日曜日の昼下がり、人通りはほとんどない
アデレードの中心街

として急速に変遷しているので、オーストラリア以外で生まれた経営者や従業員はそれぞれの国の特徴をだしていることも知っておくべきだ。

それからチップに関して、アメリカではチップを渡すことが社会的なルールになっているので、どこにいこうとチップを渡す小銭を持ち合わせることが常識である。オーストラリアではそのような社会的慣習はないのでチップは一般的ではない。一言でいうと渡す必要はないがあなた次第である。サービスに十分満足をすれば、感謝の気持ちで釣銭をチップとしておいていけばよい。

その背景として、チップで生活費の補充をせざるを得ないアメリカの待遇の悪いサービス産業と異なり、オーストラリアでは古くから最低賃金制が法律で決められ生活保障されており、生活のためチップに依存する必要がないことも挙げられる。最低賃金（時給）は日本の約倍である。オーストラリアでは法律により価格には税金とサービス料を含むことが決められている。20ドルであれば20ドルでそれ以上支払う必要はない。

家庭では食前や食後の家事を亭主や子供すべてが手伝うことは、オーストラリアの社会通念である。現地の家庭に招待されればこのことを記憶しておくとよい。率先して手伝うことが大切で、招待客だから何もしないのはいただけない。週末などに近所や友達を招いてバーベキューをすることは生活の一部になっているが、このときは男性が調理し世話をする。女性は女性同士で世間話を楽しむのが普通である。

支払いは週払いが一般的で、給料（国の老齢年金は隔週払い）、家賃も週払いである。給料は伝統的に亭主が自分の給料を管理し、妻には毎週の生活費を渡す。日本とは逆である。もちろん共働が多くなったことや社会の状況によって変化をしているので、夫婦の場合でもそれぞれが自分の稼ぎを管理することが一般的になっている。例えば、住んでいる家のような資産に関しては所有権を共同にしている場合が多い。

（注）　アンザックデー

4月25日はオーストラリア全州で定められている祝日。第一次世界大戦中に編成されたオーストラリア・ニュージーランド軍団

(Australian and New Zealand Army Corps）がトルコのガリポリ半島に上陸したことを記念して制定された。１９１５年4月25日、アンザック兵はイギリス兵、フランス兵とともにダーダネルス海峡北岸のガリポリ半島に展開するトルコ軍戦線を突破するため上陸攻撃を果たした。しかし、上陸地点が誤算であったため、丘の上で待ち構えていたトルコ軍の攻撃に合ってしまったのである。狭い海岸に釘づけにされ、3万3千人以上の戦死者（内、約4分の1がオーストラリア兵）をだし作戦は失敗に終わった。しかし、この悲劇の戦いをとおしてオーストラリアは完全にイギリスから独立し、ひとつの国『オーストラリア』として成熟した国家になったといわれている。アンザックデーである4月25日はアメリカ合衆国の7月4日、フランスの7月14日に匹敵するものだと信じられている。そのため、アンザック兵がガリポリ半島で流した血はオーストラリア国家誕生のための犠牲、そして生みの苦しみだとする考えも存在する。

このようにオーストラリア人にとって建国記念日のような祝日といえる。4月25日にはオーストラリア各地で行進、花輪の贈呈、そして演説などが行われている。今では第1次世界大戦だけではなく、第2次世界大戦、朝鮮戦争、ベトナム戦争に参戦した戦没者の方への慰霊も含まれており、戦争のない平和な世界を願う一日であるともいえるだろう。

道路と住所

入植当時から住宅を建てる際に、最低の敷地を確保しなければならないといった法律さえあり、今でもそれが存在するのである。例えば、南部のアデレードなどでは入植当時から、法律により戸建ての場合、最低５７０平方メートルの土地を確保しなければならないといったように。だから一般的に平均１０００平方メートル以上の敷地に３００平方メートルくらいの住宅を建てて、住むということである。戸建ては平屋建てが主である。オーストラリアの街は一般的に都市計画が行き届いている。上下水道も完備され、街並みも整然として住居も日本と比較すると敷地、建物ともに広く大きい。

日本の道路は狭く煩雑である。国土が狭いこともひとつの原因ではあるが、都市計画に不備がある。大きな通りには名前がついているが、小さい道や路地道などには名前がない。さらに住所の番地もちぐはぐで、番地だけで住宅、建物

写真 4-4　バス停 18 番。都心から約 20 分の郊外

を見つけることは難しい。

オーストラリアでは、大陸が広く、都市計画も整備されているので道路は舗装され広くて中央線が引いてあり、多くは片道2車線で、すべての道路に名前がついている。市内・郊外の道路には両サイドに幅広い歩道が設けてある。

アデレードをはじめ各州の州都では、それぞれの通りに都心の中心（普通、市役所か中央郵便局が起点になっている）から東西南北に小さい数字から（つまり一番から）順番に数字がつけてある。さらに通りの一方側が偶数で反対側が奇数番号にしてあるので、何々通りの何番といえば、簡単にその場所が見つかる。郊外に延びている道路にも都心を起点に、道路の両側にあるそれぞれの住宅に（主に住宅の表の庭にある郵便ポストに）小さい数字から順に番号がつけてあるので、番号が小さければ小さいほど都心に近く、大きくなればなるほど都心から遠いということである。ここでも道路の一方が偶数番号で、反対側が奇数番号になっている。ちなみに、アデレードではバス路線の停留所も何々学校前とか、何々病院入り口とかという固有名詞ではなく番号がつけてある。バス停1．2．3．……という具合である。小さい番号のついているバス停は都心に近く、番号が大きくなるほど都心から遠ざかるということである。これは人々の生活を考えた上での合理的な発想である。

余暇の楽しみ方

オーストラリア人にとって仕事は、生活と生活を楽しむための手段に過ぎないという考え方が主流である。仕事は、9~5時できっちりとやり、後は自分の時間を最大限にエンジョイするというのが当然のことで、会社のため、組織のために働くというのは野暮なことだと思っている。有給休暇は4週間もある。これをまたきっちり一括してだいたい夏場に取り、長い旅行にでたり、避暑地で過ごしたりするのが一般的である。今まで何度も言及したが、休暇中の給料は17・5％上乗せして支給される。また、勤続年数に従って3、6、12カ月という長期休暇が支給されるのが普通である。30年も勤続した人には退職する前に1年間の休暇が貰え、しかも休暇手当てが支給され、労働者にとっては大変恵まれている国である。1年間会社の金で世界旅行をする退職者も珍しいことではない。もちろん、仕事人間がいないわけではない。1日10時間、14時間も働く人もいる。しかし、これも会社のためではなく、あくまで自分のキャリアアップを図り、収入を増やし、将来をよりいっそう楽しむためである。

4週間の休暇であるが、すでに述べたようにオーストラリア人はほとんどの人が夏季にその休暇を目一杯取る。オーストラリアの夏は、12月から2月までで丁度クリスマス休みと重なり、この時期に集中する。企業や役所は開いているが、人手不足で効率が低下し開店休業の状態である。企業にとってはこの期間中、長期に工場を閉めるのが慣例である。オーストラリアから物資を輸入している業者はこれには閉口するが、前もって余分に物資を輸入し、在庫でしのぐなどの防衛策を取っている。ほとんどの人が半年以上も前から休暇計画を作り、その日のために入念に準備をするのである。仕事はそのための手段に過ぎないのである。休暇から帰ってくればまた次の年の休暇のためにせっせと働き、お金を貯めて、計画を練り始めるのである。

写真 4-5　典型的なハウスボート、ずいぶん昔に筆者一家も楽しんだ。

休暇の過ごし方はもちろん人によって異なる。また毎年違った休暇の取り方をする人も多い。親戚や実家を訪ねてゆっくりとくつろぐスタイルもあれば、休暇を目いっぱい利用して海外旅行や国内旅行をする人もいる。オーストラリアは車社会、キャラバン（移動住宅）を引っ張って国内を周遊する旅、ハウスボート（注）で休暇の半分を、あるいは全部を過ごす人もいる。また、家の修理に明け暮れる人もいる。普通のサラリーマンで特に住宅関連に関係があるとか大工仕事が得意とかいうわけではないのに、古い家を安く購入し、外壁の塗装や内装はもちろんのこと、台所の改善、トイレ・バスルームの改良、屋根まで葺き替え2回分の休暇の間（2年間）に新築の家のようにリホームを完了させた友人がいた。何年もかけて更地から一軒家を自分で建てるサラリーマンもいる。これはそれほど珍しいことでもない。オーストラリアは大陸が広大で、そこに住む人のやることなすことスケールが大きく、大胆である。日本人が物怖じしたり、考えられないことを平気でやってしまう。これがオージー・スタイルである。

（注）ハウスボート

写真に見られるようにハウスボートとはその名のとおり、家がボートになっている。トイレ、バス、ホット・ウォーター、ベッドはもちろんのこと応接室があってテレビ、電話、ステレオが設置されている。カラオケセットがついているのもある。料理ができるよう食器、料理道具、キッチン、レンジ、オーブン、冷凍冷蔵庫、皿洗い機があり、エアコン、洗濯機、乾燥機などはどの船にも常備されている。また、安全設備（ライフジャケット、救急箱、消火器）なども備わっている。さらに、広いデッキにはバーベキューセット、釣り用具、チェアー、テーブルなど至れり尽くせりである。つまり、長期間生活ができるようにすべてが用意されている。いわゆる自宅で生活する環境と同じである。あとは食材を買って持ち込むだけである。自動車の免許を持っていて20歳以上であればだれでもハウスボートを借りることができる。夫婦二人でも、家族でもまたグループでもそれに合うハウスボートが用意されている。ちなみに1週間夫婦二人で借りると、季節によって料金が大幅に違うが繁忙期でなければ1000ドルもだせば、豪華な2ベッドつきのものが借りられる。一日一人当たり5～6000円である。

風呂文化

日本人は世界でも風呂好きの国民であることはよく知られている。ヨーロッパの人たちは体を洗うことには概して無頓着である。一般的にさっさとシャワーを浴びて汗を流せばいいというくらいである。このシャワーも、日本人にとっての風呂の果たす役割とは違う。われわれは寝る前か、1日の仕事から帰ってきて風呂に入り心身を癒す。風呂が1日の区切りになってその後は家でゆっくりくつろぐ時間である。西洋では朝起きたとき、外出前にシャワーを浴びる。それも短時間に。日本人はシャワーを浴びるときも時間をかける。

オーストラリアでは、温水タンクが一般的である。前日の夜にお湯を沸かしてためておく。日本人が長時間お湯を使うので、温水タンクが空になり、次の人が冷水でシャワーをするということになる。ホテルや一般家庭で問題が起きる。オーストラリアの家庭に下宿しはじめたころに、筆者もこのことでホストにひんしゅくを買った覚えがある。

本書のはじめで紹介したように、オーストラリアでは内陸部に広大な砂漠があり、このところ各地で降雨量が減っているので国土の砂漠化が進行している。都市部の水供給は8割が雨水頼み。都市では水問題が危機的な段階に達している。クイーンズランド州政府は水不足が深刻化した州南部を中心に節水対策を本格化している。各家庭には4分間の砂時計を配り、「シャワーは4分で終えましょう」というキャンペーンをはじめている。家庭やオフィスでは雨水用のタンクの設置を奨励し、数千ドル程度まで補助する助成金制度を設けた。水パトロールと呼ばれる水利用の監視隊が住宅地を巡回している。国内で一番ひどい水不足に直面しているクイーンズランド州では、住宅地における厳しい水使用制限を実施している。地域ごとに制限度が違うが、一番厳しい地域ではスプリンクラーやジョロで庭の芝生や植物に水をやることを禁止している。車や家の窓を洗浄するのもホースを使うことを禁じている。

移民で人口が増加している都市部では水不足が深刻で、すでに紹介したようにシドニー、メルボルン、アデレード、パースをはじめ各都市で海水を淡水に変える施設を、数千億円単位の税金を使って設置している。オーストラリアでは水は農業にとっても国民生活にとっても死活的な資源なので一滴も無駄にできない。

プライバシー

プライバシーの問題は、オーストラリアと日本ではその認識において、相当違うことが指摘できる。オーストラリアを含む欧米人は自分の領域を持っているようで、近年日本ではプライバシーの侵害に関して主に話題になる個人情報のみならず、一定の領域に他人が入ってくることを嫌がる。日本人は、歴史的な集団意識、住宅事情や通勤地獄などに見られるようにこの領域についての意識が希薄である。

オーストラリアでは過度な騒音もプライバシーの領域になる。そのため法律的に防止策を講じている。内容は州や地域によって違いがあるが、例えばメルボルン郊外では、騒音防止のため平日午後10時から翌午前7時まで、週末は午後10時から翌午前10時までの間に掃除機で家を掃除することが禁止されている。守らなければその場で罰金が科せられる。日本でも集合住宅での騒音については問題視されているが、日本人の家族が海外に赴任しマンションなどで生活するとき、よく隣近所の現地の住民との間でこの件でいざこざが起きる。

日本で一般的に行われている公共交通機関でのアナウンス、観光地でのスピーカーから漏れる音楽や、廃品回収の住宅地を走りまわる宣伝カーの音なども静けさに対するプライバシーの侵害になる。プライバシーというのはそのような性格を持っているもので、他人の領域や権利を犯さず、親しい間柄以外では私事や私生活に深入りをしないほうがよい。

オーストラリアでは１９８０年代にプライバシー法が施行され幅広いプライバシーの権利、保護などが決められている。日本にはプライバシー法は存在しないが２００３年に成立した個人情報保護法がある。これはあくまで個人の情報を保護することが目的で「個人情報」とは、本人の氏名、生年月日、住所などの記述等により特定の個人を識別できる情報のことで、プライバシーには「個人や家庭内の私事・私生活。個人の秘密。また、それが他人から干渉・侵害を受けない権利」という意味があるほか、「個人情報をコントロールできる権利」という意味も含めて用いられる。個人情報保護法やＪＩＳの定めた個人情報保護についての規格は、企業や団体などの事業者が「個人情報」を適切に取り扱う方法を規定したものであり、プライバシーの保護を直接の目的とはしていない。広範囲なプライバシーの侵害などに関して日本では民法による対応になる。オーストラリアでは表現の自由とプラバシーの保護は微妙な関係で、その線引きに関して社会問題化して、多くの訴訟が裁判所で審議され、議会では憲法改正まで議論されている。

老後

日本は急速に超高齢化社会に突入している。65歳以上の高齢化率は28・1％である（２０１８年総務省統計）。先進国では程度の差はあれど一般的に同じ状況である。オーストラリアもその例に漏れない。毎年多くの若い移民を引き受けているので日本ほど高齢化のスピードが危機的ではないが、高齢化社会に向かっていることは明らかである。65歳以上の高齢者は人口の15％を占め、そのうち３人にひとりは英語圏以外で出生している。

豊かで安心できる老後を送るためには、まず経済的な基盤が不可欠である。その中核になるのが老齢年金であろう。オーストラリアでは退職後の公的年金に2種類がある。

1つは無拠出の老齢年金で、財源はすべて国の予算（税）でまかなわれている。この制度は、１９０８年に世界初の無拠出老齢年金制度として導入された。以前は60歳になれば支給されていたが、財政状況を考慮して支給年齢が年々繰り下げられ、現在は支給年齢が65・5歳からである。２０２３年には支給年齢が67歳からになる。支給は2週間ごとに実行される。

一般的に最高保障年金は、単身で月約２０００ドル（17万円）。夫婦で約３０８０ドル（26万円）。なぜ最高保障年金なのかは、支給する前に資格調査でミーンズテストという所得と資産審査があり、あるレベル以上になると年金が減額されたり、支給されない。所得に関していえば、夫婦の場合、月６７５ドル（5万７４００円）以下の収入であれば、全額最高保障年金が支給される。それ以上になると1ドルあたり40セントの減額になる。老齢年金が全額カットされる所得水準は、単身世帯において2週間で１６９７・20ドル、夫婦世帯において２５９７・60ドル以上である。また、資産審査に関しては、持ち家とそれ以外の人によって違うレベルが設定されている。持ち家の場合、夫婦で資産総額38万０５００ドル（３２３４万円）以下、持ち家でない場合、58万３５００ドル（４９６０万円）以下であれば全額保障年金が受給できる。

2つ目は、スーパーアニュエーション（略してスーパー）といって基本的に雇用主が社員、従業員、職員に代わり老後のために積み立てるという退職年金基金である。法律に規定されている雇用主の拠出義務は、現在被雇用者に支払っている給料の最低9％（2023年までに12％にすることがすでに決定している）である。雇用されている人もこれに加えて自分の給料からも拠出できる。スーパーへの拠出金については、拠出できる金額に関して上限があるが、自由なので日本のように負担にならない。まったく拠出しないこともできる。拠出すればそれに見合う額を政府が補助してくれる。退職後の生活のため企業（雇用主）が積み立て、政府の寄与（補助）を受け貯蓄・運用をするということで、退職時に一括支給か分割支給になる。政府の寄与は収入によって違う。この制度は働いているすべての人に適用する。ただし、月の収入が450ドル以下の人、18歳未満、70歳以上の人には適用しないが、自営業にも適用する制度である。

ちなみに所得が年間4万5000ドルの場合、スーパーへの拠出が仮に年間1500ドルとすると政府から700ドル（この所得レベルだと0・5倍）の寄与（補助）がある。これに雇用主の拠出金4050ドル（所得の9％）、合計6250ドルが毎年のスーパーアニュエーションの積み立て資金となる。資金は日本のように政府が徴収管理するのではなく、個人の選択による民間の年金ファンドに積み立てとなる。仮に単純計算で25年掛けるとトータル15万6250ドルになる。通常の運用益を想定すると退職時の年金支払いは25万ドルを有に超えることになり、この金額が退職後もらえる。日本の退職金プラス企業年金のようなものである。毎年ファンドからその年の運用実績、累積積立金額が個人宛に報告されるので、常時自分のスーパーがどれぐらいになっているのかはっきり把握できる。ただし年収が14万ドルを超えるとこの制度は適用されない。また年収が5万8000ドルを超えると本人の拠出金に対する政府の寄与（補助）は受けられない。また収入の低い層には拠出金の1・5倍の政府寄与がある。つまり年間1000ドルの拠出に対して政府が1500ドルまで上乗せするということである。

この年金制度は、全勤労者の90％以上をカバーし、2500万口座が存在しており、総資産は230兆円以上にもなる。年金収入は従来課税されていたが、2007年からは課税対象から外す政策に変更している。現在は年金収入には所得税がかからない。これ以外にもスーパーに上乗せをしたい人や年収が14万ドルを超える人のために民間の保険会社、投資組合などが老後のための年金商品を提供している。

日本の厚生年金では年金受給資格を得るためには、毎月給料の18・6％（雇用主と従業員の折半合計）で25年以上（法改正により10年以上でも可）拠出する必要がある。仮に、年間の所得が平均500万円だと毎年93万円（雇用主と従業員の合計）、25年後2325万と運用益で3000万くらいにはなる想定で、これが65歳から厚生老齢年金が2カ月ごとに支給される。あくまで概算であるが月に直すと20万円前後であろう。それに企業からの退職一時金。中には企業年金から年金が支払われる人もいる。日本の場合は退職後の年金生活に関する生活保障は、政府財源とのかね合い、税制改革、受給者負担の見直し、消費税の引き上げなど今後の改革により将来どのようになるのか不透明感があり不安である。大企業の社員や公務員は、一般サラリーマンよりも有利な仕組みである。

また、農業や自営業が対象で加入が強制され、毎月保険料が徴収される国民年金制度での支給額（月7～8万円）ではとうてい生活できない。社会福祉政策に関してはオーストラリアのセーフティーネット、平等、公平の哲学とシステムを研究して欲しい。このところ揺れ動いている日本の公的年金制度、その渦中での年金基金の流用、掛け金の記録漏れ、ましてや職員の横領などおきてはいけないことが摘発されている。政府は安心ができ公正な老後が保障される社会の構築に真剣に取り組んで欲しい。

オーストラリアはなぜこのようにうらやましい年金制度ができるのか。それは、老後の生活保障は政府が責任を持っているという強い哲学と、所得税が日本と比べて高いからできるのである。累進課税であるが、免税対象は年所得額6000ドル以下で低く、最高税率は45％と高い。高い税金を取って年金を充実されるのか、税金を低く抑えてあとは自助努力なのか、それぞれの国の政策である。税金を高く取ると社会保障は充実するかもしれないが、その国の経済活動に影響がでる。税金が低いと経済活動は活発になるが老後の心配が残る。つまり、よくいわれる社会保障の進んだヨーロッパ型なのか、自主自助のアメリカ型なのか。これはそれぞれの国において国民の選択であらねばと思う。

オーストラリアの年金生活は快適である。老後の生活費についてはもちろん都市によって差があるが、アデレード、パースなどでは夫婦で年間3万ドル（255万円）あれば、快適な老後が過ごせる。無拠出で政府が税金から支給している老齢年金がこの金額である。さらに、企業・雇用主が従業員のために積み立てるスーパーを加えればゆとりのある生活、余生が送れる。老齢年金は税により賄われるため保険料負担はない。現役時代の所得や納税額と関係なく、一定額が支給される年金である。したがって、我が国における基礎年金保険料未納のような問題は発生しない。

日本の年金制度では、目的税として毎月掛け金を支払う。受給年齢は65歳であるが、余命年齢が長ければそれだけ積み立てた金額を大きく上回る年金を受け取れるが、短かければ自分が拠出した積立金が大きく目減りすることもある。日本の制度は互助精神に基づいているのでこのような不公平が生じる。オーストラリアの制度ほど簡潔かつ公平性が担保されていないし大変複雑である。

老後の生活と養護

余生の楽しみ方は、日本でもそうであるように人それぞれであるが、オーストラリア人の楽しみ方は、一般的に旅行が大きな位置を占める。夫婦そろってクルーズ船での世界旅行から、子や孫を訪ねる旅行までいろいろであるが、オーストラリア人は年代にかかわらず旅行が好きである。筆者の友人達は、毎年必ず1度1カ月程度の海外旅行にでかける。

ガーデニング、DIYは定番である。特に初期における老後の日常生活ではこの活動が一般的である。オーストラリアの人は屋内、屋外ともこまめに自分で作業をする国民である。それに必要な器具やノウハウは整っている。ガーデニングといっても日本の盆栽や庭いじりより肉体労働である。広い庭の手入れが大変である。芝生刈、木々の剪定、手入れは重労働に属する。しかし体力が落ちてくると多くの人は、都心の便利なマンションで生活するようになり、この仕事から解放される。

この国ではボランティア活動が盛んである。最近の統計では、９００万人以上（成人の4割以上）の人がボランティア活動に参加し、その活動期間が約8億時間を超える。退職者の大部分が、大なり小なりボランティア活動に参加している。奉仕活動に費やした時間は、年間約２００時間。この国はキリスト教の影響が強く、もともと教会の活動に参画することが、伝統的に幅広く行われている。また伝統的なメイトシップ、仲間意識からくる互助精神が強い国である。ボランティアは、社会福祉、介護の分野での活動が大きな割合を占めている。他に社会生活の中でスポーツ、教育、訓練、文化などの分野での活動に多くのボランティア組織が活躍している。この国では美術館や博物館などの職員の半数近くがボランティアである。地方自治体にとってボランティアは欠かせない。

退職者の中で一番ポピュラーなスポーツは、ローンボーリングであろう。１８６４年に最初のローンボーリング・クラブがメルボルンで結成され、１９００年には全土に広がった。今ではどの町にいってもローンボーリング・クラブがある。現在その数はオーストラリア全体で４０００カ所を越え、メンバーも50万人以上になるといわれている。クラブにはバーやレストランがあり、またスロット・マシーンもおいてある。飲んで、食べて、賭けごとをする場として、男女を問わず年金生活者の軽スポーツと交流、憩いの場になっている。年を重ねるにつれて足腰が虚弱になるので、適度な運動が必要である。ローンボーリングは、無理のない適度な運動にもなるので、オーストラリアではシニアが参加するスポーツの代表的なもので、全体でも3番目に人気のあるスポーツである。もちろんこのような老後の過ごし方、生き方は健康であってのものだねである。健康を害すれば希望通りの老後は期待できない。伴侶、家族、コミュニティー、さらには介護施設でのお世話になるのはこの国でも同じである。

それで、次にオーストラリアの老人養護について検証してみる。福祉先進国と

写真 4-6　ローンボーリング場

してどのような制度、政策を実行しているのだろうか。概略を説明しておこう。オーストラリアの高齢者福祉政策の歴史をひも解くと次のようになる。

1954年老人ホーム法の制定により貧困高齢者の住居を確保するために、非営利団体によるホステルの建設・購入に対して補助金を交付するようになった。これが老人福祉サービスの政府によるはじめての取り組みであった。1966年には重度の要介護者が入居するためのナーシング・ホームの建設にも、政府は補助金をだすことを決めた。これは本来低レベル介護用のホステルに入居する人が、高齢化し介護ニーズが増大したからである。このあと、ナーシング・ホーム入居者に掛かる経費への補助が段階的に導入された。その結果、ホームの数が増え過ぎ、経費も増大していった。

1985年になると在宅老人介護プログラムが策定され、サービスを提供するのは施設と同じく、企業、非営利団体、宗教団体、地方自治体などで、地域、州政府による費用負担が行われ、それまでの施設での介護から在宅、地域介護重視に大きく方向転換した。このプログラムでは家事手伝い、訪問医療・介護、食事の配達、車での送迎、デイ・サービスなどが実施されている。

また、1997年には大きな改革が断行された。高齢化社会の到来で福祉予算が急激に膨らんでくることに対応するため、高齢者ケア施設としてナーシング・ホームに統一し施設に入居するときの利用者負担の増大を導入した。ナーシング・ホームは日本の特別養護老人ホームと介護老人保健施設に該当する。民間、宗教団体（キリスト教）、地域、慈善団体が運営し全国で約3000か所（日本には約1万2000か所あるが、人口比では日本より多い）。

ナーシング・ホームのサービス内容は、

・養護・介護（排泄、入浴介助、服装、食事、移動、交信、セラピー、医療）
・食事　特別メニュー可
・トイレ、入浴用品

・洗濯

デイケアや短期入所サービスもあり、異文化・言語対応施設もある、認知症対応、特別対応施設、ペット持ち込みオーケーの施設もある。入居者負担は、年金の受給者か否か、所得・資産によって負担が異なる。負担項目は4つに分類される。

①基本料（一日当り）―食事、清掃、洗濯、冷暖房、生活補助、医療・医薬

最大費用は単身老齢年金の85％（2年ごと見直し）。単身の基本老齢年金は現在（2017年末）2週間で814ドルなので85％は691・90ドルで一日当り49・42ドル（約4200円）になる。

②部屋代

支払いは所得・資産による。所得2万6566ドル（約226万円）、資産が4万8500ドル（約410万円）以下の場合は支払不要（無料）。

③資産審査

この審査費用として最高2万6566・54（225万8156円）ドル支払う。

所得400万円、資産570万円まではこの審査料を支払わなくてよい。所得224万円、資産1915万円でも同じ。

④特別料金

大きな部屋、特別料理・飲み物、特別療法など

日々の利用料や施設料が払えない人のために施設の16〜40％を確保することが義務付けられている。この分は政府が代わって施設に支払をすることになる。施設の運営は、約3分の2が政府予算で残りは入居者の負担で賄っている。

介護に関しては、どの程度の介護が必要か、在宅か、施設入所か、在宅の場合ヘルパーの必要、訪問介護の頻度など政府認定の介護診断チームが審査、判断する。この診断チームは普通、医者、看護師、心理判定士、作業療法士、精

神科医などで構成する。この審査はいつでも必要なときに申請、受診できる。もちろん費用は無料である。要介護の判断がでた場合は、その度合いに応じて必要な介護サービスを受けるための政府の補助がある。このチームは、全国で130ほど存在しその事務局は大きな病院や、地域のコミュニティーセンターなどにおかれている。一般的には、かかりつけの医師、あるいは訪問看護師から要請を受けて判定作業をするが、高齢者や介護者から直接に相談を受けることもある。申請後約2週間で、面接での相談内容、調査を考慮してどの程度の介護が必要か、施設介護か在宅かなどを決定する。

高所得者対象の民間施設では政府の補助はないが、日本の有料老人ホームに匹敵する退職者施設としてリタイアメント・ホームやリタイアメント・ビレッジがある。プールやゴルフ場があるものから診療所、集会所、娯楽館併設のものまで多種多様で一般的に今まで住んでいた自宅より全体の経費は低めで、購入することも賃貸も可能である。二種類があり民間資本運営と、慈善団体運営である。また宗教団体、慈善団体などが行っている老人介護サービスがある。

政府の補助を受けている高齢者養護施設は、すでに述べたように3000か所以上ある。日本と比較して、オーストラリアにおいてはこのような施設が提供するサービスに関しての監察や制裁が厳しい。施設におけるサービスの質を確保するために、1987年以降ナーシング・ホーム、在宅サービスについての全国統一サービスガイドラインが制定された。ナーシング・ホームに関しては、社会的自立、選択の自由、プライバシー、個人の尊厳など7つの分野で基準が設定された。そしてこのような基準は、定期的に監査、検査が行われ、それが遵守されていなければ行政による警告が発せられ、さらに基準に達しないと補助金の打ち切りという制裁措置も取られている。また、施設ケアに関して、入居者の権利と責任、経営者と入居者の合意、不服処理対策などの分野に重点がおかれた入居要綱が定められている。高いサービスの提供に目を光らせている仕組みを今後日本も研究して、ソフトを作っていく必要がある。そのとき、オーストラリアのシステムが参考になる。在宅介護には介護補助金が政府から支払われる。最高月1000ドル程度である。また介護報酬も日本よりずっと高い。

日本では、2000年4月から介護保険制度がスタートした。保険をかけることにより老後の介護に備えようというもので、新たな目的税である。年金、健康保険と同じで保険料を納めたものにしか適用されない。しかし、オーストラリアでは健康保険（メディケア）で保険料の徴収が低率で行われているが、失業者や、低所得者はこの保険料を納める必要がない。しかし健康保険のサービスは受けられる。年金、失業手当は、政府の一般財政支出で賄われている。いわゆるセーフティーネットである。日本は保険料方式、オーストラリアはセーフティーネット、これが社会福祉における日豪間の基本的な違いである。このような違いが生じたのは福祉に対するその歴史と認識による。オーストラリアでは1900年、すでに非営利団体による訪問介護がスタートしている。そのあとすぐに世界に先駆け障害年金、老齢年金、疾病手当を創設している。やはりオーストラリアは世界でも有数な福祉先進国である。

今日のオーストラリアの特徴としては、多民族国家であるがゆえに、特に非英語圏出身者の高齢者に対する施策が重要で、単に言葉の問題だけでなく、生活習慣、食事、宗教、家族関係などにも配慮した対応、施設やサービスに適応していけるシステムが必要である。特に1970年以降急増しているアジアからの移民の親御さんたちは、近い将来老人養護の対象者として年とともに増えてくる。老親は英語力が不足しており、オーストラリアの生活にあまり慣れていなくて、一般コミュニティーでの交流、接触も限られている。そうなると老人養護施設に預けることが難しくなる。今後はこのような非英語圏移住者を含めた高齢者対策に対する腕の見せ所である。

健康保険

ついでにオーストラリアの健康保険制度について簡単に解説すると次のようになる。健康保険は、長い間個人の責任において民間の保険会社との契約で行われていたが、先の世界大戦後はじめて労働党政権が誕生したとき、政管の健康保険が1975年に導入された。それが今日のメディケア（1984年導入）という国の健康保険制度の基礎になった。この制度の財源は、給与所得者から徴収される課税所得の2％と政府の一般会計で運営されている。メディケアでカバーされるものは、日本の公的健康保険とそれほど大きな違いはないが受益者負担に関しては、日本の11・47％（雇用者、被雇用者折半合計）と比べると大変低くて、課税所得の2％が保険料である。企業負担は今のところなし。診察、治療などに要した費用の自己負担に関しても、日本では3割負担が一般的である（ただし75歳以上の後期高齢者保険では今のところ1割負担）がオーストラリアでは基本的に健康保険から支払われる。

しかしメディケアで受診できるのは、公立の病院であるので診察待ち時間が大変長く、1日仕事になることがある。医師の選択もできない。また歯の治療は適用外になっている。そのために多くの人は、民間の保険会社と任意医療保険の契約を結び、私立病院、診療所で診察、治療を受けるケースが多い。国民の約半分は民間の私的な医療保険に入っている。この保険料に関しては連邦政府がその24～34％を負担する（年収765万円以下—単身、1530万以下—家族合計の場合）。任意保険に加入すれば2％のメディケア保険料が免除される。これは民間の医療施設をできるだけ利用し、公の医療制度への負担を軽減するための施策である。

なお収入の低い層には、メディケアの保険料が免除されている。例えば単身の場合、年収が2万6668ドル（約227万円）以下の場合は、課税収入の2％に当たる保険料を払わなくてもメディケアを利用できる（これらの金額に関しては消費者物価指数の変動によって毎年変更される）。

また、医療費に関するセーフティーネットとして、年金受給者、障害者、生活保護家庭など社会的弱者に対しては、年間の医療費が461ドル（3万9200円）を超えると、超えた部分は政府が負担する。日本でも医療費自己負担の上限を収入に準じて決められているが、一例として、70歳未満の低額所得者（非課税）に対して月額3万5400円に設定されている。これは月額でオーストラリアの年額ではない。

オーストラリアでは身障者が人口の約20％を占めている。社会生活の中で、障害者に対する施設、ハード・ソフトの整備もよくされている。オーストラリアは「バリアフリー」で有名な国である。日本と比べて、特に障害者にとって住みやすく、また行動、旅行がしやすい環境となっている。どの公共機関も、障害者に対するサービスが行き届いており、そのサービスを受けることが可能である。日本と比べると車椅子の人達を街でよく見かける。しかも、付き添いなしで単独行動している人が多い。街の造りが、障害者にもフレンドリーな設計になっている。銀行などのATMの高さが低くしてあることで、車椅子の人達も不自由なく使用することができる。もちろん公共施設だけでなく一般の建物、歩道などは、バリアフリーでなくてはいけない。党派を超えて障害者の利便性を考慮した立法措置が取られている。身障者差別禁止法では職場、社会、資格、商品、公共サービス、宿泊施設、公共の乗り物、さらには公園、駐車場、スポーツ場などについて身障者に対する差別を禁止し、身障者に対して健常者と同等の機会均等を提供する義務を定めている。そのために必要な公共基準、建築基準などが詳しく規定されている。

また、障害者やその関係者に対する経済的支援に関しても日本と比べると充実している。代表的な支援策として障害年金、障害者支援年金、疾病手当、交通手当、家賃・住宅補助、通信費補助、共益費補助、介護手当、養護手当などがある。ちなみに障害者に支払われる障害者支援年金は（老齢年金受給年齢にいたるまで支払われる）、成人の場合は月約２１００ドル（約18万円）である。もちろん社会的公正を期するために、老齢年金のように収入資産審査があり、経済的支援が必要でない場合支給金が減額、支給されないこともある。ただし、未成年の場合は親の収入に関係なく支給される。老齢年金と同じくこれらの収入は所得税の対象外である。

日本の社会保障制度では、現在厚生年金保険だけで18・１８２％であり、健康保険は団体ごとで変わるがおおむね９％（介護保険も含めると11％ほど）になっている。個人負担は両方合わせての半分で約15％となる。毎月の給料よりこれだけ源泉徴収される。年金や健康保険をカバーするための目的税であり、オーストラリアではこの部分がほとんど政府の社会保障予算でカバーされている。

5　社会生活

奉仕（ボランティア）・寄付

キリスト教において、奉仕ということは信仰者の重要な証の一環として強調されてきた。また、伝統的な仲間意識からくる互助精神が強いので奉仕活動が盛んである。最近の統計では、人口２５５０万人のうち９００万人以上の人がボランティア活動に参加し、その活動時間が年8億時間を超える。これを経済効果と社会貢献度に概算すると30兆円以上になるといわれる。奉仕活動は、社会福祉、介護、スポーツ、教育、訓練、文化などの分野で特に盛んである。この国では美術館や図書館などの職員の半数がボランティアである。地方自治体にとってボランティアは欠かせないことはすでに述べた。

ボランティア活動の代表的なものに、ミールズ・オン・ホイールズ（MEALS ON WHEELS）がある。参加者数がもっとも多いといわれるボランティア活動で、10万人近くのボランティアで支えられている。このボランティア組織は、サービス受給者の会費、一般からの寄付、連邦と州政府、地方自治体の助成金で運営されている。このコミュニティーサービスは、今日西洋先進国では一般的になったが、今から70年近く前に、高尚なビジョンと使命感を持った南オーストラリアのある身障者の女性によってスタートしたのである。彼女の名前はドリス・テイラー。ドリスは１９０１年に南オーストラリア州アデレードで生まれ、幼少のころ事故に遭い生涯車椅子の生活を余儀なくされた。食事の用意が自分でできない老人や身障者に、食事の配膳をすることが重要であるという自分の体験から、１９５２年ミールズ・オン・ホイールズを設立し、翌年調理施設を作り、11人のボランティアにより8人の身障者、老人に昼食の配膳を開始した。これがはじまりで、そののちオーストラリア全域そして世界に広がった。

現在も高齢者や身障者に食事を届けるサービスを提供している。公民館などに付設されたキッチンで集中して料理を作り、ボランティアが手分けをして、身体の不自由な人やお年寄りの自宅に車で届ける。こうした活動が盛んになった背景には、少し身体が不自由でも、お年寄りが子供の世話になったり施設に住むのではなく、なるべく自立して生活したいという意識を強く持っていることが反映している。といっても、身障者や高齢者の1人暮らしは大変なので、社会の側で自立を支援するサービスを提供するという考え方になっているわけだ。

社会や家族は個々人の自立心を育み、社会は個々人が自立して生活できるように支える仕組みを作る、という考え方が社会システム全体の基本原理になっているようだ。日本のボランティア活動に参加する度合いは、オーストラリアと比べると相当低い。人数的には人口1億2700万人のうち700万人程度が参加をしているという厚労省の統計がある。

またオーストラリアは世界で有数の慈善社会である。これもキリスト教の理念から派生するものである。世界145カ国を対象に実施している世界チャリティー基金の調査によると、オーストラリアはミャンマー、アメリカ、ニュージーランド、カナダに次いで5番目に慈善指数の高い国にランクされている。全人口の72%に当る人が過去1年間に寄付をしており、年間の寄付金総額は10兆円を越している。一人頭約7万円である。5万件以上の慈善組織（個人・団体）が登録されていて、120万人のスタッフと300万人のボランティアが慈善活動に従事している（オーストラリア慈善報告書2015年版）。

ギャンブル、酒、たばこ

オーストラリア人はギャンブルと酒が好きだ。社会生活の代名詞のようなもので生活の中に浸透している。どの国でもギャンブル好きはいる。日本でも競馬、競艇、競輪、パチンコなど盛んだ。オーストラリアでも競馬は人気がある。1810年に最初の公のレースが開催された。現在全国に大小合わせて460カ所に競馬場がある。一人当たりの馬券購入額は日本より多い。競艇、競輪、パチンコはないが、犬のレースまでも賭けの対象になっている。奥地にいくと各地でラクダのレースがある。歴史は古く、賞金が高額で、奥地でのレースにしては魅力がある。ラクダは入植後の国家建設で、特に中央部でのインフラ整備にアフガニスタンから持ち込まれた。現在では当初の役目が終わり、必要なくなったラクダが野に放たれ野生化した。世界唯一、最大規模で野生のラクダが生息している。内陸中央部には100万頭を越すと推測されている。しかも天敵がいないのでその数は10年で倍増するといわれ、牧畜業や農業などに大きな被害がでている。その上、オーストラリア独特の生態系に壊滅的な影響を与えているので、ラクダの捕獲、間引きを鋭意進めている。

カジノは70年初頭から合法化され、今では全国18カ所にある。また、キーノ（日本のロトに似た賭け事）は盛んである。薬局や地方のホテルにいってもやっている。スロットに関しては、カジノはもとよりいろんなクラブ（ゴルフ場、ローンボーリング場、退役軍人会など）に設置されており、クラブ収益の大きな部分を占める。どのアリやザリガニが先に地面に引いた線まで到達するか、窓にいる蜘蛛を見て、どれが一番早く上まで到達するかなど、何でも賭けの対象になる。世界で一番大型で、長さ8センチにもなるアブラムシのレースもある。これはブリスベンのホテルで開催され、その日に14レースがある。オーストラリア人にとって賭け事は、男女問わず生活の一部のようで日本のように嫌悪感がない。カジノにいくと老若男女、紳士淑女、いろんな人達が楽しんでいる。カジノにはレストランやバーなどもあり、朝10から深夜の4時ごろまで開いているので社交場でもある。掛け金も50セント、1ドルから、ルーレット、ブラックジャック、ホイールなどを楽しめる。ポーカー・マシーン（スロット）は20セントからできる。

州政府はギャンブル税で州財源の約1割を賄っている。オーストラリア人がいかにギャンブル好きかは次の数字を見れば歴然としている。ギャンブルに使ったお金は、1年で200億ドル（約2兆円）におよび、これは国民一人当り年間1000ドル以上をギャンブルに使うということで世界一である。この出費の60％近くはスロットである。残り20％近くがカジノ、12％ほどが競馬、8％が宝くじ、富くじ、キーノの類。

写真 4-7　ラクダのレース

日本でもカジノ解禁の準備がされているが、オーストラリアでは過去10年の経緯を見てもカジノが増えたり、施設の増設などで賭け事に対する国民の出費が増加している。所得の増加より賭け事に対する出費の増加の方が大きくなっている。10年前は家庭の可処分所得に占める出費は1・7％ほどであったのが、最近ではそれが3・5％までに増加している。特にスロットが急増している。スロット・マシーンは全国で20万台以上設置されており、これは全世界の40％に当る。一台当り4万6000ドルほど稼いでいる。

オーストラリアでは成人の80％以上が賭け事をし、そのうち40％の人が週に一度は賭けをするという世界でもまれなギャンブル大国である。これは全国民の4人に1人が、スロットで賭けをすることになる。一般の人は年間10万円弱の損をしているが、ギャンブル狂は年間平均100万円以上損をしているといわれる。オーストラリアには10万人以上のホームレスがいるといわれているが、このギャンブル狂がその原因のひとつになっている。

日本ではギャンブルで身をつぶしたり、犯罪に走ったりするケースがよく報道されるが、オーストラリアでもギャンブルに凝って家庭不和、離婚、家庭崩壊、ギャンブルのため借金が雪だるま式に増え自殺するなど、大きな社会問題になっている。オーストラリアでは約33万人が、ギャンブルのため深刻な問題を抱えているといわれている。ギャンブルに関しては州政府の管轄であるが、最近連邦政府が強い関心を示し、ギャンブルに対する教育や法律立案に指導権を持とうと活動を強めている。日本でも問題になっているが、夏に親がパチンコをしている間幼児を車の中に置き去りにして、幼児が熱射病で死亡するケースが報道される。オーストラリアのある州では親がギャンブルをしている間、子供を車の中に放置すれば、最高2万2000ドルの罰金刑になる。スロットやカジノで一刻千金を夢見るどころか、奈落の底に落ち込むことにもなりかねない。いかなる状況下でも子供を車の中に放置することは、児童福祉法違反になり、これを目撃した人は車を壊してでも子供を救出する義務がある。

オーストラリアにはじめて入植したヨーロッパ人は、世界でも一番たくさんアルコールを消費したといわれている。この伝統が今日でも引き継がれ、オーストラリアは世界でも有数の酒消費国である。もともとビールが主体であったが、1960年代ごろからは南欧からの移民急増の影響でワインが加わった。

ウイスキー、ブランデー、カクテルなどは少数派である。ビールは5～6%のアルコール分のものから、ライトビールといわれる2・5%さらに0・7%～1・5%アルコールのものまで多様であり、ドラフト、ラガー、スタウト、ビター、エール、黒ビールなどがメインである。男たちは仕事を終えると近くのパブに日参、そしてシャウト。国民性の章で言及したが、シャウト（ラウンドともいう）というのは〝奢りあう〟のことで、例えば3人でパブにいきビールを飲むことになると、まずそのうちの1人が3人分の支払いをする。2人目も同じことをし、3人目もまた同じくシャウト。1回の支払いで3回飲めるということである。これでだいたい1時間。ゴシップ、スポーツ、家族、休暇などの話が主体で、政治、経済、教育など難しい話はご法度である。ほろ酔い機嫌になると、亭主たちは近くのスーパーで夕食の買い物をしていそいそと家路につく。

このシャウトというのは植民地時代からの伝統で、これに関するエチケットがある。ゆっくりいすに座って酒を楽しむというより、立って一気に飲み干すというスタイルで飲み遅れないようにすること。早く飲む人のペースに合わせるということである。誰がはじめに払うかはそのときの成り行きで決まっていく。また次に誰の番かは決まっていることではない。お互いが自分の立場を認識している。次はお前の番だよなんて野暮なことはいわない。順番が回ってくれば他の人の分を支払う。シャウトには、だれがお金を一番たくさん持っているかいないかは関係ない。だれも必ず1回は他の人の分まで支払う必要がある。もしその気がなければ最初からシャウトの仲間に入らないこと。また、多くで飲む場合は皆が一巡するまで付き合う必要があるので、時間に切羽詰っている人は少人数で飲むか、他の機会にすべきである。シャウトを受ければ、必ず自分もシャウトをするのがルールである。次回にシャウトを延ばすことは基本的にあり得ない。多くで飲む場合、何杯もおかわりすることになるので、酒に弱い人は途中でノンアルコールに切り替えること

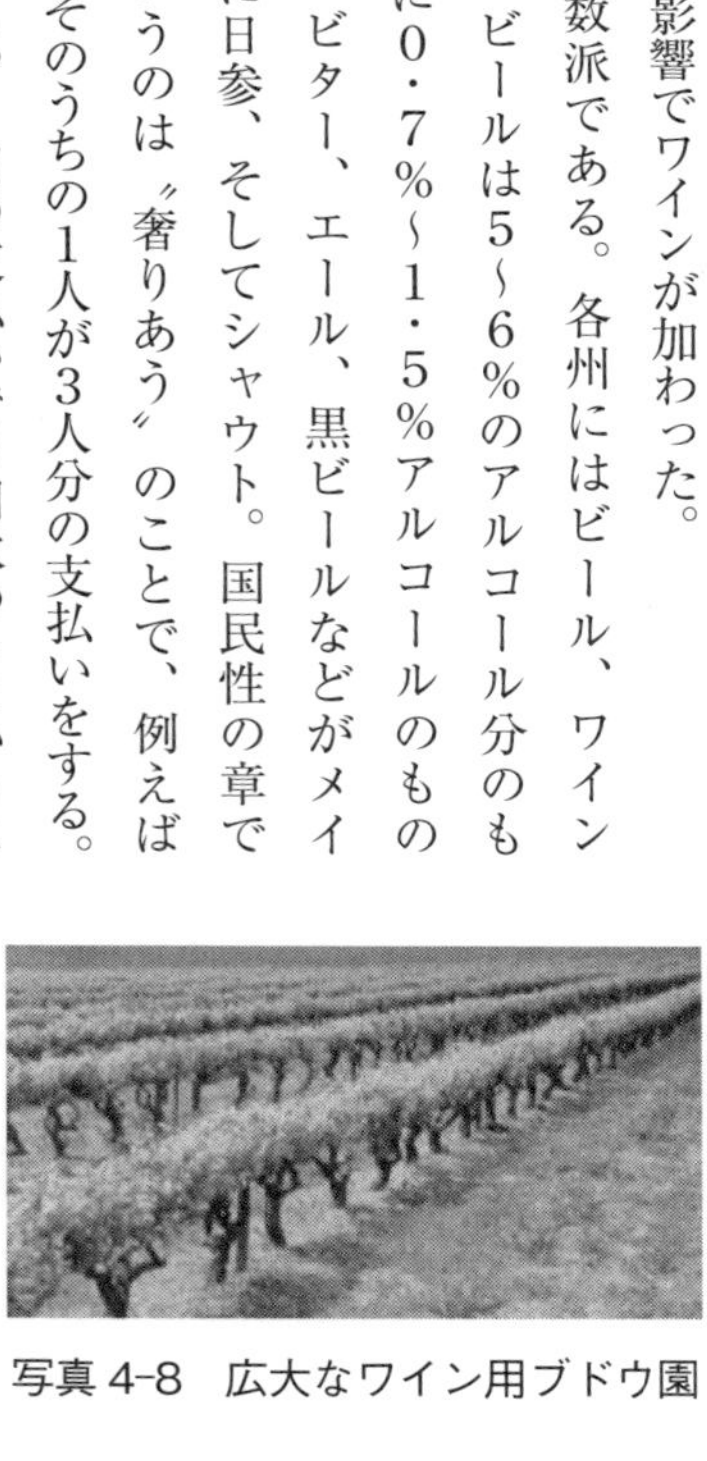
写真 4-8　広大なワイン用ブドウ園

もできる。

シャウトはお互い対等で、仲間であることの典型的な儀式で国民性である。飲み相手の怒りを買おうと思えば、飲んでいる最中にテーブルの上においてある小銭を早々にポケットに入れることである。こうすることによっておれはあんた達のことが信用できないという意思表示になる。また、グラスをカウンターの上に逆さにおくと酒場にいる皆は、彼らに喧嘩を売られていると受け止める。ビールは冷やして飲むものだというのは自明のことで、ビールが冷たくなければならない。そのために、オーストラリア人は小さいグラスで冷たいときに一気に飲み干すのである。

喫煙家でオーストラリアを訪れた人はすでに承知のように、タバコを嗜む人間にとって大変肩身の狭い思いを強いられる国である。この国も60年代までは男性の約7割、女性の約3割がタバコを吸っていた。70年に入ってから喫煙者の数が徐々に減り、80年代には成人の喫煙率は、3～4割に落ち、最近では1～2割になった。実際、14歳以上で毎日タバコを吸っているのは、人口の約17％で（男性が約19％で女性が16％）先進国の中で喫煙率の低い国である。スエーデン、アメリカ、ポルトガル、カナダに次いで5番目に低い。これは70年代から禁煙に関する環境づくりが急速に進んだ結果である。オーストラリアでのタバコの値段は、日本よりずっと高く、最近では日本の5～7倍もする。経済的理由で禁煙するという人も増えた。タバコは官制品ではなく一般の雑貨と同じで、デリやスーパーで市販され、価格にも格差がある。

タバコは、もともとの嗜好品の性格をより強くするようになった。タバコの葉は、伝統的にオーストラリアで栽培されているし、タバコも生産されている。イギリスやアメリカの資本である。喫煙を制限したり、禁煙を促進したりする法律、キャンペーンによって、喫煙はどんどん制限されるようになった。現在では喫煙場所を探すのが難しい。ホテルロビーの一角とか、バーの一部、家庭、自家用車内、一部路上など限られた場所でしか喫煙できない。ホテルの部屋も禁煙の部屋がやたらと増えた。飛行機やバスなどの公共の交通機関での禁煙は実施されてだいぶ時間が経つ。

また、テレビでタバコの宣伝が禁止されて久しい。罰則も重く、愛煙家にとっては厳しい国である。さらに最近議会で真剣に議論がされているのが、タバコの葉、タバコ生産そのものを禁止するというものである。将来法案が提出され賛成多数で可決されることもあろう。

タバコが原因で毎年2万人が死亡し、社会コストも2兆円を超える現状を踏まえ、国は積極的な禁煙政策を取っている。最近の法律によると、タバコの箱の表面積の30％、裏面の90％を使って、写真入の警告文を掲載しなければならない。つまりは箱全体の60％を禁煙のための広報に使用しなければならない。また、箱の一側面にも喫煙は害で健康被害をもたらす旨の表示を載せなければならない。さらに、表示する文章に関しても政府が指示する文言を掲載せねばならない。その文言もタバコが死の原因であるという単刀直入なものである。例えば、「タバコは人を殺す」「肺がん、喉頭がんの原因になる」などである。商品の外装を見れば禁煙を促す表示が所狭しと印刷されている。メーカー名やブランド名を探すのに苦労する。

アメリカの会社が製造している人気のタバコに「ピーター・スタイブサント」ブランドがある。その箱のラベルには次のような警告写真、文言が印刷されている（写真4-9参照）。「喫煙は死亡の主な原因。他の死亡原因となるアルコール、麻薬、交通事故、殺人などを合わせた数よりも4倍多い」「タバコには40種類以上の有害物質が含まれており、これらの物質は、血管、細胞や抗体組織を破壊する」「喫煙は肺がんのみならず各種のガンを引き起こす」「喫煙は、血管を詰まらせ、心筋梗塞、心不全、血栓などの原因になる。早死、慢性病のリスクを減少させるためすぐに禁煙しなさい」などである。

このような恐ろしい文言で禁煙を呼びかけているのである。また禁煙するためのホットラインの番号や、禁煙相談のウェブサイトのアドレスも掲載されている。ちなみに印刷されているウェブサイトを開いてみると、喫煙がいろいろな臓器にどのような影響を与えているかビデオで紹介されている。この映像を見ると気持ちが悪くなり、ヘドを吐くよう

写真4-9　タバコの害の怖い表示

な心理状態になる。喫煙が万病を引き起こす元になるという病理的な検証が、相当前から行われており、十分に説得させるものとなっている。商品の販売で自分の商品を危険物なので買うなといっているものは他にないのではなかろうか。２０１０年4月にはタバコにかかる税金が25％引き上げられ一箱当り2～3ドル高くなり、前述のピーター・スタイブサント（20本入り）で１０００円以上になった。さらに法律改正で、２０１２年からはタバコの箱にブランド名と商品名は標準色で表示できる以外、会社のロゴ、マーク、ブランドイメージ、彩色、広告宣伝文句などを一切禁止した。加えて、２０１７年から２０２０年にかけてさらに毎年税率か12・5％ずつアップしている。

ＮＳＷ州のモズマン郡が、最近禁煙に関する条令を議会で賛成多数で可決した。モズマン郡は、シドニーの中心地から約6キロメートルに位置しているシドニー湾に面する小さな地域で、人口約3万人の行政区である。この法律によると郡が管理するあらゆる施設での喫煙を禁止するというものである。すでに喫煙が禁止されている建物内、海岸、戸外の飲食施設、遊園地などに加え、すべての公園、あらゆる公共施設、例えばバス停、駐車場などを含み、屋外での喫煙を禁止した。路上においても公共施設のあるところから10メートル以内では吸えない。この法律によると、自宅、自家用車、限られた路上でしかタバコが吸えないことになる。法律違反すると罰則は１１０ドルである。この厳しい処置がオーストラリア全域に広がるのもそれほど時間がかからないであろう。

最近電子タバコが注目されているが、ビクトリア州では販売や公の場所での使用が禁止されている。西オーストラリアでも法律で電子タバコが禁止されている。この法律を破ると最高4万５０００ドル（約３８０万円）の罰金、あるいは禁固刑、あるいはその両方が科せられる。他州でもこの傾向が見られるので今後国全体で電子タバコが禁止される可能性が高い。

制度やシステム

オーストラリアでの電圧は、２２０／２４０ボルトである。ソケットも先端が2股でなく、3ツ股になっている。日本では100／110ボルトであるので電化製品を持ち込むときにはこのことを知っていなければならない。また、オーストラリアのシステムはPALであり、日本のNTSCではないので、日本からのビデオは現地のデッキではそのまま見られない。日本では政府も民間企業も会計年度は、7月からはじまって6月末で終わるのが一般的である。日本では20歳が成人で飲酒、喫煙などの権利も同時に発生するが、オーストラリアでは成人は21歳である。しかし権利の発生は早くて、選挙権などは18歳からである。タバコやアルコールを購入できるのも18歳からである。ただ喫煙、飲酒はそれ以下でも可。

銀行に口座を開いても、日本で貰うような通帳はない。銀行から定期的に勘定明細書が送られてくるので、よくチェックする必要がある。もちろん決済に印鑑は使わないのでサインですべて処理する。また、日本のように順番待ちの番号札もないので、窓口では「次の人」と呼ばれる。周りを見てよく自分の順番を確かめておくこと。

戦後アメリカの影響で、日本では月日を表示するのに漢数字よりも洋数字を使うことが日常になっている。例えば五月三日は5／3、八月十日は8／10という具合である。しかし、オーストラリアでは月と日を逆に表示する。つまり、五月三日は3／5（これは三月五日ではない）で八月十日は10／8（10月8日ではない）であるので間違いのないようにせねばならない。特に公の書類に月日を記入するときや食品の賞味期限の表示などに注意が必要である。ただオーストラリアでも一部では徐々にアメリカ流の表示がされるようになってきたことも付け加えておく。

交通事情

世界に先駆け鉄道を走らせたイギリスの伝統を受けて、イギリスの植民地としてスタートしたオーストラリアでは、鉄道が交通手段として使いはじめられたのは早かった。鉄道建設において流刑民が動員され、1836年にオーストラリアではじめての鉄道がタスマニアで登場した。1854年には、南オーストラリアで長さ11キロメートルの馬車鉄道が開通し、同じ年メルボルンではじめての蒸気機関車が走った。日本で最初に鉄道が走ったのは1872年であった。

連邦化当時は強い国家意識がまだ確立しておらず、各州間の根強い確執が残っていた。特にニューサウスウェールズ州と隣接するビクトリア州との覇権争いは、そののちさまざまな不都合な状況を生みだした。その代表的な例として鉄道の軌道にそれが表れている。ニューサウスウェールズ州が、鉄道の軌道幅を4フィート8インチを選んだので他州は他のゲージを採用した。強い州から自州にずかずかと入り込まれたらたまったものではないという思いからである。そのためビクトリア州では5フィート3インチ、クイーンズランドや西オーストラリア州では3フィート6インチを採用。南オーストラリアではこのすべての軌道幅を州内の鉄道に採用するという厄介なことをした。

現在は1971年創業の大陸横断鉄道、インディアン・パシフィックが営業運転している。東のシドニーから西のパースまで4352キロメートルの道のりである。世界で一番長い直線コースは、なんと約480キロメートルにおよぶ。荒野のど真ん中を行けど行けどまっ直ぐな線路が伸びる。鉄道の幅も統一されているので、以前のように乗り換えの必要がなくなった。ひとつの国を走る鉄道としては世界最長である。しかも東側の森林地帯、穀倉地帯、荒野に散在する鉱山町を横切り、大陸中央の荒野、砂漠地帯を経て西への旅はその自然の変化、多様性に驚嘆する。東西両サイドから週2便が運行され、3泊4日の旅である。シドニーを水曜日の午後3時に出発すれば、パースには土曜日午後3時に到着する。料金はシドニー・パー

写真 4-10　世界最長の旅客列車 — 大陸縦断鉄道ザ・ガン

ス片道で大人一人当り約19万円からいろいろなクラスが提供されている。もちろんレストラン、バー、レクレーション、読書室なども完備されている。また、到着地での移動、観光のため自家用車も搭載できる。さらにグループのため8～10人用の客車も付いていてフルサイズのバス・トイレ、ラウンジが付いている。

また大陸縦断鉄道として、南オーストラリアのアデレードからアリス・スプリングスを経由して北部準州のダーウィンまでガン特急が走っている。アデレードからダーウィンまで、2泊3日の快適で感動的な旅である。ここも両方向から週に2便が運行されていて、アデレードを日曜日の午後12時15分に出発すれば、火曜日の午後5時30分にダーウィンに到着する。2979キロメートルの旅である。料金は約16万円から。最大44車輌連結で長さ1・1キロメートルの世界最長旅客列車である。しかし、各州内では依然旧来同様の軌道幅が使用されているので、大陸横断、縦断鉄道を利用しなければ、現在でも乗り換えの不便が解消されていない（なおこれらの時間表や運賃は現在適用のものでいつ変更されるかわからないのでその都度チェックが必要である）。

オーストラリアは基本的に車と飛行機の国である。オーストラリアには、465の空港が全国に存在する。その内326の空港は滑走路が舗装されているが、残りは未舗装である。日本の空港は98カ所なので、オーストラリアの空港の多さは、日本の20倍以上もあるこの広大な国で飛行機の果たす役割の重要性を物語っている。道路網はよく整備されている。有料高速道路というのはあまりないが、州都から郊外、飛行場、港などに通じる道路などに一部見られる。州都間はハイウエイが整備されているが、アスファルト道路が主である。しかし、日本のように通行料が要るところはほとんどなく、字のごとくフリーウエイである。

都市内における公共の乗り物は鉄道、バス、郊外電車が主役である。1861年にはじめて馬車に引かれた路面電車がアデレードで走った。その後電気路面電車が各州都で走ったが、自動車の発達とともに日本とだいたい同じ時期に廃止された。いまではメルボルン、シドニーとアデレードで走っているだけである。ただ、アデレードとシドニーの路面電車は、東京に残っている荒川線のようなもので、ほんの一部の区間だけである。メルボルンでは現存する世界最大の路面電車網が、都市を縦横に走っており、市民の主要な足となっている。モノレールなどの新交通システムは、シドニーにあるが他の都市には存在しない。地下鉄は現在シドニーにあるだけである。今後、シドニーでの地下鉄の延長が予定されている。また、ブリスベンにはじめて地下鉄が新規に敷設されることになった。ルートはゴールド・コーストの南から、ブリスベンの中心街を通り北の郊外までで、２０２３年に完成供用予定である。

メルボルンでは中心部の交通渋滞緩和のため地下駅、地下鉄建設も計画されているが、限定的なものになる。過去にシドニーからメルボルンまで新幹線を走らそうという計画があった。日本のゼネコン（熊谷組）と現地の企業（エルダーズ社、ＴＮＴ）で企業化調査をしたが、採算ラインに乗るためには相当の年月がかかるというのでたち消えになった。高速鉄道の話はその後しばしば話題になる。ところでオーストラリアでは公共機関の中で携帯電話での通話が許されている。

バスを利用する場合、バス停にいるだけではバスは止まってくれない。手を上げて運転手に合図を送る必要がある。また日本のように車内放送がないので、自分の降りるところをしっかりと確かめておくことが大事である。行先がハッキリしないときは、乗るときに運転手によく聞き、確かめてから乗車しないと、とんでもないところにいってしまう危険性がある。前にも述べたようにバス停には、順序良く番号がついているのでわかりやすい。

また、郊外で信号のある横断歩道では、信号機の歩行者横断用のボタンを押さないと、いつまでたっても信号が変わらないので要注意。日本では当たり前でも、オーストラリアではタクシーの流しは基本的にない。必要なときは駅、ホテル、市内に設けられたタクシー乗り場などで乗る。あるいは電話で迎車を注文する。後者の方が一般的である。出迎えの時間は再確認しておく方が無難である。時間にルーズなところがあったり忘れたりすることがある。自動ドアは日本だけで、オーストラリアでは自分でドアを開けて乗り込む。前の章で触れたように、一人の場合は助手席に座ることがマナーとなっている。運転手も客も対等で主従関係は存在しないというのが国民性である。

オーストラリアでの公共交通システムは、日本のように充実していない。バス網は整備されているが、都心から放射線状に伸びているので、横のつながりが少ない。郊外から隣の郊外にいくには、いったん都心に戻って、回り道をしなければならないのが一般的である。鉄道網はそれほど発達していない。地下鉄にいたってはオーストラリアの都市で日下シドニーだけであることはすでに述べた。この国は大陸が広く公共交通網を整備するにはあまりにもコストがかかりすぎる。日本で言う高速道路というのはほとんど存在しないが、いったん都市をでると次の都市まで信号がない。道路も直線コースなので、スピードがでる。対向車の数も少ない。大陸の東部一部を除いて山岳地帯はなく、平坦なだだっ広い平野、荒野である。コンクリートよりアスファルトの道路である。しかし、舗装率は半分に過ぎない。

大陸は広いので長い直線コースが多い。特にこれを実感できるのは夜、地方の荒野を運転しているときである。街路灯などないまったくの闇である。たまに対向車があるが、そのヘッドライトが見えてから対向車がすれ違うまでの時間が大変長い。時速100キロメートル以上で走っているのに30分後でないと近くまでこない。それだけ直線コースが長いのである。つまり少なくとも100キロメートル以上起伏のない直線コースということである。国内の道路で一番長い直線距離は、150キロメートルで行けども行けどもまっ直な道路である。車の往来もきわめて少なく直線道路が多いので、スピードの感覚が鈍るし、眠気をもよおす。この結果事故を起こしやすい。他車との接触、衝突事故というより、自分でハンドル操作を誤ったり、スピードの出しすぎで横転したり、路肩に乗り上げ転倒したり、道路端の木や障害物に衝突するなど即死の事故が多い。交通事故死亡者全体の40%になる。

地方の道路では車のヘッドライトに誘われて、夜カンガルーなどが急に飛びだしてきて車にぶつかり、大事故になるケースも多い。大型のカンガルーは、体長2メートル以上、体重も100キログラム近くになるものがいる。こんなのに衝突されたら、車の方がいかれてしまう。こういうことが多発するので、地方をよく走る車はボンネットの前に頑丈な鉄パイプのフェンスをつけて防御し、衝撃を緩和する工夫がされている。実際地方の道路を走っていると、路方にカンガルー、ワラビーの死体が転がっているのをしばしば目撃する。

鉄道、道路の状況で日本では不可能なことが、オーストラリアでは可能になる。また、それがこの国の経済を運営していく上に必要である。そのスケールの大きさにわれわれは驚嘆する。オーストラリアには1億頭以上の羊、2600万頭の牛が放牧されている。季節がくるとこれらを屠場、港に移動しなければならない。また豊富な天然資源を処理施設や港に運ばなければならない。そのために鉄道や道路が利用されるのであるが、何分にもその輸送のスケールの大きさには驚きである。資源を積んだ貨車は、延々と数百メートルから数キロメートルにも連なる。この資源列車に遭遇すると通過するのに長い時間がかかるので、待つこと一時間というのは誇張ではない事実である。また羊を港まで運搬するのにも鉄道が利用される。何万頭という羊が何百車輌連結した鉄道で運ばれる。毎年、数百万頭という羊を生きたままで中近東に輸出している。

もちろん鉄道のみならずもう少し少量の場合は、トレーラー・トラックが使われる。これとて5輌、6輌のトレーラーを連結して運搬することが普通である。また刈り取った羊毛や収穫した穀物などもこのような大量輸送形式の鉄道、トラックが利用される。世界最長のトレーラー・トラック（ロード・トレイン）は何と112輌のセミトレーラーを連結したトラックで長さは1・473キロメートルもあった。ウソのような話だが、ギネスブックにちゃんと掲載されている（写真4－11を参照）。

プレハブ製であるが住宅、事務所などはそのまま引越し移動させる。特幅注意という標識をつけて運ぶのである。特に地方では珍しいことではなく、住宅業者も家そのものを解体もせず移動させることはよく行うことである。常時地震が起きている日本と違ってオーストラリアでは地震はほとんどない。大地に家をおくだけでよいのである。大陸はだだっぴろく、障害物もない。信号機、電話線、電線などにも気にすることなく運べるのである。少し移動するだけでもいろいろな障害物に遭遇する日本では考えられないことである。

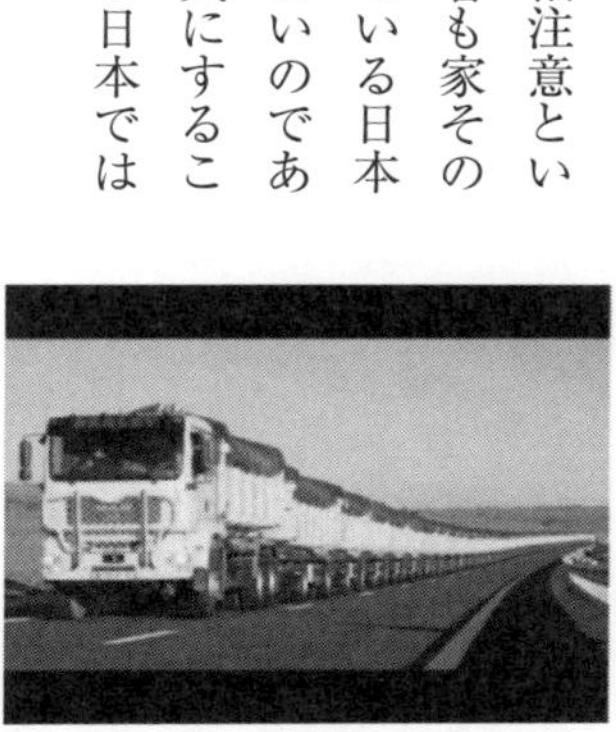

写真4-11　世界最長のトレーテー・トラック

自動車運転免許

現地で新たに運転免許を取得するのはなかなか複雑である。すでに指摘したように、州によって法令が微妙に違うので各州の法律を知る必要がある。一般的には年齢16歳になると取得準備ができる。まず運転者としての道路法規や安全テストを受ける。これに通れば習練用ライセンス（L）を取り、免許を持っている人に隣に座ってもらい公道上で練習をする。最低50時間の練習をしたあと路上での運転試験に通って、習練用ライセンス保有期間6カ月以降に今度は仮免1（P1）を取る。この時点で17歳以上でないといけない。次のステップである仮免2（P2）を取るためには、仮免1で最低12カ月の練習研修期間を経て、危険予知防止テストなるものを受け、これにパスしなければならない。うまく仮免2が取れれば、今度は最低24カ月の研修後、運転者資格テストを受け、これに通ってはじめて正規の運転免許証が取れるのである。だから最低でも3年以上かけなければ正規の免許証が取れない仕組みである。そして最初の免許の有効期間は、1～3年（選択制）でその後継続していれば、はじめての更新時に5年間有効の免許証が貰えるのである。ここまでで約400ドルかかる。以上説明した仕組みはニューサウスウェールズ州での事情である。

すでに説明したように道路交通法は州政府の管轄であるので、州がそれぞれ独自に決めており、州の間で多少の差異がある。免許が取得できる年齢、試験内容、経費、交通違反罰則、など詳細に関しては各州それぞれの状況を知る必要がある。日本の免許証を所持している人が現地に住むようになれば、現地の免許証に書き換えができる。法令テスト、運転技術テストに関して州によっては独自に他国と交渉しており、対象国によっては免許を書き換えるのにそれぞれのテストを受けパスする必要があるところもある。日本のような自動車教習所はほとんどないので、独自に運転技術、道路法規の勉強をし、運転免許を持っている身内、友達や知人の助けを得て取得するのである。テストも厳しくそれぞれのテストで90点以上取る必要がある。

余談になるが、筆者が50年以上前に現地で免許を取ったときは、今のように複雑ではなく、テストも筆記試験（10問の客観テストで6問以上正解で合格）と路上テストだけであった。約2カ月間、友人に運転を教えてもらってから試験を受け、筆者はどちらも1回で通ったので免許取得に免許証発行手数料10ドルだけ払った記憶がある。今の８５０円、当時の４０００円である。その頃の免許証は薄っぺらい紙製で、写真も不要であった。そのことを思うと、大変な様変わりである。その当時交通事故死が、今日のレベルの倍であったことになるほどと思う。

　地方の道路を走行するときには道路わきの表示に注意すべきである。この国は牛、羊、馬など家畜が大変多い。放牧されている状態、犬が羊の群れを引導している場合、牧場から牧場に移動し道路を横切る場合などがある。家畜に道路を譲る、家畜優先の表示が多い（写真4-12参照）。家畜が道路を横切る所から３００メートル手前に表示がある。その表示があれば車はスピードを落とし、いつでも停車できる状態にしなければならない。警笛に驚いて家畜が暴走する危険性があるので、家畜が道路を横切る場合は警笛を鳴らさない。また家畜が渡りきるまで忍耐強く静かに待つこと。大きな群れの場合、相当長い時間待たされることになる。もしこれを怠るとビクトリア州の場合、最高５２４ドルの罰金になる。州により額は違うが、オーストラリア全土で同じく罰金が科せられる。また、オーストラリアでは路上で馬に騎乗しているケースをよく目にする。警察には騎馬隊が配属されている。都心でも騎馬隊が巡回している姿をよく目撃する。馬に乗る場合車と同じルールが適用される。

　車に関する税金は、州、準州、首都特別地域政府に納めるもので、登録税、検査料、印紙税がある（ここでもそれぞれの政府によって適用方法、税率、額等が異なる）。さらに、日本の自賠責保険と同等の強制保険料を支払う。ただし、日本では存在しないが、価格が6万5千ドル以上（２０１７年現在）の高級車に関しては、贅沢車税として越えた部分について33%が税として徴収される。これは州政府ではなく連邦政府の課税である。

　また、最近大都市で深刻化している交通渋滞が社会問題化しつつあるので、各州においてその解決策の選択肢として、渋滞税とか駐車場税を導入する議論

写真 4-12　家畜優先の標識

が盛んに行われている。一部の州では駐車場税がすでに導入済みである。一般自家乗用車に関しては、一部の州を除いて日本のような車検制度がない。いったん車を購入し、登録時の安全検査証明書を取れば、あとは所有者の責任で車の整備をしなければならない。南オーストラリア州のように安全検査証明書の必要ない州もある。また、州内の一部、特に辺鄙な地方などでは強制されない場合もある。免許証がいらない一部内陸の道路や速度制限のない道路も存在する。

戸籍制度・住民票

日本にある戸籍制度や住民票の制度などは存在しない。これは西洋の世界では珍しいことではない。昔から家族制度がある日本と比べて、オーストラリアは個人主義の国、戸籍という考え方がない。個人のプライバシーの保護、市民的権利の侵害防止ということでもある。

オーストラリアでは歴史的に権力に対する反感、お役所に対する不信、懐疑が根強く残っている。市民の私生活の中に役所が不必要に介入しない仕組みが、社会生活の中に存在する。例えば名前の変更に関して、出生、死亡、結婚登録局にいって、自分を証明できる運転免許証か旅券などのコピーを用意し、申請書に新旧の名前を記入し、手数料（100ドル以下）を払い申請すれば、それで完了する。ただし18歳以下の場合は親の同意が必要である。

結婚後の姓名にしても自由である。結婚前の姓でいても配偶者の姓に変えても自由である。筆者の知人には結婚前の姓名のままでいるカップルが多い。子供が生まれたら子供の苗字はどうするのかというと、両親の苗字をつなげて子供の苗字にする。例えば、日本語で表すと田中・斉藤花子、あるいは田中・斉藤太郎のようになる。結果、大変長い苗字の人にでくわすことがある。結婚後、別姓を保持することができる法律ができて日の浅い日本とは大違いである。名前の選択は、個人の自由だという原則が市民生活に浸透している。ただ結婚に関しては、結婚式の予定日より18カ月前から1カ月前までの間に、結婚をする予定であることを当局に申請しなければならない。これは結婚するという決心の確認期間や偽装結婚の防止などとして設けられている。

戸籍登録制度や住民票がないばかりか、日本では当たり前の町内会、子供会のような組織、回覧板のようなシステムもない。自治会の組織がないので、日本のようにその地域での防災訓練、募金集め、冠婚葬祭情報などを容易に入手できない。ただ地域の治安保全に関しては、その地域に住む住民の間で警護団が作られているくらいである。反権力主義で自由である分、自分のことは自分で責任を持ってやらねばならないということである。地域、行政の情報は、基本的に無料で配られる分厚いコミュニティー新聞で入手する。また公の連絡事項に関しては役所が郵便で各家庭に連絡してくる。

オーストラリアでは植民地時代から出産、死亡、結婚、名前の変更などの申請登録が義務づけられている。それらの各種証明書も手数料を支払うことにより入手できる。ただし、手数料は日本より相当高い。またプライバシー保護の観点から証明書の取得には厳しい条件がある。出産、死亡、結婚の申請登録をしない場合、罰則規定があり、罰金として1250ドルがかせられる（これは南オーストラリア州の場合。各州で金額が異なる）。また、この住民登録はCD-ROMに記録されているので、200年前の先祖を知ることもできる。この際、多くの家庭はその先祖が囚人であったことを知る。

新聞・メディア

連邦化の1901年までは、6つの植民地にイギリスによって認められた自治政府が存在し、それぞれが軍隊や税関を運営し一個の小さい国家の体裁を持っていた。連邦化でそれぞれの植民地は州政府になった。しかし、連邦化以前の法律、制度、慣習などは維持されたので、州ごとに存在する法律、制度などが異なることは本書で何度も指摘した。このような状況下で新聞も発展したので、新聞の発行は州単位である。だから毎日の発行部数は、日本の全国紙の発行部数にはとうていおよばず、最高100万部程度である。しかし日本の新聞が20～30ページなのに、オーストラリアの有力紙はタブロイド判（注）であるが、100ページにおよぶことがある。全国紙は「ジ・オーストラリアン」と経済紙の「フィナンシャル・レビュー」の2紙だけである。

オーストラリアにおける新聞経営は寡占状態にあり、3社でシェアを分け合っている。その中でも、日本で知られているルパート・マードックが率いるニューズ・コーポレーションが、全メディアの約75%を支配している。その影響力は甚大で、一企業によるこのようなメディア支配は自由主義先進国では珍しいことである。

日刊紙は毎日配達されるが、道路から広い庭に向けて無造作に投げ込まれる。郵便受けはあるが押しなべて小さく、分厚いオーストラリアの新聞は入りきれない。日本では雨の日に新聞がぬれないようビニールに包装して郵便受けに入れてくれるが、オーストラリアではお構いなし。もちろん日本と比べて雨の日が少ない。荒っぽい作業だが最近は少し改善されているようだ。

オーストラリアの特徴はやはり、多民族、多文化国家を象徴するように、新聞や雑誌に加え、国によって運営されている多言語放送（ラジオ、テレビ）が存在することであろう。１９７０年代にラジオ、１９８０年にテレビの放送がはじまった。ラジオではアラビア語、ギリシャ語、イタリア語、ベトナム語などが上位を占め、スペイン語、ポーランド語、中国語が続き、全部で週に70か国以上の言語で放送されている。テレビにおいてはイタリア語、スペイン語、ドイツ語、ロシア語、フランス語での番組の比重が高く、取り扱っている言語も60近くある。

また、１９７０年代に国営、民放に加えて、社会のニーズに応えるべく第3種のメディア、コミュニティー局が開設された。コミュニティーテレビ局に関しては、ラジオに10年以上遅れて、１９８０年代の後半にアリス・スプリングで開設された。ここでもさまざまな言語で放送されている。現在１００以上のテレビ局が３０００人以上のボランティアによって運営されている。多くは先住民族のコミュニティー局である。

（注）　タブロイド判
日本の全国紙のサイズの半分がタブロイド判で、日本では夕刊フジもタブロイド判である。

街中を歩いて文化の違いを知る

街の中を歩いていると、日本では抵抗があって普通しないことや日本と反対のことなどを目撃する。例えば、街の中を平気で素足で歩いているのをよく見かける。真冬（現地では6～8月）でもそうである。真冬といっても東南部の都市では、日本のように凍りつくような気候ではなく温暖である。半袖で過ごす人も多い。ましてやコートを着ることはあまりない。真冬の海で泳いでいるのを目撃することもまれではない。半袖、半ズボンの大人たちや、革ジャン着ているけど下は半ズボンの人とか、普通に見かける。

服装やスタイルもラフであり他人の目を気にしない。肥満の中年婦人でもミニスカートや超短パンをはいている。高齢の女性でも原色のきばつな服装をしている。通りから丸見えのマンションのベランダでビキニ姿で日光浴をしている女性や、下着スケスケの姿で街中を平気で歩いている女性もよく目にする。要するに自分の考えに忠実に従って、他人の目を気にせず自由に行動している国民性がよくうかがえる。日本の「他人の目を気にする」「世間体を気にする」恥文化はほとんど存在しない。

地図を広げて見ていたり、ウロウロキョロキョロしていると「どうかしたの？」「何か困ってる？」とか声をかけてくれる。重い荷物を頑張って運んでいるとスッと手伝ってくれる親切な人が多い。ここにもオーストラリアの国民性が反映している。

スーパーにいくと並べてある果物をつまみ食いしている。みかんをむいて味見している客もいる。清算前の商品を飲み食いしながら買い物をする。買う予定のものは精算前に食べてもよいことになっている。清算時、レジに合計金額が表示され現金払いの場合は5セントを境に切り上げか切り下げをして支払いをする。

オーストラリアの度量衡は、歴史的にイギリスの12進法を採用していたが、経済の重点が従来のイギリスからアジア、環太平洋に移行したのをきっかけに、１９６６年に10進法に変更された。通貨の名称に関しては、多数の呼び名の候補があったが、その中で最後まで残ったのはロイヤルとドルであった。結局呼称は従来のポンド、シリング、ペンスからドル、セントに変更された。

通貨の種類は、他の国と同じようにコインと紙幣がある。5、10、20、50セントと1、2ドルの6種類のコインがあり、紙幣は5、10、20、50、100ドルが流通している。紙幣のサイズは金額が大きくなるに従って大きくしてある。コインには、表はイギリスのエリザベス女王、裏にはオーストラリア独特の動物がデザインされていてユニークである。

以前は流通していたエリマキトカゲで一躍有名になった2セントとムササビの1セントコインは現在使用されていない。5セントコインには世界でも珍しい卵を産む哺乳類として知られているハリモグラ、10セントコインにはライアバードが彫られている。これはオーストラリア独特の鳥で、オーストラリア東海岸の森林地帯に生息している。20セントコインにはもう1つの卵を産む哺乳類であるカモノハシが、50セントコインにはオーストラリアの国家紋章にもなっている6州のバッジにカンガルーとエミューがあしらわれている。

しかし現在は1、2セントコインが流通していないので買い物などで不便が生じる。商品は端数のある値段がついているものがある。例えば、一個53セントや78セントの商品がある。この場合1セントや2セントコインがないので、現金では値段どおりの支払いが正確にできない。では決済をどうするかというと、端数を5セントと10セントに切り下げ、切り上げしているのである。そのルールは1~3セントまでは0にし、4セントは5セントに切り上げ、6セントは5セントに切り下げ、7~9セントは10セントに切り上げるというものである。だから53セントのものは50セントになり、78セントのものは80セントになるという具合である。不思議なシステムである。

写真 4-13　オーストラリアの通貨

すべての硬貨の表にはこの国の元首、イギリス女王の肖像が彫り込まれているが、女王の在職期間が長くなり年を重ね、その面影も変わってくる。最初のころは若い女王の肖像であったが、約20年ごとに女王の肖像も変更され、熟年、老年と変化していく。だから同じ硬貨でも女王の肖像が何種類も存在する。これも不思議な事象である。

１９６６年、ドルに移行してすぐ偽造10ドル札が大量にで回った。このことが偽造されにくい通貨製作を研究するきっかけとなった。その結果できたのが、プラスティック（ポリマー）製のお札である。以前は紙製であったものを、１９９２年プラスティック製に変更したのである。オーストラリアの創造性が世にでた画期的な事柄である。確かに偽造されにくいといわれる。また、プラスティック製だと損傷が紙と比べて少なく、約4倍の耐久性があり、紙のように は簡単に破れないのも事実である。さらに、製造コストも紙と比べてそん色なく、紙よりはリサイクルが容易という。お札は紙製という常識を世界ではじめて破ったオーストラリアの自由・独創的かつ革新的な一例である。

オーストラリア人は日本人と比べて数字に弱い。日本では小学校で暗算の訓練を受けるので、買い物にいって清算するとき店員も顧客も釣計算に苦労することはあまりない。オーストラリア人は、暗算が得意ではない。だから釣勘定は苦手である。簡単な例として、精算額が７５０円で顧客が１０００円札をだすとすると、日本人はすぐ暗算をして釣銭２５０円を一括で払うが、オーストラリア人は７５０円から１０００円になるまでの金を小刻みに釣銭として渡す。まず50円玉を渡し８００円にしてそれから１００円玉を、それで９００円になる。残り１００円玉を渡して合計１０００円にする。日本人の1回の操作に対して3回の操作になる。

ハンバーグやこの国のスナックであるフィッシュ・アンド・チップスを路上を歩きながら食べている。ファーストフードを歩きながら食べるのは日本でもやっていることであるが、リンゴなどもスーパーで買ったそのまま、洗うこともせずかじる。日本人の衛生感覚とは違う。

街を歩いていると、警察官がカフェでコーヒーを飲んでいる姿をよく見かける。店内でゆっくり休憩をしている。なんとも平和な国である。仕事中の休み時間は何をしても自由だという考えがあるので、制服の警察官や消防士がレストランやカフェにいるわけだ。こんな感じで皆自由にやっていて、人に迷惑をかけない限りだれも変に思ったり、文句をいったりしない。また、刺青バリバリの警官がゴロゴロいる。タトゥーはアートやファッションという考えが根付いているオーストラリアである。夏になると見回りしている警察官の半袖の制服からタトゥーがいやでも目に入る。自由を謳歌している国民性がよくわかる。

6　マナー・慣習

一般の人との会話で政治に関しての意見や、どの宗教に属しているとか、給与はいくらか、歳はいくつ、個人間の関係などの質問は極力控えること。特に先祖についての質問は禁句である。オーストラリアが流刑の地として発展し、国民の多くが囚人にその先祖を持つから知られたくない。現在でも全国民の40％がその先祖が囚人であるといわれている。しかし、当時から何代も経過しているので、今日の末裔は囚人の先祖を一種の勲章のように思いはじめている。

服装は一般的にカジュアル、そうでない場合は前もって指定がある。例えば、パーティーとか公式な集まりなどでは招待状に服装の指定があるので注意を要する。ハッキリしない場合は前もって聞きチェックしておけば安心である。一般的に日本よりカジュアルに考えている。週末、休日にも日本人の男性は背広に、ネクタイという姿を見かけるが、オーストラリア人にとってそれは大変奇妙に映る。

社会通念である平等主義や仲間意識の影響で友達、親しい仲間は名前で呼び合うことは前に指摘した。目上や親に対してもそうである。はじめての人でも名前で呼ぶことが普通であるが、多文化社会であるので考え方や習慣が違うケースもある。会話のとき、日本人は目をそらすことが歴史的な配慮からくるといわれているが、オーストラリアでは相手の目を見て話を聞き、話をする。でないと無視されていると誤解されかねない。また、オーストラリア人はイエス、ノーをはっきりと、自分の考えも率直に表現するので優柔不断の受け答えはあまり歓迎されない。

レディーファーストの国である。エレベーター、車に乗るとき、ドアを開けて入るとき、座席に座るときなど女性が先である。日本流に男性が先にエレベーターに乗ったり、ドアを入ったりするとオーストラリア人はいやな顔をする。

郷に入れば郷に従う心のゆとりが必要である。

時間厳守、アポは必要。時間に遅れる場合は必ず連絡を入れること。オーストラリア人は一般的にのんびり、おおらかであるが、大都市では時間には厳しい。もちろん地方、奥地にいくと時間には案外ルーズである。9時の約束が10時、11時、あるいは昼を過ぎることもある。また業者に仕事を依頼するとき時間指定をするが、約束したとおりに到着することはあまりない。

銀行のＡＴＭ、バス停、チケット売り場や航空会社、保険会社などの受付窓口では順番待ちのため整然と行列を作る。郵便局や銀行などではロープを張っているところが多い。また、長い行列ができているのに、隣の窓口はそんなことをいっこうに構わず黙々と仕事をしている風景にでくわす。

日本であれば客が立て込んでくれば、社員のやりくりをして処理のスピードアップを図って対応するのであるが、オーストラリアでは期待できない。お客様は神様と教育を受けている日本と違い、客の都合より社員の都合を優先するのである。その結果、客は長い間不満もいわずに長い行列で自分の番を待つのである。その忍耐力は日本人をしのぐ。オーストラリアでは早くから職能別組合の発展があり、労働契約において役割、職責がはっきり、細かく決められている。それによって給与も違う。だから自分の職責以外の仕事ができないという事情がある。列を乱したり、列の途中に割り込んだりすることは立派な犯罪になる。

日本では贈り物やお土産を渡す機会が大変多いが、オーストラリアでは誕生日、結婚記念日やクリスマスなど限られた機会以外に贈り物をする習慣はない。だからお中元やお歳暮のような習慣は存在しない。贈り物に関しても、新しいものに限らず中古品や自分で作ったものを送ることも少なくない。プレゼントをいただいたらすぐその場で、包み紙を無造作に破って開けて感謝の念を表現する。これは習慣の違いでそのまま受けざるを得ない。ただし、誕生日パーティーなど多くの人からプレゼントをいただいた場合、後で開封することもある。日本では受け取ったその場で開けるのは失礼だと思っている。

成人は21歳。人生のうちでも重要な節目で大々的にお祝いをする。パーティーなどに招待されたとき、よくBring a plate（他の人とシェアーするための料理を持参）といわれる。アジアから移民したての知人がplate（皿）と聞いたので食器一式を持っていったという逸話があるが、この場合のplateは料理のことである。BYO―Bring Your Own（自分たちのアルコールなどの飲み物を持参する）といわれることもあるのでこの場合はワインかビールを持っていくことを忘れずに。

現地で生活しはじめたころに友達からティー（Tea）においでよと誘いを受けたので、わたしは「ありがとう。何時に行けばいい?」とたずねると、その友達は（夕方）6時に迎えにくるといった。そのとき、大変遅いアフタヌーン・ティーだと思った。友達の家に着いてびっくり、すでに食事の用意がされていて、食前酒に何を飲みたいかたずねられた。このときはじめてティーとは夕食のことであるとわかった。オーストラリアでTEA（ティー）に招待されれば、それは普通Dinner（夕食）のことである。お茶を飲むだけではないので注意すること。

テーブルでのマナーに関して、日本ではご飯の茶碗や味噌汁の器は、片方の手で持ち上げて食べる。もし持ち上げずテーブルにおいたまま食べると、横着だとか行儀が悪いといわれる。しかし、オーストラリアだけに限らないが、西洋では副食皿、スープの器などはテーブルにおいたままで、持ち上げない。それがマナーである。日本のレストランで洋食を食べるとき、例えば、エビフライ定食を注文すればライスはお碗でなく、皿に盛ってでてくる。洋食なのでフォークとナイフである。ところがライスの皿を手で持ち上げ、フォークを使い食べている日本人をよく見かける。西洋人からすると異様に見えるであろう。食文化におけるマナーの違いを理解する必要がある。

バーベキューを主催し、招待客がきたとき、ドアをノックする音には答えるなというしゃれがある。招待客がビールなどの大きいケースを持ってきたときには両手を使わないと運べない。するとドアを足で蹴ることになる。音が大きくなり手でのノックとは違うことがわかる。これぞホストが期待したことでこのときだけドアにいけばよいということである。オーストラリアではバーベキューがアウトドアライフの定番である。よく招待を受ける。招待を受ければ、その場で消費する飲み物を持っていくことがルールである。例えば、ビールが6本入っているパック、できればダース入りのケースが理想的である。バーベキューの性格にもよるが、消費せずに残ったビールは持ち帰ることもできる。ただ、感謝の意味をこめて招待してくれたところにおいておく方が安全である。場合によって招待客はポテトサラダやパブロワ（注）だけを持ってくる場合があるが、これでもよしとされるが、やはりアルコールが望まれる。オーストラリア人はよく飲む。

飲むといえば仕事、スポーツの後のパブリック・バー（パブ）での一杯が日常茶飯事である。パブはオーストラリア全土どこでも存在する。パブにもルールやエチケットがあるので注意しなければならない。もともとパブは男のたまり場であったので、女性同伴を受け入れないパブも少数ではあるが、今だに存在する。服装に関しても昔は厳しいマナーがあって、ネクタイとジャケットを身に着け、靴を履いて入場するという厳しさであったが、今ではラフな格好でいっこうに差し支えない。パブでの飲み物は、これも伝統的にはビールであるが、最近はワインを飲む人も増えた。しかしながら、それ以外の飲み物、例えば、ドライ・マティーニやスクリュー・ドライバーなどのカクテルを注文するのは場違いである。変な目で見られる。どちらにしても、パブによってそこのルール、習慣などがあるので、友達に誘われていく場合は前もって聞いておきたいものである。友達と飲むときにはシャウトを忘れずに。

日本人は概して筆不精である。オーストラリア人は手紙に対してこまめに返事をする。オーストラリアでは、手紙に対して必ず返事をするように努めている。単に手紙を受けたということでもいい。難しく考えずに返事をすることが大事である。ださないと自分は無視されたと誤解される。

オーストラリアの冠婚葬祭では金銭のやり取りをする習慣がない。結婚式の場合は品物をプレゼントする。この際、合理的というか現実的というか、新郎と新婦が欲しいものを前もってリストアップして、お祝いをしてくれる人たちにそのリストを渡しておく。このリストは単に商品名を列挙するだけでなく、例えば、掃除機が欲しい場合、どこのメーカーで、型番号が何々とか、どこどこの百貨店に売ってあるノリタケのコーヒーセットとか、丁寧に表示してある。また商品がダブらないようにプレゼントをくれる人との連絡を密にする。結婚式までには各種パーティーが催される。代表的なのは女性のみのヘンズ・パーティーと男性のみのスタッグ・パーティーである。他にも女性だけのキッチン・パーティーや昼食、夕食会などがある。こういう機会を利用して結婚プレゼントの確認作業もできる。

結婚式当日、新婦が何か古いもの、何か新しいもの、借り物、何か青色のものを身に着ける慣習がある。何か古いものは結婚する前の家族との絆を表し、何か新しいものは新婚生活、借り物に関しては家族や友達の重要性を表し、何か青いものについてはお互いの誠実、貞節を意味するものである。花嫁は古いものとして母親や祖母の宝石を身に着け、新しいものは式当日に着るドレス、借り物にはハンカチを使い、貞節を意味する何か青いものにはガーター（靴下止め）が一般的である。

葬儀の場合も金銭のやり取りはない。香典やお花代など存在しない。また日本のようにお寺さんに高額なお布施や戒名代などを払う必要がない。教会に心ばかりの献金をするくらいである。また日常生活においてもお歳暮やお中元のような習慣はない。

マナーやエチケットに関してはオーストラリア全体で一般的に行われているものの一部を紹介したにとどまるが、法律と同じく州によってマナーが違うこともある。

（注）パブロワ

オーストラリア伝統のスイーツで、まだ日本人にはなじみが薄いが、卵白に砂糖を混ぜ合わせたメレンゲをオーブンで焼き上げたデリケートな焼き菓子。ロシアの伝説的な名バレリーナ、アンナ・パブロワが１９２６年にオーストラリアで公演した際に考案され、彼女の名前が冠されたといわれている。

7　行動様式

日本人は和を重んじ、人より変わったことはあまりしない。皆と同じでいたい。オーストラリア人は個性を発揮し、自分の感情と意思で行動する。そのことがよくわかる一例として、グループや友達とレストランにいき、食事を注文するときに、日本人は数多くの選択するメニューがあるのに、定食を注文する人が多い。また他の人と同じものを注文する傾向にある。メニューの内容は、味付け、料理方法、食材などは決まっているのでそれに対して選択する余地がほとんど存在しない。もしそれについてとやかく指示するとうるさい客として嫌われる。だからそんな人はほとんどいない。

しかし、オーストラリア人はあくまで自分の好みに固執する。各自がバラバラに、自分の好きな食べ物を注文しようとする。だれかの注文に合わせようということはまずない。それに料理方法、調味料に関しても指示をだす傾向にある。味付けを薄くとかドレッシングはオイル抜きにとかいろいろと注文がある。またそれに対して柔軟に対応する文化がある。

今日では一般的ではなくなったが、日本人は隣や近所と同じようにしたいという思いが強い。新三種の神器といわれた時代、「隣がカラーテレビを買ったので我が家も」と右に倣えと、やがてみんながカラーテレビを購入する。自分の家にないのは恥ずかしいという世間体である。「隣が車を乗り換えたので我が家も」と隣と同じことをする。

こんなところにも日豪の文化の違いが隠れている。飲食をして代金を清算するときにその請求書を、日本では女性の場合詳しくチェックする傾向にあるが、急いでいるときとか人前であったりするときには内容をチェックせずに支払いを済ませる。食事代や宿泊代などはその内容を改めることに抵抗感を持っている。特に男性の場合、請求書を細かくチェックすると、周囲から、「金払いが悪い」「することが細かい」などと、否定的に見られることがある。また実際に請求書の内容が間違っていることはほとんどない。

ところが、オーストラリアでは、請求書には入念に目をとおして、細かくチェックするのが通常である。男性であろうが女性であろうが、納得いかない内容については、説明を要求したり、詳細についてたずねたりする。内容についてたずねることに抵抗を感じる人は少なく、周囲の者も当然であり、むしろ自然なことだと考えている。自分の行為は、すべて自己の責任においてなされているという信念が、このことにも反映しているのかもしれない。また実際に請求書の内容が間違っていることが多く見られる。日本より管理や正確さがずさんであるといえる。

日本人には、「罪と恥の文化」で言及したように、間違いを犯したり、失敗したりすることはよくないという認識がある。間違うことや失敗することに恐れを抱いている。特に、人前での間違いや失敗は、恥辱的であると考える人が多い。そのため間違って屈辱を味わうより何もしない方がいいと考えてしまう。

それに対してオーストラリア人は間違いを犯したり、失敗すること自体いけないことでも何でもなく、人が間違うのは当たり前、失敗して当然という気持ちが根本的にある。さらに、間違いや失敗を考えるより、とにかくやってみようという興味や好奇心が先にでてくる。

これに関連して、日本人とオーストラリア人の特徴を比較する一つに、会議での姿勢がその違いをよく表している。のちほどオーストラリアのビジネス文化の章でも触れるが、会議で日本人が質問するかどうかは、話し手と聞き手の関係で決まる傾向がある。例えば、話し手が上司で聞き手が部下の場合、たずねたいことがあっても部下は上司に遠慮してあまり質問しない。どうしてもわからないことがあれば、上司でなく先輩や同僚にこっそり聞く。

それに対して、オーストラリア人社員は、たとえ話し手が上司であっても、遠慮することはなくどんどん質問する。むしろ相手が上司であれば、余計張り切って質問しているように見える。上司に自分の能力を認めさせるために最大限の努力をする。日本人の遠慮するという概念はほとんど存在しない。

筆者が日本の大学で講義をしていたころ、講義後、学生に質問がないかたずねてもほとんど手を挙げる学生がいなかったことを覚えている。日本人学生に「どうして質問しないのか?」とたずねたことがあるが、質問したいことがないわけではなくて、「どう質問したらいいのかわからない」とか「皆の前で質問する勇気がない」とか「質問内容に自信がない」とかいう理由が多く、なんとなく、「講義は一方通行で聞くもの」という日本の伝統的な考え方が強く、「質問することに慣れていない」ように感じた。その根底には不適切な質問をして恥をかきたくない、他人の目が気になるという国民性がよく反映していると思う。

話題は変わるが、山久瀬洋二という人が自分のブログで、アメリカでの体験として次のようなことを書き込んでいた。シカゴのホテルでコンベンションがあり会場を歩いていたら、天井から水が漏れていた。それを見てみんな大丈夫かなと話し合っていた。しばらくして数人の係員が、笑いながらジョークを交わしバケツを持ってやってきた。梯子に上り漏れているパイプに触れるといきなり水がザーッと漏れはじめた。数分後元栓を閉めて一見落着かと思うと、ホール全体の温度が急に下がり、みんな寒いと文句をいいはじめた。多分暖房機器が故障したのであろう。外はマイナス5度。こうした一連の事故を経験しながら、日本人の出展者がぽつりと「こんなこと、日本のホテルでは絶対にないよね」といったことに他の日本人も「そうだよね。外国にくると日本の素晴らしさがわかるよね」「あの修繕に来た連中も、笑いながら私語をしながら、いったい何なのだろうね。ホテルの責任者も顔をださずにさ」と同調した。

「考えてごらんよ。この水漏れが日本で起きたら、まずホテルの責任者がきて平謝り、そして館内放送も使ってお詫び、さらに工事をする人も真面目な顔をしてお詫びをしながら修理を進めるだろうに」「でも、こちらの人はそんな必要はないと思っていますよ。水が漏れた。じゃあ、修繕すればいいよね。それだけのこと」「でも、それじゃあ、日本ではお客は満足しない。責任感のかけらもないと思ってしまう」。アメリカ人はこの手のサービスの質にあまりこだわらない。ただそれだけのこと。文化が違うのだ。日本人は完ぺきを求め、細かいことにも注意を払いたがるが、西洋人は物事は前に進めばよく、そのためのプロセスや詳細は重要でないとする。この事件でも水漏れが止まり、最終的に暖房が再開されればそれでよし、それ以上でもそれ以下でもないというわけである。

海外の人からみれば、なぜ日本人がそんなことまでうるさくいうのか理解できない。実際、アメリカに進出している日本企業では、こうした細かい配慮ができないアメリカ人には仕事を任せられないと、日本からの管理をさらに徹底しようとする。しかし、まったく異なる価値観で対応しているアメリカ人からみれば、そうした日本側の態度に不満が溜まり、退職したり、モチベーションが下がったりする。

山久瀬のアメリカでの体験はそのままオーストラリアにも当てはまることである。オーストラリアの仕事は荒っぽいというか粗末というか、悪くいえばいい加減なことが多い。オーストラリアに住んでいたころ、家の玄関口の壁の一部が崩れたので業者に連絡をして修理を依頼した。数日後の午後一番にくるという。当日業者がくるのを待っていたが、午後1時はおろか2時になってもこない。午後3時を過ぎたころにようやくやってきたが、遅れたことに対する詫びひとつなく作業をはじめた。修理に2日かかった。仕上がりは荒っぽく修理場所と隣接する場所のペイントの色が一致していない。しかも修理したところの板と元の板の厚みが違い段差ができていた。業者に不満をいうと、業者曰く「ちゃんと穴は塞いだよ」と言うだけで平気な顔をして帰った。日本人が気にする見ばえという考えは頭にない。実利的な面だけを重視する。文化の違いなのだ。

オーストラリア人の行動様式を要約すると次のとおりである。

- ●時間にルーズである。個人もそうだが、公共交通機関も日常的に遅れる。
- ●対応が合理的で実利的である。メンツや見ばえに無関心である。
- ●翻意に対して抵抗感があまりない。結論や判断が早い。
- ●間違いを犯したり、失敗したりすることは、いけないことでも何でもなく、人が間違うのは当たり前、失敗して当然という気持ちが根底にある。
- ●個人の独立志向が強い。その分自己責任が求められる。
- ●終業時間は厳守する。時間にルーズなのに帰る時間はきっちり守る。
- ●納期が自己都合で延長される。納期は一応の目安で、なんとしても守らなければならないものではないという社会的なコンセンサスがある。

- 働き場所で隣の人の仕事内容をよく知らない。他人の仕事にはあまり関与しない。
- 週末が大好き。アウトドア派。
- 4週間の長期休暇をキッチリ、一括して取る。自分が休暇中他人に迷惑がかからないか日本人は心配するが、オーストラリア人はそんな思いはない。
- 転職はごく日常的である。会社側は業績が悪ければ社員を解雇するし、働く人も自分の能力が今の仕事を超えたと判断したら、能力に見合うポジションを見つけて転職する。
- 会社との関係はドライで個人の生活やキャリア形成を重視する。社員間の付き合いは最低限にする。

もちろん多民族・多文化国家を自認する国である。オーストラリアは多民族、多文化のるつぼである。それゆえ実生活の中でこの要約と異なる事象にでくわしても不思議ではない。

8　しつけと教育

しつけ

幼少時のしつけについて違いに気が付く。オーストラリアでは生後数カ月の赤ちゃんに個室を与える。夜になると赤ちゃんは寂しくなり泣き続ける。たまに様子を見にいくが親はすぐに自分たちの部屋に帰っていく。オーストラリアでは子供を人格を持つ個人として扱い、社会マナーや公共道徳を厳しくしつける。他人に迷惑をかけることがないようにしつける。子供が非礼行為をしたときや、マナーやエチケットなどの公共道徳の違反に対しては、親だけでなく周囲の大人も注意することが見られる。そして子供に早く自立心を確立させるようにする。選挙権が発生する18歳になれば、親は子供たちに独立を促す。日本では幼児に対して親は最大限の保護と愛情を与える。成人になっても親離れが進まないケースがよく見られる。しつけや家庭生活において個人主義と家族主義の違いが反映している。

親の子供に対するしつけは厳しくても、オーストラリアでは親の希望を子供に投影させた教育はないといえる。親の価値観で教育を子供に受けさせるのが教育ではなく、子供の自由な個性や能力や才能を尊重する。そしてそれが何であるかを自由な生活環境の中から見つけだし、伸ばすことのできる環境を作りだすことが、親の子供に対する教育であるという理念が一般的である。そのため、日本の親のように子供の個性を無視して、親の価値観で子供に特定の教育や習い事を強要することとほとんどない。そして、子供への教育のために親が子供の犠牲になるということもない。むしろ、家庭生活では他人に迷惑をかけることのないように、しつけの徹底が優先されており、子供は勉強をすることだけを期待されているのではなく、子供も家庭を構成する一員として、あらゆる作業や家事を分担することが当然として考えられている。

親の義務として、オーストラリアでは小さい子供に留守番させたり、一人で通学させると通報される。家に小さい子供を置いてでかけたり、車の中におき去りにしているのが見つかると罰せられる。また、日本のように子供だけで公園に遊びにいったり、道路を歩いていたりするのを目にすることがあまりない。学校の送り迎えは親の義務である。

オーストラリアの学校生活

オーストラリアでの教育方針は、知識の詰め込み主義ではなく、生徒の自主独立を養い、演繹的な教育方法で、生徒に学ぶことへの関心と情熱をそそることに重きをおいている。つまり、生徒の個性、創造性を育てることに力を注いでいる。それだけ生徒が学ぶ選択の幅が大きい。だから時間割は生徒それぞれ異なり、同じ生徒と同じ授業を受けることがまれである。また、日本のように同学年の学級クラスは存在しない。日本では授業中静かで先生の話を聞きノートを取るというスタイルであるが、オーストラリアの授業では、グループ・ディスカッションがよく行われるので教室は常ににぎやかである。それぞれの生徒が個性・創造性を養い、発揮する機会が多くある。また、環境教育や社会教育においては生徒の親、地域との連携も教育のカリキュラムに導入し、三位一体での教育に力を入れている。しかし日本のように教育ママがいるわけではない。子供の自主性に任せている。

日本ではよく話題になる教科書検定のようなものも存在しない。教科書の選定は学校、教師の裁量であり、宗教教育も各学校で実施するかしないか独自に決めている。さらに学校の校長の権限は大きく、教育の現場では独立、不干渉主義が日本よりずっと強い。さらに校長、教頭、教員代表、父母代表、コミュニティー代表などから構成される学校審議会なるものがほとんどの州で存在し、学校運営の意思決定機関としての役目を果たしている。これにより、父母代表が学校経営、運営に関する意思決定に参加し、また学校側が学校の情報を公開する場にもなっている。

オーストラリアの学校には日本では一般的であるクラブや給食がない。クラスも存在しない。日本の学校は3学期制だが、オーストラリアでは4学期制である。学期が終了するたびに2週間程度休みがある。年末の夏季休暇はクリスマスを挟んで6～8週間ある。しかも休みには宿題がない。これも日本との大きな違いである。

他にも日本で当り前がオーストラリアではそうでないことが多くある。例えば、掃除について日本では生徒が学校や教室の掃除をするのが当り前になっているが、オーストラリアでは生徒が学校の掃除をすることはない。日本では自分が学んでいる教室を掃除するのが当然と思っているが、オーストラリアでは学校は勉強をする場所で生徒が掃除をすることはない。必要なときには業者が作業をする。掃除は家庭でのしつけである。

授業ごとに教室を移動する。日本でも音楽室や理科室などが特別に設けてあるが、オーストラリアでは教科ごとに教室がある。また教科に選択科目が多く提供されているので、生徒は多い選択肢の中から自分が好きな学科を選択できる。クラスという概念がないが、その代わり入学時に割振りされハウスとかクランというグループが存在して、卒業するまで続く。学内外での行事にはこのハウス単位の競技となる。学校ごとに3～5のハウスがある。それぞれのハウスに色分けや名前がついている。その下で運動会、水泳大会、キャンプ、対校試合などに参加する。だから日本のようにクラス担任などいない。

オーストラリアでは、先生はあくまでも担当する教科を教える先生であり、進路の先生でもなければ、悩みの相談を受ける先生でもない。進路やいじめなどの対応などには専門の先生を配置している。スポーツ部活とは日本独特なもので、先生が部活の顧問や相談役をしている。オーストラリアには基本的にはない。理由は学校の先生は勉強を教える先生で、スポーツを教える先生ではないということだ。

オーストラリアでは基本的に学区がないので学校を自由に選択できる。転校も希望校に空きがあれば自由である。生徒の通学についても違いがある。主な違いはオーストラリアでは一般的に自転車通学がない。バスや電車利用が主で親が車で送り迎えをすることも珍しくない。日本で実施されている集団登下校などの集団行動はない。いわゆる入学試験もないので特別な事情がない限り入学できる。オーストラリアでは集まれと指示があれば、適当に先生の周りに集まってくる。座って話を聞く場合も座り方に決まりはない。日本では一般的な身長順という概念もない。体育大会での入場行進も基本的になく、ラジオ体操のようなものも存在しない。日本ではすべてが規格化される傾向にあるが、オーストラリアの教育現場は自由環境が一般的である。

オーストラリアの場合、日本のような平均的なオールラウンドな生徒を作るのではなく、個性を尊重し才能を伸ばすサポート体制を作っている。音楽や美術で専門的に勉強したい生徒は、学校が特別の講師を招いて他の生徒とは別に特別な授業を受ける。スポーツなどは、才能のある生徒を選抜して、特別なコーチングのもとで鍛える。それぞれの教科で能力の高い生徒には、企業などもスポンサーになって奨学金などを与えてサポートしている。

オーストラリアと日本の教育の違いは、オーストラリアが「褒めて育てる教育」なのに対して、日本は「叱って育てる教育」である。これはいい換えれば、「自由奔放に育てる教育」と「型にはめ込む教育」の違いでもある。オーストラリアでは先生が生徒をほめるので生徒は自由に教室で発言する。生徒は何事にも積極的になり個性が発揮できる。一方日本では、生徒が先生の望む答えをすると褒められるが、そうでないとみんなの前で叱られる。だからでる杭は打たれる式に生徒は型にはめられ、自由奔放で創造力のある人間がなかなか育たない。

オーストラリアの高等教育

高等教育である大学について、日本には大小781校の大学が存在するが、オーストラリアでは国立1校、私立4校に州立大学38校だけである。一番古いのは1850年創設のシドニー大学である。約5万4千人が学んでいる。違いを箇条書きにすると次のようになる。（大学の数は2018年現在）

オーストラリア

・専門的な授業で一般教養科目はない。文系は専門課程3年で卒業。
・授業数が少なく3～5教科。その代わり1教科につき3～4時間、多いものは5時間。
・基本的に出欠は取らない。
・教科書を買わなくても済む授業が多い。ほとんどの学生は図書館を利用する。
・アサイメント（課題）と最後の試験で評価が決まる。
・グループで取り組む授業や課題がある。
・レポートや卒論などの内容の不正に対しては大変厳しい。
・提出物の期限も厳しい。遅れると単位が取得できない。
・病気や特別な理由がない限り、落とした授業に対する救済措置がない。
・勉強が厳しく落伍者が多くて卒業できない学生が多い。
・講義でもゼミでも先生のことを通常名前で呼ぶ。
・講義中に理解できないこと、質問がある場合、講義の途中でも手を挙げて発言する。

日本

・一般教養科目があり、文系は教養課程2年と専門課程2年、4年で卒業。
・毎日ぎっしり授業がある（単位修得状況により変わる）。

・普通出欠は取る。
・教科書購入は必須。
・一般的に中間試験と期末試験で評価されるが課題や出席率も対象になる。
・授業を理解していればだいたい科目の単位が取れる。
・グループで取り組むような授業はほとんどない。
・レポートや課題などの内容の不正に対して寛大である。
・レポート提出の期限についてあまり厳しくない。
・落とした授業に対する救済措置がある。
・落伍者は少なく、よほどのことがない限り卒業できる。
・先生に話しかけるときには敬語を使い敬意を表す。
・講義中は静かに聞き、メモを取り、質問がある場合は講義終了後に行う。
オーストラリアは日本のような学歴社会ではない。皆がいくから大学にいくというような迎合主義はなく、高等教育はあくまで研究と専門的に勉学する機関であるので、そのように意欲のある人間のみが高等教育を受ける。

オーストラリアの大学授業料

日本の場合、高等教育進学時に必要となる費用は大きい。大学を例に取って見ると、受験の際に受験費用（受験料、受験時の交通費・宿泊費など）がかかるほか、入学手続時に学校納付金（入学金、授業料、施設設備費、寄付金など）を一括納入する場合が多く、私立大学入学者の初年度学生納付金平均額は約１３０万円にも上る（国立大学は約82万円程度）。こうした出費に対して、家庭では教育費以外の支出を削ったり、預貯金や保険などを取り崩したりする方法で学費を捻出している。国が民間の教育ローンより低金利で教育ローンを提供しているが借入可能額に制限があり普通学生生活をフルにカバーできない。

オーストラリアでは以前（１９７４～１９８９年）大学の授業料は無料であったが、現在は有料である。その代わりにHELP（Higher Education Loan Program）と呼ばれるオーストラリア政府管轄の教育ローン制度がある。この高等教育ローン制度は出世払い方式で、国が学生に代わって学費を国債で賄い、受益者が就職後に支払い能力に応じて返済する仕組みだ。家庭の経済力に関係なく、社会全体で教育費を負担する考え方に基づいており、所得制限は設けていない。返済期間も決まっているわけではなく、確定申告で確定される年収により支払い額が決まる。借入金額にも上限がなく、返済は卒業後自分の年収が5万４８６９ドル（２０１７年度）になれば開始する。それまでは返済の義務がない。その間消費者物価の変動は反映されるが利息は発生しない。また収入にかかわらず、返済していくことも可能で、５００ドル以上の返済をすると10％割引のボーナスがつく。もちろん民間でも金融機関が教育ローンを提供しているが、公的制度と比較すると条件は厳しく不利である。オーストラリアの学生は日本と比べてずっとめぐまれているといえる。

筆者は今から50年も前にオーストラリアの大学に留学した。その体験と客観的な状況に基づいてオーストラリアの大学への留学を推奨するものである。せっかく海外で留学するのであれば、世界の中でも生活の質が大変よく、学びの場としての環境が整っている場所で刺激を受け、学業に集中できることが、将来の人生設計においても役に立つと思う。

オーストラリアにある43校の総合大学ではほとんどが大学院を有している。また教育水準は、AQF（Australian Qualifications Framework）と呼ばれる、取得できる資格レベルの標準化を図る法律のもとで徹底管理され、一定に保たれている。一方、日本ではそのような仕組みはなく、大学間での格差が広がっ

写真 4-14　150年以上の歴史があるアデレード大学

ている。絶対数の少ないオーストラリアの大学だが、常に8～10校が、世界大学ランキングの２００位以内にランクインしているのも、この国の大学教育の質の高さを証明している。

この国は急速に多民族・多文化国家に変遷している。世界の国から毎年20万人前後の人々が移住する。国民の30％近くが外国生まれである。教育環境が優れ、質の高い教育が提供されているので海外からの留学生が多く、すべての大学で１００カ国を超える国の留学生が学んでいる。全体の20％が海外留学生である。

オーストラリアの大学へ進学する場合は、英語力と日本の高校での成績証明書が必要となる。しかし、それらが基準を満たしていない場合も、各大学附属（提携している）英語学校やファンデーションコース（注）、州政府運営の教育機関を経由して、目的の大学に進学できる方法が用意されている。日本のような入試での一発勝負ではなく、しっかりと基礎を固めていくことで、最終的に進学を果たすことが可能である。オーストラリアの大学を卒業すると１・５～２年間の就労可能なビザが取得できる（２０１４年1月現在）。このビザを取得後、現地の企業で働き、長期就労ビザや永住ビザを得る留学生もたくさんいる。

学業に集中するためには治安がよいことが重要である。オーストラリアはアメリカのような銃社会ではない。日頃からしっかりと気をつけていれば、大きな犯罪に巻き込まれる可能性は少ない。また、留学生が滞在するような場所では、自然災害もほとんど起きない。日本と比べて地震もなく、台風や大雪などの災害もない。気候面でも夏は快適で冬は温暖で過ごしやすい。

オーストラリアの主要都市は、イギリスのメディアが毎年実施している「世界の住みよい都市ランキング」で常に上位に位置している。２０１７年度は、メルボルン（1位）、アデレード（5位）、パース（7位）が堂々のベストテン入りを果たした。また、ＯＥＣＤが世界１５５カ国を対象に調査し２０１７年に発表した「国民幸福度ランキング」でも、オーストラリアが9位となっている。日本は51位であった。

留学中は日本への連絡も大事である。オーストラリアの各都市は、日本との時差が少ない。アメリカやヨーロッパと違って日本との連絡にも気兼ねをすることがない。日本にいる家族や友達との連絡もスムーズに取れるのは、留学地として魅力の一つといえる。

オーストラリアでは、日本語を覚えたい人や片言の日本語を話せる人が多い。国民の40人にひとりが日本語を学んでいる。姉妹都市は100以上、650校以上の学校が姉妹縁組をし交流・交換を密にしている。大学においても475件の提携を結んでいる。テレビでは日本のアニメが流れて、日本の観光地や日本のテレビ番組も多く放映されている。日本食や食材にも不自由しない。日本はオーストラリアにとって、大変身近な国のひとつである。

（注）ファンデーションコース
大学に入学するための予備授業を短期間（一般的に1年）に習得して認可されれば学部に入学できる。大学で行われる講義とゼミ形式を取り、英語の上達や学術生活に慣れることが中心になる。

9 言葉

オーストラリアは急速に多民族・多文化国家に移行しており、現在200カ以上の国々からオーストラリアに入植している。現人口の内30％近くが海外で生まれている。そのため国内で話されている言語は200以上になり、先住民の言語を含めると300以上の言語が話されている。しかし、オーストラリアに最初に入植したのはイギリス人であるから、公用語は英語である。たいがいオーストラリア英語の元になっているのは、イギリス、ロンドンの下町コクニー地区、労働者階級の英語である。

しかし、過酷な開拓時代を経て、オーストラリア独特の英語が育ってきた。発音、表現、意味なども本場のイギリス英語からだいぶ変化している。日本人が、オーストラリアを訪ねたとき最初に気づくことは、まず母音のAの発音がエイではなくアイと聞こえることであろう。よく例として挙げられるが、英語で「I went to the hospital today.」という表現があれば、最後の today（ツデイ）の発音が to die（ツダイ）と聞こえることである。つまり、「今日病院へ行った」という代わりに、「病院へ死ぬために行った」ということになり意味が大きく違ってくる。もちろん個人差はあるが、田舎や地方ではエイがアイとしばしば発音されるし、労働者の間でもこの発音が顕著である。

ただ中流階級や教養の高い人の発音は必ずしもアイではない。エイないしはエイに近い発音をする。こういう発音をする人は全体の一割くらいだろう。ラジオやテレビのアナウンサーなどはそうである。また、発音においても口の中でもぐもぐといっているようでなかなかわかりにくい印象を抱く。オーストラリアではハエが大量に発生する。大きく口を開いて話すとハエが口の中に入ってくるので、口をできるだけ開かずに話すようになったといわれる。これは事実かどうかハッキリしないが、オーストラリアには確かにハエが多い。厳しい自然環境、世界で一番乾燥した大陸のため生き物の死骸にハエが発生する。

アメリカでは地域や民族によって、また、イギリスでは階級によって発音が違う。その違いにすぐ気がつく。オーストラリア英語の特徴は、アメリカやイギリスと違って、人種、地域、階級による発音の違いがないことである。また、広大な大陸であるにもかかわらず、地方によって方言や独特の言い回しなどの違いもほとんどない。4000キロメートルも離れていても同じである。つまり全国共通である。だから、話されている言葉だけで人の出身地域を簡単には判断できない。田舎に生活している人は、都会人よりゆったりと喋りピッチもあまり変化がない。このことで都会人と田舎に住む人の違いを知ることはできても、どこの田舎の出身まではなかなかわからない。

オーストラリア英語で使われているアクセントに関しては単一ではない。人それぞれである。アクセントの違いは人種、都会、地域、階級によるというより、その人の性別、家庭背景、職業などに影響されている。学校教育の影響もあり、公立、私立（キリスト教系）学校出身者によっても微妙な違いがある。もちろん言葉の上で、地域により違いがまったくないということではない。地域によっては同じ意味でも使う単語が違う例があり、また単語の発音においても少し違いがあるところもある。このことにより地方色がでる。

典型的な例が、バーにいってビールを注文するとき場所（州）によって同じ単語でもその内容が違う。例えば、カウンターでビールを注文するときにグラスサイズによってスタビー、ミディー、スクーナーとい言葉を使うのであるが、ミディーは西オーストラリアでは中ジョッキー、ニューサウスウェールズ州では同じ注文でも10オンスのものが運ばれてくる。スクーナーに関しては、ニューサウスウェールズ州では大ジョッキー（15オンス）で南オーストラリアでは9オンスしかない。また、単語の発音についても地域で違いがある。例えば、Castle, school, dance, chance などの発音が微妙に異なるのでその発音で出身地がわかる。

またパン、ミルク、アイス、ミートパイ、新聞などを売っている店は、州によって呼び名が違う。一般的にニューサウスウェールズとビクトリアではミルクバー（milk bar）、南と西オーストラリアではデリ（deli）、クイーンズランドとタスマニアではコーナーショップ（corner shop）である。文法やスペルに関してはアメリカ英語とイギリス英語が混在している。

オーストラリア英語の発展は、入植当時からの歴史的背景、自然環境、人々の開拓時代の生活が強く影響している。また先住民族の言葉が、オーストラリア英語に多く見られる。入植、開拓当時は、以前に見たこともない珍しい動物、植物などを先住民族の言葉を使い英語にした。例えば、動物については、よく知られているコアラ、ウォンバット、カンガルー、ワラビー、クカバラなど。また多くの町や都市の名前などにもアボリジニー語の名前がついている。首都のキャンベラ（先住民の言葉で「人が集まる場所」と言う意味）もその一つである。街、郊外、山、川、湖、海岸、砂漠、国立公園、森林、植物などの名前に数えきれないほど多くのアボリジニー語が今日のオーストラリア英語に見られる。

日本語の特徴はオーストラリア英語と比べて大層複雑である。日本語では①方言の違いの激しさ②身分や職業による言葉の違い③男女による言葉の違い④敬語などが存在し、その使い方は西洋人にとって至難である。第二章でも詳しく説明したが、文化的背景の違いが言葉を介在して思考行動にも影響している。

＊日本では自分の気持ちを控え目に、回りくどく表現することが多いが、英語では自己を直接的に表現し文章通り

で裏表がない。また日本語ではあいまいな表現をよく使う。例えば、「どうも」という万能用語。軽い謝罪や感謝、ひいては挨拶などにも使える便利な言葉だ。同様に「すみません」も謝る場合、感謝を表す場合のどちらにも使える。これまでにも指摘したが、いつもの感覚で外国人相手に「アイム・ソーリー」を使って、責任を取らされることになったというのはよく聞く話である。

＊日本語の場合起承転結で、結論を最後に述べたり明確にしない場合が多いが、英語は結論や肝心なことや主張したいことを先に述べ、その後に具体的に論理的に説明する場合が多い。帰納と演繹の違いがある。

＊日本語での語順は（主語）＋目的語＋動詞の形が多いが、英語は主語＋動詞＋目的語の形が多い。日本語は最後まで聞かないと何をいいたいのか、また文の内容が肯定なのか否定なのかわからない。英語では動詞が主に主語のすぐあとにくるので動作の状況を最後まで聞かなくても判断できる。日本語では主語を略することが多いが、英語では文章に主語を明示することが必須である。さもないと日本語と違って意味が通じないことが生じる。

＊英語では単複や冠詞が存在するが、日本語にはそれがないので名詞が単数か複数か、あるいは特定されているのか不特定なのかわからない。

＊日本語には英語にはない助詞が存在するので、順序がバラバラでもつじつまを合わせることができる。英語では語順が違うと意味が違うか、通じないことが多い。

＊日本語アクセントは、「橋」と「箸」や「雨」と「飴」のように高低が主である。一方英語のアクセントは強弱が主で「suspect」は後ろのシラブルを高く発音すると「動詞」になり、前にアクセントがあると名詞になる。

＊日本語の母音は5個だが、英語は30ほどある。日本語では子音の数も英語と比べて少ない。例えば、rとlで始まる単語、right と ligh について、英語ではrとlの2つの発音だが、日本語ではどちらもラの発音で「ライト」となる。英語の she と sea も同じことで日本語では「シー」、英語の bath、bus も日本語だと「バス」と一本だ。

また表音文字である英語と違って、日本語は表音と表意文字を同時に使う世界でも稀な言語である。しかも表音文字もアルファベット、片仮名、平仮名、アラビア数字、漢数字などを同時に使用する。例えば、住所表記で埼玉県川越市笠幡一丁目6の8番地　ABCビル『はるか』で見られるように表意文字である漢字と表音文字であるアルファベット、平仮名、片仮名、アラビア数字、漢数字が同居している誠に希有な言語である。

最後に日本語の特徴である敬語（尊敬語、謙譲語、丁寧語）について、オーストラリア英語にはこのような敬語は存在しない。ほとんどの外国人にとって日本語を学ぶ際に直面する難関の一つである。オーストラリアにおいては、日常生活や職場で目上・目下、先輩・後輩、上司・部下などの観念がほとんど存在しないといっても過言ではない。国民性である平等精神が、年齢、立場、地位などに影響されることがないので、言葉にもよく反映されている。日本語の「食べる」は、尊敬語で「召し上がる、お食べになる」、謙譲語で「いただく、頂戴する」丁寧語で「食べます」になるが、英語ではすべて「eat」である。

10　三都物語

日本は単一民族といわれているが、国内で文化や習慣の違いが存在しその地域の性格を醸しだしている。それは県民性といわれる。関東と関西を比べて見ても、その違いは衣食住文化にはじまって言語や行動規範などにも違いが見受けられる。その地域の歴史、環境、自然などが影響して地域独特の文化を形成している。同じようにオーストラリアにおいてもその自然、歴史、環境がそれぞれの州の特徴を形成している。この節では、代表的なニューサウスウェールズ、ビクトリア、南オーストラリアの州民性を検証する。都市と地方の間では特徴に多少の違いはあるが、ここでは各州の州都であるシドニー、メルボルン、アデレードについての一般的な特

写真 4-15　シドニーの中心地区

徴を考えたいと思う。

ニューサウスウェールズ州の州都シドニーは、1788年オーストラリアではじめてイギリスの植民地・流刑地としてスタートしたところである。オーストラリア最大の都市で530万人が住んでいる。世界各国からの移民であふれ、オーストラリアに移住する割合が一番高いコスモポリタン都市である。アメリカの影響が特に強いが世界の大都市同様活気があり、何でもそろっている。世界三大美港の一つ、シドニー湾やオペラハウス、ハーバーブリッジなど著名な観光名所を抱え、加えて近くの海岸線には素晴らしいビーチが多数存在する。このためシドニーではビーチ文化が盛んである。気候もよい。だが最近は物価が高騰して、世界でも生活費の高い都市として有名である。だから訪ねる街としては魅力満載であるが、住むには最高とはいえない。

これに対してメルボルンは、シドニーのような有名な観光アイコンはない。シドニーほどコスモポリタンではないが、人口は500万人でシドニーに匹敵する大都会である。しかし、今だにイギリス・ビクトリア朝時代の面影を深く残している。建物や街の雰囲気から強く感じられる。オージー・ルール、毎年11月に開催されるオーストラリラ最大の競馬の祭典・メルボルンカップ、テニスの世界メジャー大会のメルボルン・オープン、毎年開催される世界自動車レースの最高峰であるF1グランプリなどで代表されるスポーツ都市でもある。1956年に、オーストラリアではじめてのオリンピック大会が開催された。シドニーのビーチ文化と比べて、メルボルンはコーヒー文化に重きをおく誇り高き文化人が多い。イギリスのエコノミスト誌が世界150カ国の都市の住みやすさ、住みたい街のランキングにおいてメルボルンを常にトップとランク付けしている。だから住むのには理想的な街である。しかし唯一不満なのはこの地の天候で、一日の内に四季があるといわれるほど天候が変わりやすいことである。シドニーとメルボルンは、東京と大阪の

写真 4-16　メルボルンの中心地区

ように互いに競争心や対抗心が強い。これは連邦化する以前からの伝統で、特に保護貿易に固執するメルボルンに対して自由貿易を推進するシドニーの間には確執が存在した。１９０１年に連邦国家として出発したときも首都をどこにするかで互いが譲らず、１９２７年に中間地になる今のキャンベラが首都として創設されるまでは、メルボルンが連邦の首都であった。

アデレードはシドニー、メルボルンと比べて人口は少なく約１４０万人。オーストラリアで唯一流刑地としてではなく自由移民によって造られた都市として、その背景に強い誇りを持っている。大きすぎることはなく適度なサイズで職・住・遊・学環境を整えた理想都市である。30分都市といわれ、市内どこに住んでいても都市中心部に30分で到着し、ごく近くに遊びや学びの空間が存在する理想郷である。自由果敢なフロンティアによって作られたこの街は、最初から都市計画が整備され、民主主義の基盤が構築されたところである。世界に先駆け女性に参政権、被選挙権を付与したことでも有名である。オーストラリアで最初に市制がはじまり、商工会議所、学校、路面電車など最初に運行された。また3月数週間にわたって開催されるアデレード芸術祭は、各国から著名なアーティストが集う祭典として世界的に有名である。記憶に残っている読者もあろうが、１９８２年に民間のテレビ局が「南の虹のルーシー」というタイトルのアニメを放映した。これは、オーストラリア開拓時代、農場を持つことを夢見てイギリスのヨークシャーから、オーストラリアのアデレードへ移住してきた一家の物語である。子供たちに絶大な人気を博した名作アニメであった。

一言で三都を表現すると、政治・経済のシドニー、商業のメルボルンそして文化のアデレードである。それはあたかも東京、大阪、京都にそのままおき換えても不思議ではない。もちろんこのような比較描写に反論する読者がいるだろうことも承

写真 4-17　アデレード市街地の空撮

知している。都市の歴史的背景を見て見ると、シドニーは当局指導によるオーストラリアへの最初の入植、流刑地である一方、メルボルンは民間企業による都市建設、アデレードはヨーロッパからの果敢な自由移民によって作られた街であることを付け加える。またシドニーは自由貿易、不干渉、自由主義でメルボルンは保護貿易、保守主義の背景が依然影響を残していることもいえる。各州登録の自動車のナンバープレートに表記されているスローガンは、ニューサウスウェールズが「第一の州」、ビクトリアが「庭園の州」で南オーストラリアが「祭りの州」である。これらはそれぞれの都市の特徴を多少なりとも表現している。

第五章

オーストラリアの動植物

オーストラリア大陸は、地質学上世界でもっとも古い大陸である。かつては南アフリカ、南米、パプア・ニューギニア、インド大陸などともつながっており、ゴンドワナ大陸と呼ばれていた。それが今から約1億年前に分裂をはじめ、オーストラリア大陸が独立した。このように長い間、オーストラリア大陸は他の世界から隔離されていたので、大変ユニークな独特の動植物が進化した。１００万種以上の動物や植物などが生息している。その80％以上が、オーストラリアにしか存在しない。また、ユニークなオーストラリアの動物で知られているコアラ、ウォンバット、カンガルーに代表される有袋類は、１４０種類も存在する。これらの有袋類を含む哺乳類は約２７０種類生息し、その80％以上は、オーストラリアだけでしか見られない。卵を産む哺乳類として生きた化石の異名を持つカモノハシやハリモグラもいる。カンガルーには55ほどの種類があり、体重が５００グラムのものから、１００キログラム近くになるものまでいる。オーストラリアには７５０種類の鳥類が生息し、そのうち３５０種類ほどは、世界のどこにも存在しないオーストラリアだけに生息する鳥類である。また、魚にいたっては、４０００種類以上が生息し、その大部分がオーストラリアにしかいないものである。７７０種類いるオーストラリアの爬虫類の90％、昆虫もその90％近くは、他の国には存在しない。植物では、20万種類あるうち90％は、世界の他の地域では見られない珍しいものである。ここまでくると、オーストラリアのユニーク性が傑出し、専門家のみならず、一般の人々にとっても関心を示さざるを得ない。ここではそのユニークな動、植物のほんの一部を紹介する。

1　生きた化石　卵を産む哺乳類

世界中の動物の中で卵を産む哺乳動物は、オーストラリアにしか生息しない。しかも2種類だけである。そのひとつがプラティパス（platypus）、カモノハシである。カモノハシは、川岸や湖畔に穴を掘って生息している。夜行性で水かきがついた足を使って泳ぐ。泳いでいる間は目を閉じている。2分ほど水の中にいて息をするため水面にでてくる。しかし10分くらいはもぐっていることができる。ただ、体が軽く浮くので何か物の下にいる必要がある。体長は30～45センチで尻尾の長さは約10～15センチ、体重は約1～2・5キログラム。天敵はヘビ、ゴアナ（大型トカゲ）、ネズミ、キツネなどである。幼虫、虫や川に生息する昆虫を食べ一日当り、自分の体重くらいの食事をする。メスは6～10月に2～4個の卵を産み、2週間ほどで赤ちゃんが生まれる。赤ちゃんは母乳で育てられる。オスの後ろ足内部にはつめがついていて毒を持っている。小さな犬などはこれで殺すこともできる。

写真 5-1　カモノハシ

ハリモグラ（echidna）は卵を産むもうひとつの哺乳類である。体長は35～55センチ、体重は2～7キログラム。主食はアリで、アリのいるところにはどこでも生息する。生息する場所によって身体の色が変化する。ほかにも土の中にいる幼虫、虫やカナブンなども食べる。繁殖期（5～6月）になるとメスは体に袋を作りはじめる。交尾後、袋の中に1個の卵を産む。卵が孵るのに10日ほどかかり、赤ちゃんはメスの袋の中で2～3カ月過ごしてから、母体から離れ穴の中で生育する。大変珍しいことにメスには乳首がない。赤ちゃんは袋の中にいる間、染み出てくるミルクで育つ。天敵は、キツネ、ディンゴ、犬、猫などである。敵から自分を守るときには体を丸めるので体全体が針のボールになり、あたかも海にいるウニのような格好になる。こうなれば敵なしである。寿命は約10年といわれている。南オーストラリア州にあるカンガルー島にはカモノハシもハリモグラも生息する。路上を車で走っているとハリモグラやゴアナ（大きなトカゲで最大2メートルになる）が道路を横切っているのにでくわすことがある。コアラもこの島だけで5000匹以上生息する。この島には、そのほかにもほかの国では見られない珍しい生き物がたくさんいる。オーストラリアのユニークな生態系の宝庫である。

空飛ぶキツネ（flying fox）はオーストラリアに生息する最大のこうもりである。頭、顔がキツネによく似ているのでこの名前が付けられた。飛べる唯一の哺乳類である。花や果物を常食としている。食べ物を探すために一晩に50キロメートルも飛び回ることがある。体重は600グラムから1キロで、広げた翼は1メートルにもなる。夜行性なので昼の間は木にぶら下がり、群れになって頭を下に向け休む。住んでいる地域で食料がなくなると、他の地域に移動を繰り返す。4～5月に交尾し、10～11月に一匹の子供が生まれる。最初の一カ月ほどは母親にしがみついて母乳を飲むが、3カ月後には飛ぶことを覚えて、6カ月もすると自分でえさを探すようになる。花や果実を常食としている。鳥のように種や花粉を遠くまで運ぶので、花木が拡散するのに重要な役目を果たしている。ただ住宅、農業などの開墾で森や林が減少しているので食べ物、住むところが少なくなり問題になっている。森林での食べ物が少なくなると、農家の果樹園の果物を食べに飛来するので農民からは嫌われ、殺されることもある。

写真5-2　ハリモグラ

2　珍しい有袋類の仲間

有袋類の中で一番よく知られているのがカンガルーである。大昔、もともと中国に源を発しそこで進化し、以後アメリカ大陸をさまよい、最終的にオーストラリアに到着したといわれている。ほとんどの種類は、陸上で生活しているが、中には木の上で生活しているものがいる。このカンガルーは世界遺産に指定されているクイーンズランド州の熱帯雨林地帯にしかいないが、夜行性で普通のカンガルーより小型で、木の葉っぱや果実などを食べて木の上で生活をしている。ほかの木に移動するために15メートルほど飛び跳ねることができる。よく知られている大型のカンガルーと小型のカンガルー、ワラビーの間にワラルーという中型のカンガルーがいる。カンガルーとエミュー（飛べない鳥──ダチョウに似ている）はどちらも後ろ向きには歩けず、前進あるのみ。オーストラリアの国家紋章にカンガルーとエミューがあつらえてあるのはこのためである。

荒野のブルドーザー　（ウォンバット　──　wombat）

ウォンバットは、同じ有袋類のカンガルーやコアラと比べて日本ではあまり知られていない。数種類のウォンバットが生息するが、一般的にこの動物は、大型モグラのような外観をし、頑固でずんぐりしている。体は灰色や茶色の毛で覆われている。歩くときには回りにあるものを排除しながら進むので、荒野のブルドーザーというあだ名をもらっている。体重は17～40キログラムで足は短いが鋭いつめを持っているので、穴を掘る名人でもある。彼らの掘る穴は、20メートルにおよぶことがあり、その穴も逃げ道や寝床など複雑な構造になっている。普通ひとつ穴には一匹が住んでいる。夜行性であるが、涼しい季節には朝や夕方にも穴からでて散歩をすることもあるのでたまに地方の路上で目撃する。草食が主体であるが木の枝、幹、樹皮やコケなども食べる。子供は一時に一匹だけ生まれ、生まれた子供はメスの袋の中で6カ月ほど生活する。2歳になると大人にな

写真5-3　ウォンバット

り寿命は普通約5年である。ほかの有袋類と同じくウォンバットも保護動物である。

ポサム（possum）

リスとネズミを足して2で割ったような生き物で、夜行性である。昼間は、木の穴や幹の皮の下で休息している。夜になると、鋭いつめのついた前足と長い尻尾を使って活発に徘徊する。体長7～11センチで尻尾は体長と同じくらいである。花の花粉や蜜、それに昆虫や果物を常食にしている。冬になり食べ物が少なくなると毎日ほとんど動かずに過ごす。繁殖期は8月から4月の間で、メスは普通1～2匹の赤ちゃんを産み、その袋の中で育てる。約5カ月で乳離れをして母親の袋からでる。約7カ月で独立する。10カ月で大人になり、メスの場合は12カ月で出産する。オーストラリアの家に宿泊していると丑三つどき、屋根の上でなにか騒々しい音にびっくりし目を覚ますことがある。ポサムが屋根で運動会をしているのである。今では少なくなったが、日本の家で屋根裏をねずみが走り回るのに似ている。ポサムの仲間でムササビ（sugar glider）がいる。体長20センチ、尻尾の長さも同じくらい。小さくて100グラムの体重しかない。これも有袋類である。この動物は5番目の指から肘まで大変薄い膜があり、それを広げて木から木へ50～100メートルも飛び移れる。長い尻尾は体勢を保ったり着地したりするときに使っている。夜行性の動物であるので昼の間は葉っぱや木で作った巣で休み、夜になると活発にえさを求め活動をする。木に生息する昆虫やユーカリの木を食べている。生殖期間は7～12月で生まれた子供は、母親の袋の中で2カ月ほど過ごすし、さらに1カ月ほど巣の中で生活をしてから両親の指導でえさを求めるようになる。

バンディクーツ（bandicoots）という大型ネズミの仲間がいる。オーストラリアには約20種類のバンディクーツが生息し、これも夜行性の有袋類である。前足より後ろ足が長く、カンガルーのように跳ね回る。体長は種類によって違うが、15センチから55センチまで。尻尾

写真 5-4　ポサム

写真 5-5　バンディクーツ

の長さは12～15センチで体重は1キログラム以下。肉・草食で、昆虫や虫類、植物の根っこなどを主食としている。小さなネズミやトカゲなども食べる。また植物についた害虫なども食べてくれるので園芸作業には有益である。繁殖期は1年中であるが、気候や食料事情がよければ7週間ごとに出産する。一般的に妊娠期間は哺乳類の中でも一番短く、約12～13日。生まれた赤ちゃんは最初目が閉じていて、1カ月以上たってから目が開く。母親の袋の中で約9～10週間過ごす。成長は早く約11週間経つと乳離れをする。天敵は大型のふくろう、フクロネコやディンゴである。また猫、犬、キツネも脅威になっている。

クウォールズ（quolls）フクロネコ

オーストラリアに生息する二番目に大きな肉食有袋類である（本土では一番大きい）。4種類が生息する。一般的に猫の大きさであるが、体長は種類によって約15センチから60センチで、体重も1キログラムから7キログラムほどの開きがある。夜行性の動物で、昼間は地面や木の穴、岩穴などで休んでいる。主にネズミ、カエル、トカゲ、ヘビ、昆虫、ポサム、鳥、ウサギなどを捕って食べている。また人間の残した残飯や動物の屍骸も食べる。繁殖期は4～7月で、妊娠期間約21日後に子供が生まれ、最初の6匹だけが袋の中にある母乳にありつき生き延びる。

写真 5-6　クウォールズ

生まれたとき毛が生えていなくて、重さ1グラムぐらいで体長も7ミリ程度である。赤ちゃんの小ささは有袋類に共通している。7週間ほど袋の中で生活し、毛が生えてくればさらに6週間ほど草やくぼみの中で生活し、その後獲物を捕まえることを学んで、生後18週間ぐらいで独り立ちする。寿命は短い種類で約2年、長いものでも4～5年である。ヨーロッパからキツネ、犬、猫が持ち込まれ、またそれに伴って以前になかった病気などが入り込み、その結果食料の奪い合いや、森林の環境が変化したことにより数は急速に減っている。

タスマニアン・デビル（Tasmanian devil）

オーストラリアに生息する最大の肉食有袋類である。ディンゴとの生存争いに敗れるまではオーストラリア全域に生息していたが、いまではタスマニア島にのみ生息する。逆にタスマニアにはディンゴはいない。またタスマニアン・デビルにとっての天敵はタスマニアン・タイガーであったが、タスマニアン・タイガーは絶滅したといわれている。ユーカリの森林や草木の茂みの中で生活している。体長は犬のテリアーほどで体重は6～8キログラム、尻尾の長さは30～40センチある。体毛の色は黒。頑強で大きな頭をしており、広いあごと鋭敏な歯が特徴である。ピンク色の耳をしているが怒るとそれが赤くなる。夜行性でヘビ、鳥、トカゲや小さい羊、ワラビーなどを主食にしている。体が黒色なので餌食に気づかれにくい。また動物の屍骸も食べ、その大きなあごと鋭い歯で骨から皮、毛すべてを食べつくす。道路に横たわる動物の屍骸を食べるので、自らも車にはねられることがある。また病気により生息数が減っている。他の有袋類と同じく、タスマニアン・デビルは生まれたとき、米粒ほどの大きさで、盲目でかつ耳が聞こえない。約3カ月母親の袋の中で過ごし、その後巣の中で6カ月ほどたつと独立する。寿命は約8年。

写真 5-7　タスマニアン・デビル

アリクイ（numbat）

オーストラリアのアリクイは小さく、体長はやく35～45センチ。体とシッポが半々である。このリスに似たナンバットも有袋類である。尖った鼻をして、黒のストライプが鼻先から目を通って耳元まで走っている。自分の体長の半分くらいまで伸びる舌をもっていてこれでアリを食べる。一日に2万匹も食するという大食漢。52本の歯をもちそれぞれがサイズ、形が違う。ほとんどの有袋類が夜行性であるが、ナンバットは昼間も活動する。現在は西オーストラリアと南オーストラリアの一部にだけ生息する。住家は森の中で、夜は穴や、倒れた木

写真 5-8　アリクイ

の下で休んでいる。絶滅の危機に瀕している。この小動物は有袋類であるが、不思議なことに母親に袋がない。

オーストラリアに太古の昔から生息している哺乳類の約半数が有袋類である。カンガルーの母親がその袋に赤ちゃんを入れている姿はなんともほほえましく感じるのである。すでに紹介した小動物も全部有袋類である。未熟な胎児を出産し、腹の袋やひだを使って赤ちゃんを育てる。カンガルー、コアラの生まれたての胎児を見た人はその極小さに驚いたことだろう。人間の小指の先くらいの大きさである。何カ月もかけて袋の中で育てられる。日本でもモグラ、いたち、ネズミなどの動物はいる。しかし有袋類ではない。有袋類は、オーストラリア以外ではほとんど生息していない。なぜだという疑問が生じても当然である。この疑問に答えるためには、哺乳類の発達やオーストラリア大陸の誕生をひも解かねばならない。

今から約2億4000年前に哺乳類は、爬虫類の子孫として誕生した。そのころ地球上はひとつの大きな大陸であった。パンゲアと呼ばれた。その後、約2億年前になると、パンゲアが南北に分かれた。北にできた大陸をローラシアと呼び、南側の大陸、現在のオーストラリア、南米、南極、アフリカを構成していたのがゴンドワナ大陸と呼ばれた。冒頭で説明したように、このゴンドワナ大陸が、約1億年前になるとさらに分裂をし、今から約6000万年前に南極とオーストラリアが最後に分離して、現在のオーストラリア大陸ができたといわれている。このような大陸形成のなかで、有袋類の祖先は地球上の全大陸に進出し、進化を遂げたといわれている。

しかし、その後哺乳類でも有胎盤類が知能の発達を伴って進化し、知能の劣る有袋類を徐々に駆逐していった。ただ、約6000万年前から分離、独立していたオーストラリア大陸は、ほかの大陸と接触がなく、有胎盤類の侵入から免れた。このような背景で、有袋類はほかの大陸ではほとんど絶滅し、オーストラリア大陸では生き延びているといわれている。しかし、18世紀にヨーロッパからの移住がはじまってからは、犬、猫、ウサギ、キツネ、豚、鹿などの有胎盤類が持ち込まれ、それらが野生化し、オーストラリア独特の生態系に大きな影響をおよぼしている。

刺されたり、噛まれたり、襲われたりして、怪我をしたり、悪くすると死にいたることもあるので注意しなければばいけない生き物が、オーストラリアには多く存在する。オーストラリアにはブルドッグ蟻という種類が存在し、長さ4センチにもなる世界でも最大の蟻である。この蟻に噛まれて死んだ人がいる。このほかにもオオダニ、蜘蛛（オーストラリアには約2400種類の蜘蛛が棲息する。そのうち半分は毒を持っている。猛毒を持つ世界の蜘蛛は10種類、そのうち8種類がオーストラリアに生息し、なかでも最も恐ろしい蜘蛛がいる）、ヘビ（猛毒を持つ10種類の内8種類がオーストラリアにいる）、サソリなど猛毒を持っているものがいる。これらに刺されたり、噛まれたりすると間違いなく死に至るつわものである。鳥類のなかにも人を襲うものがいる。北部の荒野には野生の水牛が多くいて、たまに人を襲うこともある。このようにオーストラリアの荒野にはいろいろな生き物が生息している。苛酷な自然環境の中生き延び、自分を守るため毒をもっているものが多い。

しかしヨーロッパからの入植がはじまった18世紀、ヨーロッパで生息している植物、動物がオーストラリアにはじめて持ち込まれ、オーストラリア古来の生態系に少なからず影響を与え、絶滅した動物も多くいるといわれている。主な理由は、ヨーロッパから持ち込まれた猫、犬やキツネが、オーストラリアに生息していたユニークな小動物を淘汰したということである。その原因は、ヨーロッパから持ち込まれた牛、馬、羊などが小動物の住処を破壊した。ヨーロッパから持ち込まれた牛、馬、羊、鹿、ウサギなどが小動物の必要とする食料を横取りした。また、ヨーロッパから人の入植により森林の伐採、土地の開墾、鉱山開発などで小動物の生息する土地が消滅したからである。このように有史以前から生息している多くの生き物が絶滅の危機に瀕しているが、オーストラリアは依然世界のなかで大変貴重でユニークな自然環境、生態系を維持している。

3　怖い海の生き物たち

海に生息する生き物には猛毒を持ったものや人間を襲うこともある攻撃的な生き物がいる。代表的なものがよく知られているサメである。南オーストラリア沖のグレート・バイト海には白サメの生息地があり、巨大なサメがウヨウヨといる。このサメを見ようとサメの観察ツアーがあり、勇気ある人は海中に設けられたパイプ製のケージに入りサメを身近に観察することができる。サメはこのケージをめがけて突進してくる。生きた気がしない恐怖の体験である。サメは海岸線にも回遊してくるので、特に夏の水泳シーズンには要注意である。非言語コミュニケーションの章でも紹介したように、海岸線には注意を喚起する看板が立っている。遊泳地区では、常時空と陸から監視をして、サメを発見すればすぐさま遊泳中の人に陸に上がるよう警告を発する。それでも襲われて大怪我をしたり、餌食になったりして死ぬ人がいる。

またこのグレート・バイト海は、世界最大の海洋公園に指定されており、ミナミセミクジラの繁殖地域である。秋（現地では4、5月）が深まる頃になるとこの海域に毎年、出産のため集まってくる。その数は約１５００頭にもなる。これは、世界中に生息しているミナミセミクジラの12～13％に当る。5月から10月まで、バイト海に面した高い崖の上（クリフ）からホエール・ウォッチングができる。8月にもなるとここで生まれた赤ちゃんクジラが母親に寄り添って泳いでいるのが見られる。また飛行機やボートでの見学も可能である。クジラやイルカは保護動物なので、見物に関しては法律で決められたルールを遵守しなければならない。

例えば、クジラから３００メートル、イルカから１５０メートルの距離になればボートのスピードを5ノットまで下げなければならない。またクジラ、イルカに近づくのには、彼らの前方、後方からでなく、側面から行うことになっている。ただし、クジラまでの最小至近距離は１００メートル、イルカは50メートルと定められており、それより近づいてはいけない。また、航空機で観察する場合は、制限海域に３００メートル以内に近づいての飛行は禁止である。ヘリコプターの場合は、水面から600メートル以上の上空を飛行することが決められ、また、クジラ、イルカの頭上を旋回するなと法律で定められている。

付け加えると、オーストラリアの海岸線は、日本とオーストラリアを2往復するよりも長い。約3万6000キロメートルにもおよぶ。前章でも指摘したように、この海岸線はそれぞれの州、準州が海岸から3マイルまでを管轄し、それより沖合200マイルまでは、国の排他的経済水域となっているので連邦の管轄である。つまりこの国を囲んでいる海は、8つの政府（連邦政府と6つの州政府＋北部準州）によって、それぞれ独自の法律により管理されているので複雑である。

日本で以前、越前くらげが漁業に深刻な影響をおよぼしたことがあるが、オーストラリアの北東部の海岸では夏季に、全体の長さが3メートルにもなる地球上で最凶の毒クラゲ「キロネックス」が大量に発生する。これに刺されると3分から15分で死に至り、触手に少し触れただけでも激痛に襲われるとのこと。1954年からの60年間で5567人が犠牲になったといわれている。遊泳する人はクラゲに刺されないようにネットでできた海水着を身に着けることが大切である。死亡事故を引き起こす最悪の生き物である。サメ、ワニ、毒ヘビなどで死亡する数を合わせたよりも多くの人が死んでいる。またクラゲが大挙して船の給水口に入り込み、船のエンジンを停止させた例も多々報告されている。

クラゲのほかにも、猛毒を持っているタコがいる。サイズは20センチぐらいで小さいが、その毒は強烈で、海中に毒をばら撒き獲物を獲っている。岩場に生息している。人が触ったり、踏んだりすると噛まれる。噛まれたら即医療処置をしないと死に至ることもある。また、蛸のなかには毒をもっている種類がいて、刺されたらすぐ医療処置をしないと死ぬ場合がある。このほかにもウナギや海ヘビの中にも毒をもっているものがいる。またストーンフィシュといって海岸沿いの浅瀬に生息している生物

写真 5-9　猛毒を持っている大クラゲ

がいる。その名のごとく岩に似ている。この生物の上を歩くとその背中にある13本の針に刺されて命を落とすこともある。

毎年、数人の人が襲われ死ぬケースがあるのがワニである。ワニはオーストラリアの北部に3万匹以上淡水、海水に生息しているといわれている。北部の乾期が過ぎ、ワニが腹をすかし生殖活動する夏季に人が襲われることがある。ワニの知能は発達しており、人間の行動を記憶するほどである。だから同じところに何日もテントを張っていると、何日かたてばワニに襲われる危険性がある。

4　太古の植物

オーストラリアに生える木の90％以上は、ユーカリの木で何百種類もある。花を咲かす種類が多い。夏になると油性分の高いユーカリの木々が摩擦して自然発火し、山火事、森林火災になることが多々ある。猛烈な勢いで火は広がっていく。過去50年の間に、この火が海岸線の都市郊外まで迫り、多くの家が焼失し人命が失われた。山火事の起こった場所に数カ月後いくと、ヨーロッパから持ち込まれた松、なら、かし、しいの木などは、真っ黒に焼かれ朽ち枯れている。しかし、ユーカリのような在来種は、山火事でその幹は真っ黒に焼け焦げているものの元気で、その黒い幹からは新芽を吹きだしている。大陸固有の植物は、山火事に対して適応するように進化を重ねてきたのである。また、この山火事がなければ、実をはじかせ子孫の存続ができな

写真 5-10　オーストラリア大陸原産、典型的なユーカリの古木

い種類の木々が多い。砂漠にも一年草が生息する。雨が降れば短期間に成長し、花を咲かせ、実をつけるものが多い。乾期には再度雨期が訪れるまで休眠し、種は熱に耐え生きながらえる。この国の気候自然条件に順応し生態系を維持存続させてきたのである。この背景にあるのは、オーストラリア大陸が1億5000万年前に東南アジアから完全に離れ、動物と同じようにそれ以来大陸独自の生態系が発達し外部からの侵入がなかったからである。オーストラリアには約20万種類の植物が生えている。日本で生えている植物は、全部で約7000種類と報告されているので、オーストラリアの植物がいかに多種、多様であるかがわかる。

ヒューアン・パイン（Huon pine）

タスマニアの奥地には、世界中でここでしか見られない、ヒューアン・パインという松の一種が、太古の昔から存在する。オーストラリアに存在する樹木の中でももっとも古いものである。中には何千年（3000年以上の樹齢も記録されている）の樹齢のものもある。一年に0・3～2ミリしか成長しないが、高さは25～30メートルになる。材質はきめ細かで、軟らかく、耐久性があり、加工がしやすく、油性分が豊富なので、家具やボートなどに利用されている。油性分が高いので耐用年数が長く、何十年丸太で寝かせておいても虫に食われることがなく、大変貴重な木材資源である。しかし、普通の木材より何倍も高価である。数十年前までは多くが伐採され輸出もされていたが、いまは自然保護のため伐採が制限されている。この木が生えている地域は、世界遺産の指定を受けており、大変ユニークな木なので環境保護団体の監視が厳しい。違法伐採を監視するためこの木の上に監視所をもうけ監視の目を光らせている。

カリ（Karri）は西オーストラリアの雨がよく降るところに生えているオーストラリアで一番高く育つ木である。100年で90メートルの高さまで伸びる。ユーカリの仲間で材質は硬くあまり加工には向いていない。コンクリートやプラスチックが使用されるようになるまでは、油性分が豊富なので腐食に強く耐久性に優れているので鉄道の枕木に多用された。

ジャラ（Jarrah）もユーカリの仲間で40メートルほどに育つ。春から夏にかけて白い花を咲かせる。長年硬質の木として材木用に利用され、一般的に建築、床材、家具、接木材などに使われている。コンクリートやアスファルトが使われる前には路材としてロンドンやベルリンなど有名な都市の道路に敷き詰められていた。木の色は茶色系で油性分を豊富に含んでいるので、腐食が遅く、シロアリなどにも強い。カリと比べて成長は遅いが、多くの花のつぼみを付ける。

オーストラリアで咲いている野生の花は豊富で2万4000種類を超える。イギリスの1700種類程度に比べるとその豊富さに驚かされる。大陸が広いので多様な気候、風土、土壌などに生育しているので特徴のある花が多い。オーストラリアの先住民にとって、実や果物を付ける花は貴重な食料でもある。もちろん食料以外にも薬、香辛料などに利用されている。オーストラリアの野生の花は、ヨーロッパの探検家によってヨーロッパにも紹介された。ナポレオンの妻ジョセフィーヌは、園芸に執心し、100種類以上のオーストラリアの植物をパリ郊外に植樹したと記録に残っている。

代表的なのは、バンクシアで多種にわたる。一般的に知られているのはアカシアである。1200種類もある。そのなかでもオーストラリアの春である9～11月に黄色い花を咲かせるゴールデンウォッツルは、オーストラリアの紋章にもあしらわれているオーストラリア連邦国の花である。日本でも東京都や埼玉県の街路樹に、公害に強いアカシア（ミモザ）を植えている。

野生の花というと1万種類以上が咲き誇る西オーストラリアを思い出すが、オーストラリア全土においてその美しい、珍しい花に出会える。ワイルド・フラワーを楽しめるのは一般的に7月から11月までであるが大陸が広く、変化に富んだ気候にめぐまれているので、多種多様の花がほとんど1年中楽しめる。

ヨーロッパからの入植がはじまると、ヨーロッパで生育している日本にも馴染みの深い植物が多く持ち込まれた。入植から200年以上が経ち、持ち込まれた植物、特に木は大きく育ち都会に育つ木々は、ヨーロッパの都市で見るものと比べてそれほど違いがない。あえて違いがあるといえば、ユーカリの木が、ヨーロッパ原産の木々に混じって見られることぐらいである。植物の場合、ヨーロッパから持ち込まれた異種植物が土着の植物の生態系に与えた影響は、動物の場合と比べて少ないといえる。つまり温帯地域から導入された植物は、同じ温帯地帯であるオーストラリアの東南部の海岸線では成長しても、広いオーストラリア大陸の大部分では、気象条件がヨーロッパ産には適合しなかったからであろう。

しかし、入植後に森林の伐採、土地の開墾、開発により毎年広い面積の森林が失われた。入植当時には森林が国土面積の３分の１あったのが、21世紀になり５分の１に減少した。オーストラリアには、約１万６５００種類の植物や３８００種類の動物がこの森林を生息地にしているといわれている。森が失われていくということは、これらオーストラリア独特の動物、植物の生態系に大きな影響を与えているということである。生態系が崩れることによって、すでに絶滅したものや、目下絶滅の危機に瀕している動植物が多く存在する。

紙面に制限があるので、多くを紹介できなかったが、オーストラリアに元来生息している動植物はあまりにも多種多様でユニークで、貴重な世界の財産である。昨今の地球温暖化、自然環境破壊、異常気象などによりこの財産が危機に晒されている。人類は、英知をもって保護、保存のため最善を尽くすべきである。

5　崩れる生態系

環境破壊は世界的な問題である。オーストラリアでは特に、水の酸性化、土壌の塩性化、侵食、過放牧、水不足、干ばつ、外来種などの問題が由々しきものになっている。特に水にまつわる問題が将来の社会生活に暗い影を落としている。オーストラリアは、世界でも最も乾燥した大陸である。国内で消費する水の７割以上は農業用である。ここで農業を営むためには、いかに水を確保するかが最大の懸案である。そのため長い間数少ない河川から水を引いたり、地下水をくみ上げたりしてきたので、水の供給に赤信号がともっている。

また、水質が悪化している。これは土地の塩害である。その結果水に含まれる塩分が問題になっている。さらに土壌の酸性化が進行し、水質を悪くしている。特に国土の約14％を占めているマレー・ダーリング盆地での環境変化は、大きな政治、社会経済、環境問題になっている。

この地域は100万平方キロメートル以上におよび、クイーンズランド、ニューサウスウェールズ、ビクトリア、南オーストラリアの4州にまたがる。ここには全人口の10%、就農人口の約40%が住んでいる。オーストラリアの三大河川がこの地域に集中している。マレー川（全長2508キロメートル）、ダーリング川（1545キロメートル）とマランビジー川（1485キロメートル）である。この地域での農産物の生産額は、年間1兆5000億円で、これはオーストラリア全体の約40%に当る。主なものは米（全国の100%）、かんきつ類（95%）、養豚（62%）、リンゴ（54%）、小麦（48%）である。他にも、野菜、綿花、牧草、雑穀、ぶどうなどが栽培されている。農業に欠かせない水の供給はもとより、これらの河川に水道、産業用水などの取水を依存しているこの地域、川下に住んでいる住民、産業にとっては生命線なのである。この河川の異変は、国全体に大きな影響がおよぶようになる。

このダーリング川に1200キロメートルにわたりアオコが発生した。干ばつが進行していた1991年12月、盛夏の驚異的な出来事であった。1200キロメートルといえば新幹線で東京から博多までの距離である。過去一年以上続いていた干ばつで川の水量が極端に減少、流れが緩やかになり、下水処理、肥料、家畜の糞尿などの流入で富栄養化が急速に進んだことに加え、40度近く続いた気温が、アオコの爆発的な発生を促した。悪臭が蔓延し、水を飲んだ家畜が死に、人体への影響もでた。灌漑用水としてこの川に依存している農業はもとより、下流域の人や企業にも多大な影響を与えた。この騒ぎは、雨が降ったことにより1カ月ほどで収束したが、近年の地球温暖化、環境悪化で、いつ再発してもおかしくない状況である。また、ここ数年続いている極度な干ばつでダーリング川、マレー川の水量が大幅に減少

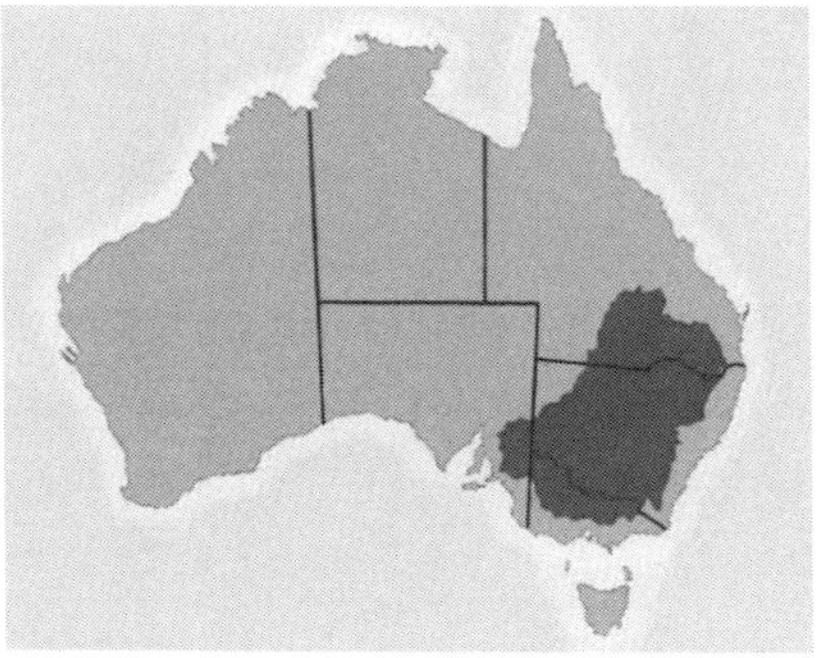

写真 5-11　塗りつぶした地域がマレー・ダーリング盆地

し、マレー川が流れ込んでいる南オーストラリアのレーク・アレクサンドリーナやレーク・アルバートは湖の水量が激減して、湖の大きな部分が陸になってしまった。この結果、水鳥や魚の生息地が壊滅状況になっている。

国内に存在する河川は、歴史的に州政府の管轄である。マレー・ダーリング流域においても各州政府は河川を維持、管理するために特別会計を計上し、環境改善のため取り得る施策を実行しているが、関係する州政府ごとに個々の利害が対立することがあり、全体的な対応が困難になっている。そこで、２００４年には連邦政府がイニシアチブを取って、関連する４州政府との間でマレー・ダーリング流域の水の管理に関する協力協定を締結、２００７年にはそれまで各州政府の管轄、管理であったこの河川流域を、州政府から連邦政府に移管する政策が発表され、実行に移された。農業用水はもちろん、都市部に供給する水をいかに効率よく、自然環境に優しく、持続可能な確保をするかが、国全体の重要な政策課題になっている。

何度も指摘したように、オーストラリアは世界で最も乾燥している大陸で、雨量が少ない。温暖化の影響でこの大陸は将来さらに乾燥してくるであろう。雨が降ってもその半分はさんさんと降り注ぐ強烈な太陽光線、乾燥した空気などの影響で蒸発してしまう。そして30％しか土地に浸み込まない。植物や作物が生育するのに十分でない。６％が地下水として残留するが十分ではない。12％は川や湖に流れるが、そのうち２％は蒸発し４％が海に流れ込む。降る雨のほんの一部しか人工のため池や貯蔵施設に残留しない。これが農業用、産業用水そして家庭用水として利用されているのである。

このようにオーストラリア全域で水不足が深刻化している。例えば、ビクトリア州において１９９６年にほぼ１００％であった貯水池の貯水量が、２度の大干ばつなどで２００９年５月には26・５％にまで低下して、深刻な水不足の状況が続いた。また、今後10年以内に気候変化、堅調な人口増加、干ばつなどにより大量の飲料水が不足に陥ると予測もされている。以前にも指摘したように、このような厳しい状況下、各州政府は巨額の予算を計上して、海水を淡水に変える施設を港の近くに建設し、都市へ供給する水の確保に奔走している。

２００６年に、オーストラリアではじめて本格的な海水淡水化施設がパースに建設された。続いて翌年ゴールド・コースト、シドニーなどに導入された。２０１２年には南オーストラリア州政府も約２０００億円をかけアデレードの港にて、海水を真水にする施設を建設した。これによってアデレードの水需要の半分を供給する。また、メルボルンにも豪州最大の淡水化施設が５０００億円を投入して新設され、この海水淡水化設備により、人口５００万人近いメルボルンの水需要の約30％を満たしている。飲料用の水の確保は当然であるが農業、灌漑用の水をいかにして確保していくかが、オーストラリアにとって大変重要な課題である。

ヨーロッパからの入植後、継続して行われている農地の開墾、鉱山開発などによる木の伐採、土地の整備などで森林の減少が進み環境の悪化に拍車をかけ、従来の生態系の破壊を促進している。生態系が崩れることによって、すでに絶滅したものや、目下絶滅の危機に瀕している動植物が多く存在する。判明しているものだけでも54種類の生き物が絶滅し、４００種類近くの生き物が絶滅の危機に瀕しているといわれている。動物のみならず、もちろん植物の中にも絶滅したもの、あるいはその危機にさらされているものが多い。生物多様性に関する問題が国土の存亡にも一石を投じている。

また、オーストラリアはエネルギーのほとんどを無尽蔵にある石炭を燃やして作りだしている。水力発電は少なく原子力発電は皆無で、世界でCO_2の排出量が人口比で大変多い。大気の汚染、世界の温暖化に悪影響をおよぼしている。そのため、自然エネルギーの活用が意欲的に推し進められている。南オーストラリア州では、太陽光、風力が必要とする電力の40％近く作りだしている。また、原子力発電の選択肢が真剣に議論されている。国内にある無尽蔵なウラン資源の地元活用がその中心になるが、まずは小型の原発を導入する計画が浮上している。労働党は昔から原子力に対しては拒絶反応を維持しているが、自由・国民党連合は原子力発電を推し進めようとしている。原発利用や環境対策について２大政党による政権交代で一進一退を繰り返すであろう。

オーストラリアでは、地球温暖化による影響がさまざまな分野で懸念されている。例えば、温暖化で北部の害虫、伝染病が南下してくる。これは、熱帯地域での伝染病に対し抵抗力の弱い東南部の人口集中地域に大きな社会問題を引き起こす。早期の防御政策を確立する必要がある。日本のマスコミでも取り上げられた２００９年のビクトリア州での森林火災は、オーストラリア史上最悪の２００人以上の犠牲者をだした。夏期のみならず他のシーズンでもこのような森林火災の増加が予測される。

また２００９年以降毎年都市では夏に40度以上の高温の日々を経験し、２０１４年にアデレードでは観測史上最高の46・4度を記録した。国内各地での最高温度の上昇が今後とも懸念される。これは森林火災の増加をもたらし、今まで以上に厳しい干ばつを頻発させ、畜産、農業などに甚大な影響をおよぼすであろう。熱波やサイクロンの多発が国民生活に脅威を与え、オーストラリア固有の生態系にも大きな影響と変化がでる。さらに作物の生育、成長時期がずれてくる。経済活動や輸出産業に影響がでる。温暖化の影響で懸念するべき問題が山積している。

一方では２０１１年1月、クイーンズランド州で長く続いた大雨の影響で、中部から南部にいたる日本の面積の数倍に匹敵する地域が水浸しになり、多くの人が死んだり、行方不明になったり、住む家を失ったりして史上最悪の被害、損害がもたらされた。道路、電力、通信などのインフラやライフラインはもとより、農作物、鉱山もその被害を免れなかった。被害総額は1兆円を超えるといわれた。さらに、この大災害に追い討ちをかけるようにサイクロン・ヤシがすぐあとの2月はじめにクイーンズランドの北部（ケアンズ近郊）を通過、大損害をもたらした。これによる損害も数千億円におよんだ。これは何年か前にアメリカ南部を直撃、壊滅させたハリケーン・カトリーヌに匹敵する巨大なものであった。どちらもラ・ニーニャ現象の影響といわれている。もちろんオーストラリアだけでなく世界のいたるところで天候異変が起きているが、オーストラリアの状況は深刻度を増している。日本と比較してオーストラリアで見る自然環境の急激な変化、そのため国民生活はもとより動植物の生態系への影響は計り知れない。

写真 5-12　乾燥しきった大地

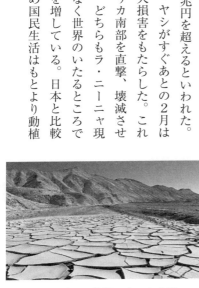

第六章　オーストラリアのビジネス文化

1　企業風土の違い

第一章で具体的な数値を挙げて指摘したように、グローバル化の流れや日本における産業構造の変化で、海外に製造・営業などの活動拠点を移すことはそれほど珍しいことではなく、むしろその必要性が一般化している。海外に駐在し生活している日本人が100万人を優に超えている。その家族を含めると数百万人が海外で活動している時代である。この傾向は今後さらに強くなっていくだろう。

日本は歴史的に農耕を中心とした社会が形成されてきた。そこでは単一民族であるからこそ、お互いを理解し合える土壌があった。日本には言葉を使っていちいち説明しなくても、理解し合える「あうんの呼吸」といわれる言葉が存在する。単一民族といわれているので相手のことを信用する企業風土がある。

また、農耕中心の考え方から企業自身が人を育てるという発想に結びつく。そこで新卒での新規採用が適用され、労働市場はあまり発達しないことになる。このような考え方は、良い人材は労働市場で随時確保したり、他社からヘッド・ハンティングすればよいという西洋的な考え方とは異なるものである。

さらに集団を重視する傾向が強い。集団で共同の農作業が必要になってくるからである。また集団を維持するために、掟や和の精神が重要視される。日本社会は伝統的に相互信頼社会である。

日本では「企業は人なり」とよくいわれる。日本企業は一般的に自社の従業員を大事にする。具体的には従業員の生活を保障するため、終身雇用制や年功序列賃金を導入している。福利厚生施設も整備されている。従業員は自分の一生を企業に面倒をみてもらえることから、企業への忠誠心が醸成されることになる。。そして愛社精神が強く自分の会社の悪口はいわないことになる。これが企業の秘密主義を蔓延させる。

日本企業の隠ぺい性向はよく知られている。一流の大企業においてもしかり。最近の例で神戸製鋼所、日産自動車、三菱自動車、ＪＲ東日本、日立製作所など日本を代表する企業で検査の不正が長年隠ぺいされていたことが発覚している。ごく最近（２０１８年夏）でもマツダ、スバルやヤマハが摘発されている。

日本は恥の文化といわれる。恥をかかないために日本の経営文化に根付いた制度として稟議や根回しがある。会議で物事を決める前に、上司や同僚それに部下に提案を事前に知らせ了承を得た上で会議に提出する。このことによってスムーズに意思決定が行われ、誰も恥をかかない環境ができ上がる。以前、護送船団方式（注）について西洋先進国から批判や非難を浴びたことがある。

近年においては厳しい国際競争を乗り越えるために、西洋の能力主義を導入したり、個人主義が広まったりしているので、伝統的な企業風土は変化しているがまだ日本独特の文化が根強く幅を利かせているのも事実である。

アングロ・サクソン型企業の企業風土は日本のそれとは随分異なる。アングロ・サクソン民族を先祖に持つオーストラリアでは、その狩猟民族の背景から自分を守り生き抜いていくためには他人とも戦わねばならない。裏を返せば他人を安易に信用できない。そのため何事も契約での約束事になる。とくに急速に多民族国家になっているオーストラリアの現状下お互いを理解することは容易ではなく、日本のようなあうんの呼吸、空気を読むことが存在する背景がない。取引企業と契約を結び、契約を破った企業には訴訟を起こすことになる。

オーストラリアの企業で働く人は、自分の働いている会社に対して日本人ほど所属意識が強くない。企業は成果の上がらない従業員を大事にしない。それを判断するために成果主義や業績評価が重視される。そうすると自分の一生を企業に面倒をみてもらえないから、企業への忠誠心は醸成されない。だから、他の企業からいい条件が提示されれば転職することが一般的になる。こうしたアングロ・サクソン型社会体制下では、企業の秘密主義を守ることは不可能であり、公明性や透明性が重視されることになる。

さらに狩猟中心の考え方からは、自分で人を育てるというよりも、良い人材があれば、外部から調達してくるという発想に結びつく。そこで途中入社や途中退社が多くなり、労働市場は発達する。厳しい競争原理が根付いているアングロ・サクソン的考えでは、合併・買収することでより良い経営を実現することが可能となるという発想となり、実際に買収社会になっていく。こうした考え方に立てば、日本企業が持つ隠蔽体質や談合体質は受け入れられないだろう。現在は国際化が進み、日本人以外の他国民とも会社の中で協力していかなければならない時代になっている。したがって、日本企業の風土の中で改善すべきものと維持していくべきものとを区別して、考えていかなければならない。

日本では、友人、知人や親戚の人などが海外で勤務している、あるいは近所でそのような人がいるのが当たり前になっている。オーストラリアにも多くの日本企業が進出している。そして現場では異文化ゆえに多くの問題が生じている。国民性や価値観といった根本的なところでの違いはもとより、組織や企業で次の４つの分野で問題がよく起きるとされる。

(1) 人事管理

オーストラリアに進出する日本企業が人材募集をするとき、広告に日本人だけとか、性別を指定したり、年齢制限をするとか、また面接のとき業務に無関係な個人的情報を求めたりして、訴訟されたケースが多い。オーストラリアではこのような行為は違法になる。これは１９７５年に施行された人種差別禁止法や、１９８４年の性差別禁止法などに抵触するからである。日本人の幹部が現地従業員に、日本流に「頑張って下さい」と声をかけたところ、これだけ働いているのにさらにこれ以上頑張れとは何事かと、怒りを買ったケースがある。従業員の管理に関しては、現地の風俗・習慣に無知なために誤解を招くことが多い。

(2) 組織観

赴任した日本人の社員は、会社とは定年まで自分と家族の生活を保障してくれるところであると捉える傾向にあるが、現地人社員の場合は、会社は自己の技術や能力を提供し、その代価として報酬を受け取るところであるという認識が強い。それ以上のものではないので、会社に対する忠誠心は希薄である。だから自己の能力をより高く買ってくれるところがあれば転職を考える。日本企業ではチームワークが尊重されるが、オーストラリアの企業ではチームワークより個人主義が先行する。それだけにメンバーの結束力を高める方法も文化によって異なる。また、日本の年功序列主義は現地の能力主義とは相いれないものである。

(3) 意思決定

日本の上場企業では課長が稟議書を作成し、関係者に回し同意を得てからトップに上げるのが一般的であるが、オーストラリアではそれとは対照的にマネージャーが自分で集めた情報に基づいて、自分で決断し実施する。しかしこの過程で部下の意見を十分に聞き参考にする。一般的にいえることは、情報の流れがオーストラリアの上意下達か日本の下意上達かの違いである。

(4) 労働契約

日本の雇用契約には職務内容や勤務地を限定せずに採用され、企業組織内での労働者の職業能力・地位の向上や労働力の補充・調整のために系統的で広範囲な配転が広く行われている。一方オーストラリアの雇用契約には、職務内容が詳細に規定されている。日本の場合労働基準法に則って、各企業との労働契約になる。オーストラリアの場合は、職能・産業別に労働協約が結ばれ待遇面などが細かく決められているので、雇用契約はその協約を遵守しなくてはならない。ただ近年においては保守党政権になるとこの従来の労働契約を見直して、企業と労働者の自由・随意契約に移行する傾向にある。しかし労働契約には職務内容が詳しく規定されている。

このような話をよく耳にする。オーストラリアに進出した日本企業の重役が、ある日取引先の重役を迎えたとき、事務所の女性にお茶をだすよう命じた。しかし彼女は断った。彼女の労働契約の職務規定には、お茶を出すことが明記されていなかった。彼女曰く、「もしお茶をだすことも仕事であるなら、労働契約書の職務明細にその旨書いてほしい」と。日本の企業であれば当然とも思われることがここでは違う。

職務規定について日本ではあいまいな部分も指摘される。上司の裁量に従うことも必要になる。しかしオーストラリアでは冒頭ですでに指摘したように職務規定は詳細で徹底しているので、上司の裁量よりも職務規定に忠実に仕事をする。日本文化の持つあいまいさと柔軟性がこのようなところにも表れる例である。

例えば、郵便局には業務内容によって3～4か所以上の窓口がある。ある窓口に順番待ちをしている顧客がかたまって、他の窓口には誰も顧客がいなければ、日本では空いている窓口の職員が手助けをすることが期待される。日本ではそのような融通性があるが、オーストラリアでは職務規定が厳格に決められているので、他のところで大変混雑していても自分の職務外のことには、手だしをしない。この辺の事情がわからないと日本人はサービスが悪い、融通性がない、効率が悪いなどと批判する。

まず仕事があって、それにふさわしい人材を雇用する欧米型とくらべて、日本では定期採用によりいっせいに新人を採用して、定期異動で順次数種類の職務を経験させ、その人の能力とやる気によって職務の範囲を拡張したり、縮小したりする。細かい職務内容の規定がないので、本人の裁量と上司の理解で仕事の範囲は自由自在でもある。オーストラリアでは、転勤や配置転換に関して従業員の同意が必要で、会社が勝手に決められない。

「一を聞いて十を知る」という言葉があるが、日本だと上司の指示が細部にわたって具体的でなくても、その意味を斟酌して具体的な実施方法や手順を考えて成果をだしていく部下が有能と見なされる。逆に事細かく指示を与えないと動けない部下は「指示待ち族」などといわれ、扱いづらい部下と見なされる。指示を受ける側にしても、指示の内容が細部まで具体的だと、往々にして「余計なお世話」と受け取られかねない。しかし、このような「察し」によって仕事が進められる習慣が一般的でない文化では、日本人上司の指示はしばしばあいまいだと指摘され、不満の原因になる。

（注）　護送船団方式

護送船団は最も速度の遅い船舶に合わせて航行するところから、特定の産業において最も体力のない企業が落伍しないよう、監督官庁がその産業全体を管理・指導しながら収益・競争力を確保すること。特に、第二次大戦後、金融秩序の安定を図るために行われた金融行政を指していう。

2　就活と労働条件

就職に関して、日本では学校を卒業すると、学歴、資格にほとんど関係なく、毎年新年度の4月から新入社員として一律の待遇からはじまり、その後学歴、資格、年功序列で昇進するのがまだ一般的である。しかし、オーストラリアではそのようなシステムはなく就職は不定期に行われている。しかも就職に関してはあくまで自分で就職先を見つける。日本では在学中に就職指導を受けたり、就職係が世話をしたりするが、オーストラリアではそのような係やシステムは存在しない。あくまで自力で就活をする。その手段として新聞を利用する。新聞紙上には募集広告が満載で、その中から自分の希望に合いそうな企業や仕事を探し、面接を受けて自分で能力をアピールする。他には就職あっせん業者が存在するのでそこに登録をして就活をする。あるいは希望の企業に直接連絡を取って就職口がないか確認を取る。

待遇について、日本の場合一律初任給でスタートするが、オーストラリアでは学校での資格や経験などによって待遇が決まる。例えば、オーストラリアの大学は専門課程なので文科系だと普通3年で卒業できる。しかも大学で専門教育を受けているのでその分野の資格に従って待遇が決まる。日本の大卒の初任給は一律月22万円前後であるが、オーストラリアでは就職時、初任給月40～50万円でもスタートできる。大学卒業者の初年度年収は男性の場合平均して約550万円、女性が530万円である。その後は実力次第で昇進し、待遇もよりよいものになっていく。能力や実力が発揮できなく評価されなければ待遇はよくならない。消費者物価の変動は反映されるが、日本の定期昇給やベースアップのようなものもないので、中には一生ほとんど同じ待遇で働く人もいる。ちなみに大卒の初年度給料の最高額は、歯科と眼科卒業者の800万円で以下医学部が650万円、教育学部610万円、工学部600万円となっている。最低は芸術学部の400万円である（2015年の統計）。

オーストラリアでの就活・就労に関してはいろいろな支援策を用意している。職業訓練には伝統的な徒弟制度が整っている。国の持続可能な経済発展と競争力を支援するため、高度に訓練された技術を持つ労働力の育成に寄与するための制度である。働きながら資格を取得する政府管轄の徒弟制度（職業実習・訓練制度）を導入すれば、この制度の趣旨に則って企業は政府の補助金を受給できる。基本的には一人の徒弟を引き受けると1500ドル、そして定められた資格が習得されればさらに1500ドルから3000ドルが企業にインセンティブとして支給される。若年層対象である。さらに、人手不足に指定された職種の資格取得にはインセンティブが用意されている。身が熟年層も参加可能である。さらに、人手不足に指定された職種の資格取得にはインセンティブが用意されている。身障者にも対応している。在学中やパートでもこの制度を利用できる。資格については政府の厳格な基準がありそれを満たさねばならない。これは全国共通で、習得された資格については登録が義務づけられていて、その基準賃金も詳細に定められている。

徒弟として企業で資格習得を目指す人には、政府から各種手当が支給される。自宅外就労の場合、住宅費補助として週に77ドルが支給される。また訓練期間中の生活支援として最高2万ドルまでのローンが受けられる。返済については就労後の年収が5万5874ドル（約475万円）を超えると開始する。それまでは返済の義務は生じない。しかも資格習得が終了すると20％の割引が受けられる。つまり返済額が20％減るということである。また24歳以下の場合は、次の青年教育補助制度が適用されて補助金が支給される。

青年教育補助制度

24歳以下のフルタイムで勉強をしている青年に供与される金額は、本人の立場によって額が異なる。18歳以下独身で自宅から通学している場合は、週当たり１２０ドル、18歳以上の場合は１４０ドルが支給される。自宅外（自宅をでて下宿やアパート）の場合はその約倍、扶養者がある場合、子供がいる場合などによって給付金が異なる。

また25歳以上の学生にも教育補助金が支給される。金額は24歳以下の内容に従うが、独身の場合週２２０ドル。それまで半年以上失業していればその金額が２６５ドルになる。これは徒弟制度に従事している者にも適用される。

失業中の所得支援

対象者の状況によるが、単身で子供などの扶養者がいない場合、週２６７・80ドルが支給される（ただし収入が週５１８ドルを超えたり、資産が25万３７５０ドル以上あると支給なし）。加えて住宅補助として週62ドルが支給される。扶養者がいるとか介護の必要がある場合などは支給金額が増える。この制度では仕事が見つかるまでか、65歳の老齢年金受給年齢まで受給可能である。これは世界でもまれである。また日本をはじめ多くの国で一般的に実施されている公的失業保険制度（企業や個人の保険料負担制）ではなく国家財源で運営している。

最低賃金

法律で定められている最低賃金には3種類ある。そのひとつは全国一律で最低生活を保障するものである。対象は全職種。２０１７年の成人の全国最低賃金は時給18・29ドルで週６９４・90（週38時間当り）。不定期労働者は、労働時間・

期間が固定されておらず、正規従業員に与えられる有給や特別休暇がないので、25％の割り増し、つまり時給22・86ドルである。日本とは逆の発想である。社会的公正精神が反映している。年齢によって次のように減額される。日本の平均最低賃金はオーストラリアの16歳に適用される額とほぼ同じである。

16歳	47・3％	8・70ドル
17歳	57・8％	10・57ドル
18歳	68・3％	12・49ドル
19歳	82・5％	15・09ドル
20歳	97・7％	17・86ドル

2つ目は職種別の最低賃金。どの職種も一番低い1級から8級あるいは使用機材、資格、経験などで細かく区分化されている。例えば、バスの運転手の一級最低時給は19・10ドル（約1624円）、6級で23・58ドル（約2004円）、店員の一級が19・44（約1652円）、8級で23・79ドル（約2022円）、介護職一級は18・82ドル、7級が22・86ドルとなっている。3つ目に身障者、若年者、徒弟制度に参加している者に適用される最低賃金がある。

残業手当に関しても、日本よりずっと手厚い補償がある。州によって法律の内容に差異があるが、現在平日の残業は最初の2時間が50％増し、そのあとは2倍。週末出勤は2倍、祝日出勤は2・5倍が一般的である。日本の労働基準法で認められているのは、時間外労働、深夜労働が25％で休日出勤は35％増しである。休日出勤で深夜労働の場合は60％割り増しになる。それにしてもオーストラリアとの差がありすぎる。

育児休暇

産休・育児休暇は、勤労者にとって日本より有利に整備されている。勤労者に支払う原資を政府が雇用主の口座に振り込み、それに従って雇用主が従業員に本来の給料と一緒に支払う。その内容は育児休暇として18週間分の支払いが最低賃金をベースにして支給される（週695ドル）。政府保証の育児有給休暇である。この休暇制度は養子を取ったときの場合にも適用される。この政府支給の制度は、12か月以上継続して勤務しているときに適用される。これに加えて、雇用主が独自の有給制度を労働契約のなかで設けていることが多い。

また父親も2週間まで有給の育児休暇が取れる。その立場が同棲、同性婚、事実婚の場合も含む。本人が無給育児休暇中か他に就業していないことが条件となる。

出産には連邦政府から一律540ドルが支給され、その他、出産補助金として第一子に1618・89ドルが支払われる（年収15万ドル以下の場合に適用）。一般的に企業による産休・育児休暇制度は充実しており、連邦政府が提供している制度や国定労働基準の条件に上乗せするケースが普通である。

国で設定した労働契約に関して、10項目の最低限守らなくてはならない条件は以下のとおりである。

＊一日最大7時間、週38時間の労働時間を規定。ただし雇用主は従業員の残業を要請できる。
＊従業員の労働環境に対する要請に柔軟に対応する。
＊産休・育児として無給で12か月の休暇を提供する。さらに12か月の延長を認める。その上、元の職場に復帰することを保障する。男女を問わない。
＊年の有給休暇は4週間。シフトワーカーには余分にプラス1週間給与する。
＊疾病、介護などに対する有給休暇は10日とする。家族の重病や死亡などの場合2日の有給休暇。疾病、介護、忌引について年2日間の無給休暇を認める。
＊コミュニティーサービス（自治体・奉仕活動）に対する無給休暇を提供すること。陪審員に任命された場合は10日まで有給休暇を認める。
＊長期勤務者に対して長期勤続有給休暇を提供すること。
＊公の祝日は有給休暇である。州によって多少異なるが年10～13日。妥当な祝日勤務を容認する。

＊1年以上勤務の従業員に対する解雇通告は5週間の通知猶予期間を遵守し、16週間分の解雇金を支払うこと。勤務期間により内容が異なるが詳細は省略ずる。

＊公正労働基準情報を新規の全従業員に給付すること。

これらに違反した場合は厳しい罰則規定が設けられている。実際の労働条件はこれらよりも勤労者にとって一般的に有利なものである。年次有給休暇の間、17・5%の割増給料が支払われる。これは世界でも珍しい制度である。

日本の労働基準法を見ると次のことがいえる。日本の労基法では一般の事業所では原則一日8時間、週の40時間と規定されている。年次有給休暇は半年勤続後10日からはじまり1年ごとに一日増えて最長20日まで。産前・産後の休業に関しては予定日前6週間、出産後8週間は就労させることはできない規定である。出産休業について、その間の賃金が支給されない場合は、健康保険から出産手当金として標準月額の3分の2が支給される。さらに健康保険から出産育児一時金として42万円が支給される。介護・疾病休暇については最大93日まで取得することができる。その間の給料は、公共職業安定所から介護休業給付金として、休業開始前の賃金の67%が支給される。看護休暇は子供一人当り五日まで無給。日本の場合は裁判員に任命され勤務先を休む場合、無給が一般的である。また長期有給休暇制度はない。また休職制度に関する規定はないので雇用主が独自に制度を設けているのが現状である。配置転換や転勤命令には従わねばならない。年間の法定休日も日本の場合は週休2日制を取っていると１０５日、オーストラリアでは１５０日以上になり一年の半分は仕事から解放される。

使用者から見る労働に対する考え方が、オーストラリアではその能力を買い取るという考えが強いので、能力を十分に発揮できず成果がだせない場合は容赦なく解雇することが容易である。一方日本では能力というより、労働者が持つ労働力全体を買い取ったという意識が強いので、簡単に解雇せず会社がその労働力を育てて使わねばならないという認識である。つまり一旦人を雇った以上、その人を教育して使えるようにする義務がある。解雇や懲罰に関して決められている労働契約法によると、解雇の場合「客観的に合理的な理由に欠け、社会通念上相当であると認められない場合」

は無効となるが、「客観的に合理的な理由」とは具体的にどのようなことを指すかはっきりしない。この判断を日本では裁判所がすることになっている。日本では厳しい解雇規制を敷いている。

3　職場の人間関係

今までの章で検証したように労働に対する考えに両国で違いがある。オーストラリアではキリスト教の影響を受け、労働を苦役とみなすので退社時間がくれば、できるだけ早く仕事を離れて自分の時間を大切にする。普通の職場であれば午後5時以降になると部屋の明かりが消える。日本では大きな社会問題になっているサービス残業もほとんど発生しない。

また職場での人間関係は、仲間意識や平等主義それにフェアゴーといったこの国の基幹的な国民性が大きく反映している。人は役職にかかわらず平等で、社長も平社員も対等で、たまたま異なった職務を実行しているのだという考え方が一般的である。だから上司・部下の関係は、役割が違うだけで同僚という考えである。そして平等かつ公正に扱われることが国是である。このことは企業の組織図を見ても明らかで、企業内階級も単純で明快である。日本のように平社員からはじまり、主任、係長、課長、部長などのように幾重にもなる複雑な階層は見られない。日本では深刻な職場の問題となっているパワハラも、まったくないといえば正確ではないだろうがあまり起きない。

日本の職場ではここ10年増え続けているパワハラが深刻で、最近厚労省が行なった調査によると3人にひとりが、過去3年の間にパワハラを受けたことがあると回答している。2017年全国の労働局に寄せられたパワハラによると見られるいじめ・嫌がらせは約7万2000件余りに上った。この件に関しては業務指導とパワハラの境界をいかに規定するかが困難で、法制化を難しくしている。オーストラリアではパワハラに限定しない職場でのいじめ、嫌がらせに対処するための法律（連邦、州の反差別法、公正労働法など）が存在する。統計から見ると約10人にひとりが職場でのいじめや嫌がらせを経験しているが、オーストラリアのメイトシップやフェアゴーの精神がここでも働いているといえる。

日本ではよく問題提起がされる職場でのセクハラに関して、日本ではいまだに法制化されていないが、オーストラリアでは性差別禁止法が１９８４年から施行されており、その中でセクハラに関しては法律で禁止・保護されている。性的暴力やストーカー行為などはもちろんだが、慣れ慣れしさ、いやらしさ、性的侮辱の言動、性的発言、性的ポスターや雑誌の展示、性的メール、デートの強要、個人生活に深入りする話しなどもセクハラの対象になる。違反については補償問題が生じる。しかしながら女性５人にひとりの割合で職場でセクハラを受けているのが現実である。一般的に多発しているセクハラは、性的発言、性的冗談、私生活に関する深入り、身体的外見に対する発言、横目や凝視などである。

次の章で詳しく検証するが、多民族国家の宿命といえる人種偏見や差別が職場で横行しているのも事実である。例えば、インド出身者が多く働いている金融、IT業界における就職あっせん業者による最近の聞き取り調査では、30％が人種差別に直面していると報告している。しかも、就活時においては73％が差別を受けたと思っている。全業種での嫌がらせやいじめに関しては、他の調査機関が9・6％の働く人が経験をしていると報じている。５年前は７％であったので増加傾向にある。そしてこの報告書によると12・6％が毎日、32・6％が週に一度いじめ、嫌がらせを経験している。職場での嫌がらせやいじめに関して、法的には主に連邦・各州の職場健全法と連邦の人種差別禁止法が存在する。これには厳しい罰則規定が設けられているが、多民族国家が抱える避けることのできない課題である。

またオーストラリアでは、多民族社会がゆえのセクハラも横行している。アングロ・サクソン民族以外の移民、難民、留学生、不定期労働者、バックパッカー、地方で働く労働者などがセクハラの標的になるケースが多い。職場でのいじめ、嫌がらせなども細かく定義づけされていて、日本的な感覚の行いはすぐに法律違反になりかねない。

世界各地で引き起こされるイスラム教原理主義者によるテロの影響で、イスラム全体に対する世間の目は厳しく、ステレオタイプ的対応が問題視されている。オーストラリアでは中近東、アフリカ、アジア（インドネシア、マレーシアなど）のイスラム圏からの移民が増加している。この人たちは日常生活、教育や職場で偏見に基づく差別を受けている。他の民族に比べて3倍にもおよぶ差別を常日ごろ受けているという調査報告がある。多民族国家であるがゆえこの偏見、差別問題はなかなか解消しない現実に苦慮している。

１９８０年代から法制化された機会均等法により、宗教の違いなどによる職場での差別が禁止されている。雇用主は宗教問題にも柔軟に対応するよう要求されている。イスラム教徒は、一日に何度も仕事の手を止め聖地に向かって祈りをささげなくてはならない。そのために静かな空間を提供するよう指導されている。また、イスラムでは衣、食などにも厳しい戒律がある。豚肉やアルコールを摂取してはいけないので、雇用主は社内懇親会や社外での行事への参加に関しても、柔軟性をもって対応しなくてはならない。

筆者が就職したのはオーストラリアの総合商社であった。最初から個室が与えられた。基本が個室環境である。平社員間は少なくとも仕切りでプライバシーが確保されている。日本では大部屋スタイルである。大きな部屋に社員がひしめいて仕事をする。課長や部長になっても、部下がよく見渡せる大部屋の一角に位置する。このような空間の使い方は、単一的な民族が家族のように安全に暮らしてきた文化の上に根ざしている。オーストラリアでは個人としての空間・領域を持っているのでそこに侵入されることを嫌う。ここにも個人主義のオーストラリアと日本の集団主義の影響がうかがえる。

退社後は仲間や同じ職場で勤務している連中が、そろって近くのパブで一杯ひっかけるのが通例で、その時も日本で一般的に行われている上司が支払いをしておごることはせず割り勘である。上司と部下という関係についても日本のように意識をしない。そしてだいたい一回りすると家路につく。長々と付き合うことはない。日本的な付き合いという概念はない。付き合いよりも家庭や自分の時間が大事だというのが典型的なオージーの人生哲学なのだろう。もちろん家庭環境の違いで個人差があることも指摘しておく。

4　ビジネスのオージースタイル

周知のとおり、文化の違いで国や地域のビジネスの世界でその姿や対処の仕方が異なる。ここではオーストラリアのビジネス文化、エチケットを一般的に要約すると次のようになる。

・初対面の場合は握手する。適度な距離（腕の長さ）を置いて会話中相手にあまり近づかない。よほど親しくなければ体を触ることを控える。

・会議や約束には時間厳守。地方ではこのことはあまり守られていない。またパーティーなどの社会的行事に対する時間は案外ルーズである。

・会議中や会話中に理解できない、わからないことがあるとき、相手が話し中でもその都度たずねる。日本では相手が話し中に質問があっても、特別に相手の許可がある以外は話をさえぎって質問をしない。

・頼まれた仕事は快く受けてやる。でないと才能がないのでできないと判断されかねない。

・会議はできるだけ短く簡潔に。一時間以内を目標に。会議中意見は積極的に述べ質問等も行う。ここでは地位に関係なく賛否を発表する。日本では上司の機嫌や立場を重視するのでなかなかできないことだ。

・平等、仲間意識という価値観によって、社内でも上司、部下にかかわらず名前で呼び合う。社長も名前で呼ぶ。上司部下というより同僚と見なし、ただ異なった仕事、役割を有しているという認識である。階級意識の強い日本では起こりえない。

・会話中はアイコンタクトを維持する。相手の眼を直視する。日本ではあまり直視すると挑発的だと見なされる。圧力的や回りくどい交渉方法は嫌われる。

・バーゲンや値引きなどは常としない。ウィンウィンの結果を重視する。

・トール・ポピー症候群という価値観で自分の学歴、資格、実績、肩書きなどを必要以上に売り込んだり、吹聴することをしない。またそのことにあまり関心がない。逆に自分の実績を軽視する傾向がある。日本人と比べて名誉欲や権威欲は大変弱い。

・オーストラリアでは肩書きよりも人格を重んじる。日本では肩書きに重きをおく。
・買手も売手も対等の立場と見なすが、日本では買い手の方が売手より重要で立場が強いと考える。
・オーストラリアの企業は株主重視で、売り上げよりも利益率を重んじる。
・普通ビジネスの会議で土産を交換することはない。高価な土産を提供することは、贈賄にとられて会議での信ぴょう性を疑われかねない。もちろんビジネスが完了した暁に土産を提供することは問題なく歓迎される。
・オーストラリア人は一般的に誠実で、謙虚で自己卑下する傾向にあるのでそのような人を尊重する。身分や地位を誇示したりあまり吹聴すると嫌われる。

　商取引が始まる前の儀式のような名刺交換ついても、日本とオーストラリアでは認識に違いがある。日本にやってきたオーストラリア人は、普通受け取った名詞をチラッと見て、背広のポケットに無造作にしまう。対照的に日本人は名詞を丁重に受け取る。そしてそこに書かれてある情報、相手の社会的あるいは会社での地位からどのように接すればよいか判断材料にする。この名刺交換のシーンから、お互いの価値観の違いなどが見えてくる。

　日本人は相手の地位・立場を考慮し、礼を失しないように心がける。相手の役職に応じた呼びかけをすることが一般的である。例えば、「なになにさん」と苗字で呼ぶのではなく「なになに部長」や「なになに課長」と呼ぶ。しかしオーストラリアでは上下の関係なしに名前（ファーストネーム）で呼ぶ。オーストラリア人は相手がどういう地位・立場にいようとも、それによって態度を変えることはないし、かえってそれは失礼に当ると考える。それよりも大切なのは、相手がどういう考え方をしているのか、取引上の決定権を握って

写真6-1　職場ではさまざまな民族背景の社員が働いている

いるのか否かといった実質上の問題である。

日豪のビジネス交渉比較を表にすると一般的には次のような違いに気がつく。

表6-1　ビジネス交渉の日豪比較

	日　本	オーストラリア
交渉の目的	相互理解による一致	説得による問題解決
交渉パターン	条件を小出しにして様子をうかがう	最初から条件を出し切る
提案内容	誰がいったかが重要	いわれた内容が重要
意思決定	舞台裏での集団決済	交渉者に任され自己責任
感情処理	感情を抑えメンツを重要視	感情を豊かに率直な意見

日本側は、交渉相手とのコミュニケーションによって、相手との信頼関係がある程度確立されなければ、交渉を実質的には進めることができないと考える。そのため交渉はやや長期間にわたる。集団の合意と和をとおした信頼関係の確立を日本側が求めるのに対し、オーストラリア側は短期間における関係や実務的な内容、率直な事実関係を重視し、個人的関係をあまり強調せず仕事に直接焦点を当てる。しかし、信頼関係の構築を軽視しているわけではない。だが、誇張したり、余計に飾ったりすることは歓迎されない。

日本では交渉時、自分の手のうちを最初から明かさない傾向にあるが、オーストラリアではじめから核心をついてホンネをだしてくる。回りくどい言い方やタテマエ論ではなく率直な意思表示をする。裏工作や事前調整などの駆け引きは苦手である。

日本では提案の中身より、それが誰の提案であるかのほうが重要視される。何か新しい提案が紹介されたとき、「それは誰がいっているのか」が問題にされ、しかるべき人の提案であればすんなりと取り上げられる傾向がある。一方オーストラリアでは誰がいっているかということよりその内容自体が重要である。

交渉の段階や取引の重要性にもよるが、日本企業の場合、交渉内容が相当程度固まるまでの交渉の現場に出席するのは、決定権を持たないレベルの社員が多いが、オーストラリアでは全権を委任されて交渉に臨むことが多いので即断即決が可能となる。しかし、最終決済に関しては部下などに相談することも辞さないし、彼らの意見などを尊重する。高飛車な上意下達は好まない。日本側は交渉者に全権が委任されない場合が多く、上司や関係者に内容の詳細を説明し、了解あるいは稟議による決裁を得なければならない。このため集団コンセンサスに費やす資源や時間が相当大きくなる。

日本人が交渉相手の場合、目をじっと見て交渉をすると攻撃的に受け止められがちだが、オーストラリア人に対して視線を合わせることは、正直で関心がある印象を与える。反対に視線を外して交渉を行うと、本音で話をしていないという印象を与えてしまう。それと日本人相手に要求を伝える時は、聞き手側が相手のいうことを察してくれるので、すべてを伝える必要がないときもあるが、相手がオーストラリア人の場合には、すべてを伝えないと相手には十分伝わらないのでくどいぐらいで丁度いい。

日本人は集団主義志向で相手の地位や立場に気を配る。逆にオーストラリアでは個人主義が社会生活の底辺にあり、グループ意識が相対的に希薄で、自らの意見を自らの責任において積極的に表現する傾向にある。階級意識と集団の和を重んじるのと個々人の自由平等を重んじる文化の違いである。

いわゆる「わたし」、つまり「I」の価値を重んずる個人主義文化と、人との融和を先に考える「わたしたち」、つまり「ｗｅ」の集団主義志向の文化との違いである。もちろんどの文化にもそれに従った典型的な行動をする人とそうでない人がいる。とはいえ、ひとつの文化に属する人には、共通した行動パターンがあるのも事実である。

またものの考え方について文化によって異なる。オーストラリアではまず全体像や総論に賛同してそこから行動を取る傾向にあるが、日本人は細かい検証やデータを先に詰めてから行動を起こす傾向にある。これはすでに述べた恥をかかないための稟議、根回しなどによく表れている。オーストラリアの演繹的と日本の帰納的な行動様式の違いである。

帰納とは、さまざまな事例を挙げてそこから結論をいう論理展開の方法で、演繹とは一般的・普遍的な前提から結論を得る論理展開の方法である。

最後に、オーストラリアには400社以上の日本企業が進出している。日本企業の拠点で働いているオーストラリア人に「日本人と仕事をしてやりにくいと感じる点、困っている点は何ですか?」と問うと、以下のような答えが返ってくる。その代表的なものを挙げると次のようになる。

・イエス、ノーの区別がわかりにくい。はっきりノーといわない。

・意思表示がはっきりしない。会議での沈黙をどう理解していいのかわからない。

・優先順位よりも細部にこだわる。

・意思決定に時間がかかる。

・肩書きに固執しすぎる。

・責任の所在があいまいである。

日本企業で働く外国人によるこれらの印象は、まさに的を射ている。日本の文化的背景が思考行動形態に影響している。日豪関係をさらに強化し、競争の厳しい異文化の国際市場において成功するためにはこのような日本のビジネススタイルを見直し、改善しなくてはならないことを指摘して次の章に歩を進める。

第七章　オーストラリアの多文化主義の行方

21世紀には国境の壁がどんどん低くなり、ヒトやモノがより自由に国・地域間をで入りする時代になった。人の移動は、観光、留学、ビジネスでの往来、仕事を求めて移動する労働者の流れ、そして戦争や国内紛争のため祖国を追われた難民、亡命者として他国に移動する流れと、新天地を求め移住する移民の流れなどである。この人々の移動がモノの流れと相まって多民族多文化を作りだしている。もちろん物理的な流れのみならず、近年の通信技術や情報通信の発達によって、この傾向が増長されている。ヒトやモノが持ち込む異文化が受け入れ国の価値観、制度、人々の行動様式などに影響を与えている。同時にさまざまな問題を生みだしている。このような状況に対する考え方や施策は受け入れ国によって異なる。

他の文化と触れた場合、最初に接した国や人々の態度が差別的や侮辱的だと感じたり、食べものがいやだったりするので自文化が最も優れていると感じることがある。しかし時間が経過し、その文化に慣れると相手の文化と自文化を比較するゆとりができて、双方の文化の存在を認めるようになる。さらに経験を重ねると、相手の文化の存在を容認するようになる。そして双方の文化の相違を認識した上で、他文化との共存を積極的に行動に移す。最後に双方の文化のよさや相違点を客観的にとらえ自文化のよさを尊重しながら、他文化のよい部分から学べるようになり、新たな文化が想像され、共存が可能になる。これが多文化主義の使命である。

もちろんこの理想が、今日存在する多民族国家で実行されているわけではない。他文化との接触で自文化の欠点が明らかになって嫌悪感を抱き、自文化を否定した他文化崇拝ということもある。一方、他文化と比較して自文化がよく、自文化至上主義、国粋主義になる場合もある。また自文化のなかに異質な他文化を隔離・存在させることもある。国の歴史や環境の背景により異なる。

この章では焦点をオーストラリアに当てて、異文化との接触でどのような対応がとられてきたのか、歴史を振り返り現況を検証する。ひとつには、ヨーロッパからの入植以前に住んでいた先住民に対するものと同時に、戦後急速に進んだ多民族多文化に対応するものである。

1　先住民族とその将来

18世紀終盤、今日のオーストラリアという国がイギリスの流刑地、ヨーロッパからの移住で出発したとき、大陸には大昔から自分たちの文化や慣習を持った先住民族、アボリジニーが住んでいた。約5万年前、オーストラリア大陸が現在のニューギニアと陸続きに近い状態のとき、イカダのようなもので南アジアからオーストラリア大陸に移住してきたという説が一般的である。そのとき、大陸にはまだ多くの河川が存在し、大地は木々で覆われていた。アボリジニーの人口は増加し、オーストラリア大陸のほぼ全域をその活動の場とするようになる。ヨーロッパ人が入植しはじめたときには、大陸の全土で100万人以上が住んでいたという説がある。そしてオーストラリアのアボリジニーは、地球上に存在する人類最古の文明を継承していると認められている。

写真 7-1　オーストラリアの先住民

入植後19世紀をとおして、イギリス政府の植民地における公式な政策は、先住民族を同等に扱い、ヨーロッパ・キリスト教文明に同化させることであった。しかし、現実には入植者と先住民族のいざこざは絶えず、敵対的な関係が醸成されていった。特にタスマニア島では、１８００年初頭に植民地政府が入植者に先住民を射殺する許可を与えていた。この結果、先住民族の大部分が虐殺され、抹殺されてしまった。

その上牧畜業の発展で、本来アボリジニーに属する土地が取り上げられ、黒人であるアボリジニーはどんどんと追放されていった。この過程でも多くの先住民は虐殺された。入植者はアボリジニーをカンガルーと同じように狩猟の標的にしたり、アボリジニーのいる村を訪れ、それまで経験のなかったアルコールを飲ませたりして、アボリジニー同士で喧嘩をさせ殺し合いをさせたりした。アボリジニーの子供をさらったり、好き勝手なことを野放図にやったりしたため、多くが大陸の奥地、砂漠地帯に追いやられた。また、それまで存在しなかった伝染病がヨーロッパから持ち込まれ、これらの伝染病、特に天然痘に抵抗力のない先住民の多くが死亡した。この結果１９００年にはその数が7万人くらいに激減したと記録に残っている。

20世紀になって、法律により先住民を隔離し保護するようになった。これは、彼らの住む所や働く所に関して制限が加えられたということである。そののち、同化政策を掲げ彼らのすべての権利を取り上げた。同化政策とは、彼らの歴史や文化などを無視し、彼らを西洋の社会に同化させることであった。西洋の生活スタイル、言葉、法律を押し付けたということである。しかしその背景には、アボリジニーを地上から抹殺する魂胆があった。そのためアボリジニーの子供たちを親から奪い白人社会に連れ込み、奴隷同然に取り扱ったのである。また、生き残った老人たちが死んでいき、アボリジニーの歴史、文化、法律、芸術が地上から消え去ることをもくろんだのである。大変残酷な政策であった。

今日でもすべてのオーストラリア人がアボリジニーを認めたり、同等に思ったりしているわけではない。まだまだアボリジニーに対する差別意識が根底には強く残っている。政策や法律が先行しているが、一人ひとりの国民が差別意識を変えなければアボリジニーの真の復権、独立、共存はない。まだまだ時間がかかる。

ヨーロッパ人がはじめてオーストラリアに入植したときに、西洋の優れた火器に石器時代の武器では歯が立たず先住民はことごとく敗れ、すでに述べたようにアボリジニーは大量に虐殺され、また奥地に追いやられたのである。しかしこの時点で、入植者とアボリジニーとの間に終戦協定のような条約があってしかるべきであった。北米ではそのような条約が結ばれ先住民族の権利や自治が確立している。オーストラリアにおいては、遅ればせながらこのような条約締結の活動が進行中である。ただ、条約を早期に締結するには250以上の部族が存在する先住民族の間でも時期尚早という声が強い。先住民族の中で自治や彼らの将来をどのようにすべきだという統一したものが、まだでき上がっていないからである。このような状態では十分に彼らが権利、主権を獲得できないという声が強い。それが確立してはじめて、対等に政府との交渉の場に向かえるという考えである。一方、オーストラリア連邦憲法ではまだ先住民を認知していない。まずはこの憲法を改定して先住民を認知することが重要である。それが実現して政府と対等に交渉ができるというものだ。

現在の人口推計によると、アボリジニーの人口は約70万人で全人口の約3％である。毎年約2・3％増えていくと予測されている。社会の底辺でうごめく先住民の現実は厳しい。教育、医療、福祉、生活レベルなどがきわめて低い。逆に犯罪率は極端に高い。西オーストラリアと北部準州を除いて、国内の刑務所、鑑別所に収容されている約17％が先住民で占められているという現状である。先住民の人口が全体の30％を越す北部準州では、その割合が80％を超えている。西オーストラリアでは先住民人口が州全体の5％ほどであるが、刑務所に収監されている先住民の占める割合は全体の43％にもおよんでいる。

健康問題に関しても先住民族の不健康さが目立つ。そのため平均寿命も一般のオーストラリア人と比較して10歳以上短命である。病院に担ぎ込まれる数も一般のオーストラリア人の20倍以上、失業率は4倍近い。成人病、伝染病にかかる割合も数倍と高い。平均収入は非先住民の約60％。アルコール中毒、薬物中毒が蔓延し家庭内暴力、暴行、殺傷事件も多発している。一人当りの住居空間も極端に小さく、60％以上が賃料の安い質の低い借家住まいである。現在、政府は先住民に自由を与え、自決することを促す政策を取っているが、この現実に対する積極的かつ大胆な支援が必要である。

これまでの連邦政府の先住民政策の概要はまとめると次のようになる。

・保護政策　1770年の植民地化以降約150年間は、保護とは名ばかりで実際は先住民の文化、習慣、言語などを葬り去る政策であった。

・同化政策　その後第二次世界大戦までは、先住民をアングロ・サクソン民族の社会に強制的に同化させる政策を長く続けた。

・融合政策　戦後から20世紀後半までは、先住民の文化や慣習などを認め維持しながら社会に融合するための政策を取った。

・自立政策　政府は毎年巨額な予算を計上して、先住民が社会で自立できるようにした。これが21世紀初頭まで続いた。

・自主政策　現在は補助金を抑え、かつ先住民が自主的に活動できるような予算付けをして、先住民の自治組織の確立を誘導している。

現在、政府による先住民の自主・自立政策が推し進めてられている。毎年多額な予算を計上して、先住民とそれ以外の国民とのギャップを縮じめるキャンペーン政策を推進している。これは医療、教育、犯罪、雇用、所得などの分野で大きなハンデを背負っている現状を改善するためのものである。同時に先住民と信頼、協働、会話をもとにパートナーシップを構築し、キーになる6つの分野で達成目標を設定した。その6つの内容とは……

・非先住民との平均寿命の差を一世代で縮める。
・5歳以下の幼児の死亡率を10年以内に非先住民の半分にする。
・5年以内に奥地で居住している4歳児先住民の幼児教育を実施する。

・10年以内に先住民の読み書き数字能力の差を半分にする。
・２０２０年までに高等学校卒資格取得のギャップを半分にする。
・10年以内に就業率のギャップを半減する。

これらの目標に関して２０１５年に経過報告がだされた。それによると、５歳以下の死亡率と読み書き数字能力については順調に実績が上がっているが、その他については改善があまり見られない状況が浮き彫りにされた。毎年３兆円におよぶ予算をつけこのキャンペーンを進めているが、本当に助けが必要である先住民にその恩恵が十分に享受されていないのが現状で、この政策の見直しが叫ばれている。先住民が他のオーストラリア人と同等な社会生活ができるようになってはじめて、真にオーストラリアは偉大なる多民族共生国家として世界に誇れるのである。それと先住民自体が自分たちの将来像をどのように描いていくのか注目したいと思う。

２　進む多民族多文化

２０１６年に実施された国勢調査によると、オーストラリアはより多民族化していることがうかがわれる。その年２００カ国以上から約20万人が新たにオーストラリアに移住している。この結果、人口２５５０人のうち両親が国内生まれの割合が50％まで落ち込み26・3％が海外生まれで、そのうちアジアからの移民が伝統的なヨーロッパからの流入をはじめて超えた。特に、中国、インド、フィリピン、マレーシア、ベトナムからの移民が引き続き増加している。この結果、オーストラリアのアジア化がますます進行する。アジアからの移民は若年層が主体で、オーストラリア全体の高齢化抑制に貢献をしている。さらに調査によると、全人口のうちオーストラリア人に先祖を持つ割合が減少して、５年前の調査の29％から23・5％になった。

自宅で話されている言語の多様化が進んでいる。５年前の調査と比較して家庭で英語のみを話す家庭が76・8％から72・7％に落ち込んでいる。これに対して中国語、ベトナム語やアラビア語が話される割合が増えている。先住民の言葉を含めて全体で300以上の異なった言語が話されている。人口減少がはじまった日本と比べて、オーストラリアでは過去7年、毎年平均で1・6％の伸びを遂げ、このペースで人口が増え続けると、2050年には4000万人になると予測される。2017年における人口増加分の内訳は、自然増が37％で移民が63％となっているので、オーストラリアはますます多民族多文化が進行する。

シドニーの西30キロメートルの郊外に位置する、ワーリック・ファームという人口4500人の小さな自治体がある。住んでいる人の出所を調べて見ると、122の異なった先祖で構成されている。出自は88カ国におよび、多い方から地元オーストラリア、インド、ベトナム、イラク、フィリピン、中国、フィジー、ニュージーランド、ボスニア・ヘルツェゴビナ、レバノンの順である。これらで全体の約80％を占める。ちなみに日本生まれは7人でイギリス生まれは48人である。また46の異なった宗教や宗派で構成されている。このようにオーストラリアの街は多民族のるつぼである。特に東南部の州内ではこの状況が一般的に見られる。街ではさまざまな言語が話され、カンバンにも反

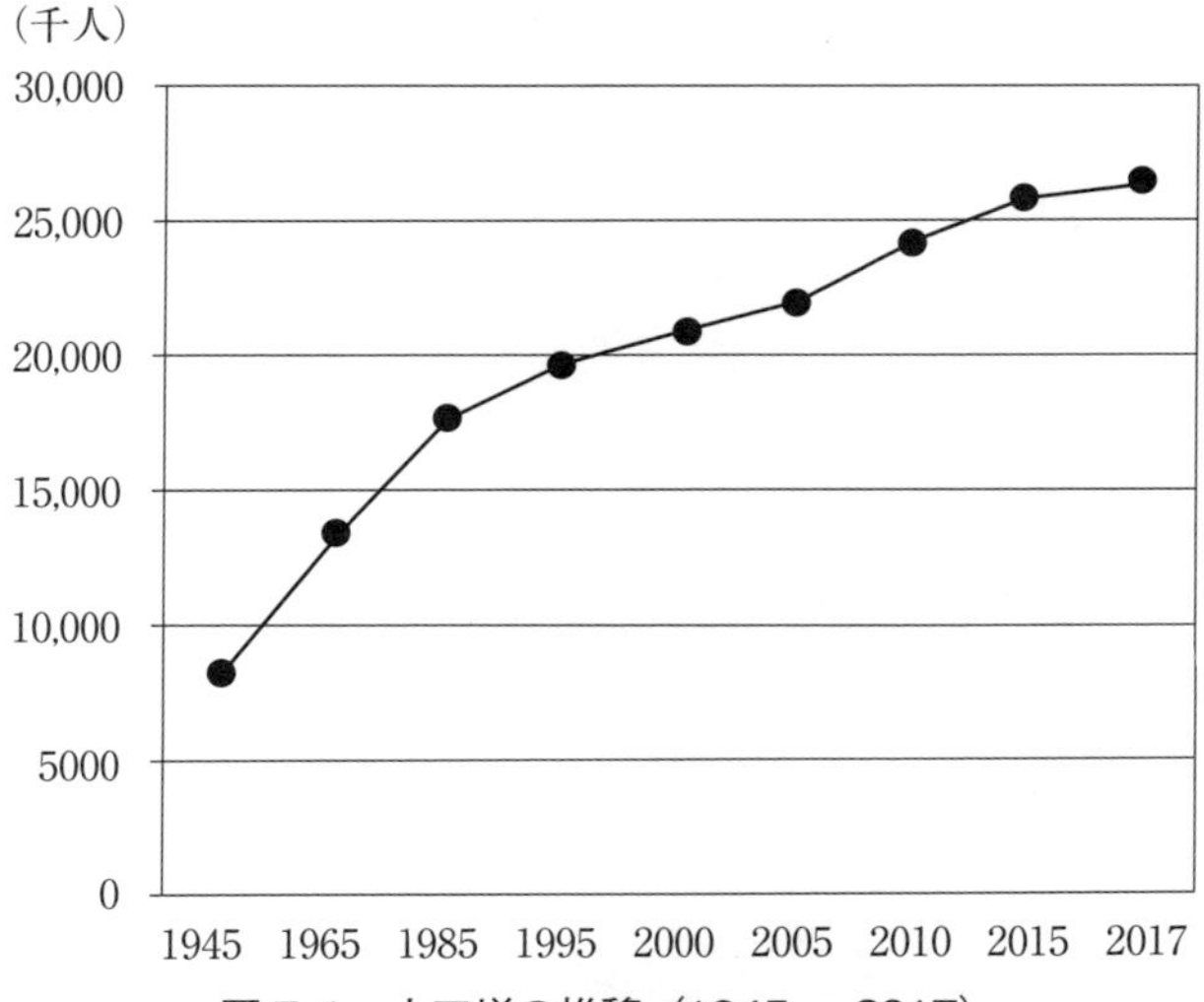

図 7-1　人口増の推移（1945 ～ 2017）

映している。急速に多言語化した社会に対応するため、公の文書には主なる言語が併記されている。前回の国勢調査票には10カ国の言語で説明がなされた。また、選挙では前もって多言語で選挙案内を配布している。公の施設では多言語で案内表示がしてある。図書館の入り口などではアラビア語、中国語、フランス語、イタリア語、ギリシャ語、ヒンズー語などで対応している。

　社会には新たに移住してきた人や言語に不自由をきたしている高齢者に、さまざまな支援を提供する公と民間ボランティアによる全国組織があり、そこにはほとんどの言語で対応できる体制が整っている。また、移住者対象の全般的な公共サービスとして、社会福祉局による通訳サービスが完備している。電話相談は23の言語で対応し、情報サービスは65の言語で発信をし、３０００人の通訳者による２３０言語での対応がその主なものである。多民族国家といわれている国でここまで言語上のサービスが行き届いているところはない。

　ヨーロッパでは各国の首脳が多民族・多文化主義の失敗を認めて、社会が混乱に直面しているが、それに比べるとオーストラリアの状況は世界でも珍しい成功例だといえる。その理由は……

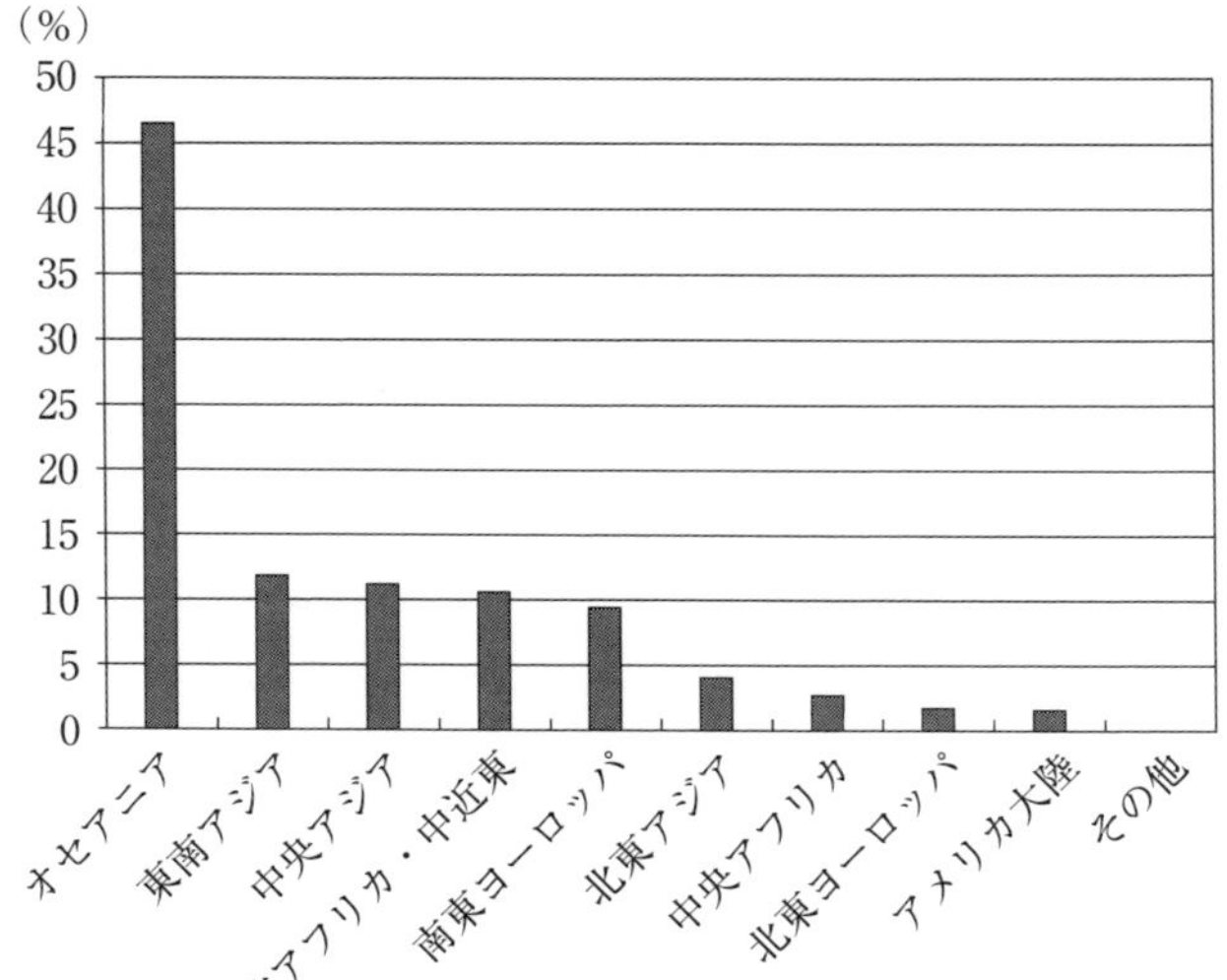

図 7-2　全人口中出生地の割合（%）

先の大戦後、国を守り成長するためには人口増が急務であるという国策に従って、多数の移民を受け入れてきた。1970年初頭まではオーストラリアもほかの多民族国家と同じく、厳しい同化政策を取っていた。よく知られているように白豪主義が根底にあり、オーストラリアのマジョリティーであるアングロ・サクソン民族の文化、価値観、慣習などに同化する移民政策を取っていた。そのために自文化を強制し、他民族に対し差別したり、偏見を持ったりした。

しかしその後人口の増加のためには移民の果たす役割が不可欠で、そのような観点から移民政策を促進させた。また、以前のような未熟連労働者を対象にしていたころより、熟練労働者、ホワイトカラー、技術者に重点を置いた政策に方向転換をした。そしてそれが国の強化と繁栄の一環として位置づけられた。それは新しく移住してきた人たちの出自、宗教、慣習、文化など認める一方で、オーストラリアの社会に融合するための政策を推し進めたことである。つまり、移民が国づくり計画の核として迎え入れられ、社会の強力な一員として活躍する政策を推し進めてきた。オーストラリアの社会での多様化を大いに歓迎し活用している。多様化が一部のものでなく社会全体の財産とみなされている。多様化を容認し祝福する一方、社会の一員としての責任意識をはっきりさせたのである。つまりオーストラリアの法律やルール、それに価値観、男女平等、表現の自由、民主主義などを受け入れることがその条件である。だから早期に市民権を取得して社会の平等な一員としての振る舞い、国づくりに貢献することが期待される。

ヨーロッパ諸国ではこのような国家ビジョンを持つことなく、移民を引き受けかつ自国の文化に同化させる政策を固辞してきた。フランスでは移住民族の文化を認めずフランスの文化に同化することを強要した。例えば、アラビア人の女性が着用するブルカを禁止したのがその一例である。また、ドイツでの移民は一時的なお客さんとして受け入れ、国家強化のための政策の一部ではなかった。それ故、ドイツでの仕事が終了すれば帰国をするというのがこの国の多文化・多民族概念の根底にある。オーストラリアが考えた社会全体の多様化とは異なり、多様化は一部の領域に存在する特殊なものであるという認識である。だから国家・社会参加の前提になる市民権取得についてはオーストラリアのスタンスとは異なる。

オーストラリアの多民族主義を裏付けるための法整備として、1975年に人種差別禁止法が成立した。日本ではまだ人種差別禁止法は制定されていないが、人種、皮膚の色、出自、宗教、性別などを理由とした差別を禁止し、誰もが平等に公正に機会を得ることを保障している。これは法の下の平等からはじまって、施設へのアクセス、居住、商品・サービスの販売、雇用、広告、教育、労働組合への参加にいたるまで広範囲な領域をカバーしている。

例えば、以下のような行為はこの法律に違反することになる。

*勤労者に対して、休憩時間を含み常時英語を話すことを強要すること。
*特定の民族出身者を信用できないとして雇用しないこと。
*ある人種に対して商品の販売やサービスの提供を拒否すること。
*人種によって商品販売やサービスの提供に際して不公平、不利益な扱いをすること。
*不動産屋が特定の人種、民族や皮膚の色に対して賃貸契約を拒否すること。
*求人広告で特定の人種の応募を拒否すること。
*特定の人種、民族、肌の色を理由に解雇したり、不利な労働条件を押し付けること。
*公共、民間の施設への入場、利用を特定の人種、民族、肌の色によって拒否すること。

違反と判断されると懲役3年以下～終身刑が適用される。軽度な違反の場合は懲役の代わりに罰金が科せられる。

移住者に対するこのような法的保護と配慮に関しては、社会のマジョリティーは、移住者への国家予算の使い過ぎ、優遇過剰、不公平など批判の声が強いが、多数の市民が多文化オーストラリアの多様性が社会に溶け込んでおり、多文化・多民族主義の恩恵を評価している。最近の調査でも全体の86％が多文化主義は国にとって役に立つと認め、75％の国民は受け入れ、支持している。

3　人種偏見と差別

多民族国家では、多かれ少なかれ人種偏見、差別問題を抱えているものである。オーストラリアにおいても、入植当時から今日にいたるまで、偏見や差別意識が顕在している。その歴史をたどってみると、ヨーロッパからの入植時、先住民アボリジニーに対するものは明らかであるが、まず入植直後、イギリス人がアイルランド人を差別した。征服者と被征服者の関係である。アイルランドは、17世紀末にイギリスによって征服された。それ以降、アイルランドではしばしばイギリスに対する反乱が起きた。特に18世紀末にはじまった反乱のあと、アイルランドの捕虜が急増し、犯罪者や政治犯とともに大挙して新天地オーストラリアに流された。社会でのマイノリティーは常に人種差別の標的にされる。時代の移り変わりにそのマイノリティーも変化してくる。

最初はアイルランド人、そして、１８００年代中のゴールドラッシュを含め19世紀をとおして、中国人が人種差別の標的になった。特にゴールドラッシュのときには、中国人は寝食を忘れ昼夜を問わず低賃金で働いた。このことが、白人の労働条件の悪化を誘発させるので彼らを迫害したのである。最初は人種差別というよりこのような経済的な理由があった。

またこの時代、内陸部の探検開拓、インフラ整備（鉄道、道路建設、電話線の敷設）、生活物資の運送などが盛んになった。過酷な自然環境のもとで馬は役に立たず、その代わりに働き手を担ったのはラクダである。トーマス・エルダー（筆者が勤めていた会社の創業者の一人）がアフガニスタンから大量にラクダを導入し、大陸の北部と南部との組織だった交通網を確立した。オーストラリア開拓はラクダとともに進展したのである。もちろんラクダ使いが不可欠で、ラクダと同時に多くのアフガン人がこれらの任務を遂行するために連れてこられた。大陸の北部、中央部などの荒野に限定されるが（約３０００人）このアフガン人も人種差別の苦渋をなめた。

20世紀後半になると、地中海沿岸地域から大挙し移住してきたイタリア、ギリシャ人労働者が、マイノリティーとして人種差別の標的になった。まずは戦後経済混乱期にあったイタリアと、人口増、労働力の確保が優先政策のオーストラリアが積極的に移民協定を締結し、渡航費用の負担などを提供してイタリアからの移民を受け入れた。1947年から1975年までに約36万人のイタリア人がシドニー、メルボルン、アデレードなどの都市に移住した。続いて、同じ時期にギリシャからも約26万人の移民を引き受けた。多くのイタリア人は未熟練労働者で道路建設、建築現場、工場などで肉体労働に従事した。ギリシャ人は建設、不動産、食品、ワイン、観光などの分野でオーストラリア経済の成長に寄与した。この人々はニュー・オーストラリアン（新しいオーストラリア人）と呼ばれ社会的な差別を受けた。

1970年前後、中東で激しくなった内戦でアラブ系の移民が増加、特にレバノン人が一番多かった。オーストラリアは、レバノンでの宗教的抗争、内戦の中から生じた避難民や亡命者を積極的に引き受けた。この人たちも人種差別に晒される。そして、混迷を余儀なくされ長く続いたベトナム戦争、そこからの難民（ボートピープル）がオーストラリアに新天地を求めて大挙入国したが、人種偏見の餌食になった。

このように、歴史を通じてイギリス人であること、マジョリティーであることが、他のマイノリティー民族を差別したということである。移住してきた入植者（オーストラリア人）が、アングロ・サクソンの名前でなかったり、また皮膚の色が違ったりすると、マジョリティーのオーストラリア人は「あなたはどこの出身ですか?」と出身地をたずねる。例えば、ギリシャから移民してきたオーストラリア人は「私はメルボルン出身です」と答える。すると、「いやオーストラリアに来る前の出身地ですよ」と再びたずねられる。これは、マジョリティーのアングロ・サクソン民族による人種差別である。筆者が現地で生活しているときにこのような会話をよく聞いたものだ。

そしてこのような意識は、依然多くのアングロ・サクソン民族の心や頭の中に潜在している。また、アングロ・サクソン系でない人間が事件を起こすと、新聞などのメディアでは、記事の中で「イタリア系、アイルランド系、中国系のだれそれが……」という内容になっていた。オーストラリアに入植が認められ移住した人たちは、皆オーストラリア人なのだから出自をだすこと自体が差別になる。当時は、学校などにおいても民族に色分けした席順などが存在した。例えば、1列目はアボリジニー、2列目がイタリア、ギリシャ、3列目がアラブ系、後ろ3列は、アングロ・サクソンの白人の席という具合である。マイノリティーは、常にこのような仕打ちを受けた。

すでに何度も述べたが、遅ればせながら1975年に人種差別禁止法が制定され、人種、文化、肌の色、宗教、出身地を問わず差別をしてはいけないと法律で定められた。これは大きな進展である。しかし法律で決められても実社会の中では依然差別は存在し、意識の中では人種偏見が顕在しているのである。過去30年間を振り返ると労働党政権が主体で、多民族、多文化国家としての教育、啓蒙が積極的に進められてきたことは評価できる。その結果、人種差別は表面的には解消されたようであるが、オーストラリアでの理想的な真の多民族、多文化国家になるための終わりなき実験がまだまだ続くであろう。

2016年に実施されたウエスタン・シドニー大学の調査によると人種差別に関して次のような報告がされている。

＊オーストラリアに住む5人に1人がそしりや嫌がらせなどで人種差別を受けている。
＊異なる文化的言語的背景を持つオーストラリア人の半分が、生涯の内何らかの人種差別を受けている。
＊若者については10人中7人が人種差別を受けている。
＊先住民の間では4人に3人が人種差別を受けている。
＊先住民の半数以上が職場のみならず、学校、大学、店舗、レストランなどでも毎日差別を受けている。公共の乗り物においては60％以上が差別を受けている。

また多文化主義に関しての調査報告によると……

＊国民の半分は多文化主義に積極的である。
＊国民の10人に4人は消極的である。
＊10人に1人は人種差別主義者である。
＊7人に1人は多文化主義に反対である。

＊10人に3人は移民がオーストラリアを強くしていないと思っている。
＊3人に1人は移民の内でオーストラリアの社会に溶け込んでいないと考えている。
＊全国民の39％、先住民の57％は、オーストラリアが人種差別国家だと思っている。
＊しかし多数の人が、先住民の文化はオーストラリアの国民性に重要な役割を果たしていると思っている（先住民の93％、先住民以外のオーストラリア人の77％）。

特に先住民に対する偏見や差別は社会の中で依然強く存在している。そこで先住民に対するステレオタイプとは以下のようなことである……

＊砂漠荒野で生活している。
＊原始的で遊牧生活者。
＊アル中。
＊粗暴である。
＊教育レベルが最低で希望がない。
＊犯罪率が高すぎる。
＊宗教を持たない。
＊怠け者である。
＊問題だらけ。
＊政府からの手厚い過度な保護。

などである。一般国民はこのステレオタイプから抜けきれないでいる。

アメリカで起きたイスラム過激派の9・11のテロ以降、オーストラリアでもイスラム過激派に対する恐怖が募り、そのしわ寄せとしてアラブ人に対する偏見や差別が横行している。彼らは全国平均より3倍も多く人種差別を受けている。国民の30％以上がイスラム系オーストラリア人に否定的な感情を抱いている。また22・４％の国民が中近東出身のオーストラリア人に対しても警戒心を持っている。

世界の多民族国家の中で大きな紛争や暴動がなく比較的スムーズに多民族化が行われてきたが、社会の中には各種調査によって明らかにされたように差別や偏見が強く存在することも事実である。超急速に多民族国家に移行したため、社会の中にひずみが生じているのが伺える。オーストラリアは、21世紀における多民族国家の理想的な姿を追い求め、実験を繰り返している。

オーストラリアの地方自治体では、それぞれの背景、環境に従って望まれる共生社会の構築のためさまざまな施策を実施している。その一例として、ビクトリア州都メルボルンの中心から北に20キロメートルほど離れた、人口約20万人のウイッツルシー市（The City of Whittlesea）の反人種差別戦略の概要を紹介する。

まずはこの市のプロフィールだが、１４０カ国からの移民で構成され１２００人の先住民や８００人ほどの避難民も住んでいる典型的な多民族・多文化都市である。この結果、人口の40％以上が自宅で英語以外の言語を話している。その中でもアラビア語、マケドニア語、ギリシャ語、イタリア語、ベトナム語が主流である。約35％の住民はほとんど英語がわからない。この自治体では、次のような反人種差別戦略の原則を掲げて、それを実際の政策面で実行している（２０１３年～２０１８年）。

・われわれは先住民を認め、尊敬し、先住民の声をよく聴く。
・われわれは人権の尊重を遂行する。
・われわれはすべてのコミュニティー、地域リーダー、学識者とパートナーシップを組んで作業をする。
・われわれは明らかな証拠に基づいて政策を決める。
・われわれは人種差別から生じる負の影響を認識し、理解を深める。
・われわれは人種差別を防ぐために働く。

もちろん人種差別をなくすことは大変重要であるが、同時に差別や不利益を被る文化の異なる人々や先住民を保護、支援することも不可欠である。そのため市ではこの反人種差別政策と並行して、直接関連する先住民との和解促進計画と多文化実行計画とを実施し、相乗効果を目指して大きな成果を上げている。このような取り組みは州政府、地方自治体で積極的に行われている。もちろん教育現場においても反人種差別教育を徹底し、人種差別の問題が生じたときには速やかに対応処理する制度が整備されている。

教育現場での具体的な反人種差別教育は4段階で実施されている。まず多文化について現実を把握させ、オーストラリアがどのような多文化で構成されているか。そして社会や国にどのような影響をおよぼしているかを考えさせる。次に、差別について、今日の社会でどのような差別がどの程度行われているか。偏見、差別、嫌がらせなどについての知識を深め、法律がどのように関与しているかを探求させる。3番目に、人種差別や嫌がらせが人々や社会にどのような影響をおよぼしているか実感し、分析をさせる。最後に、個人としてまた社会の一員として、差別や嫌がらせについてどのようなことに留意し、何ができるかを考えさせる。先生には指導要綱やマニュアルを作成し、授業がスムーズにできるように支援している。

注目すべき点は、日本での教育現場では、一方的に先生が授業を主導し、生徒は先生の話を聞きメモを取るだけの傾向があるが、オーストラリアの現場では授業を主導するのはむしろ生徒の方である。グループに分かれて論議を交わしたり、自分の意見を生徒の前で発表したり、またロールプレイを行ったりして、生徒の自発性、積極性を促す指導になっている。

このような教育の成果は、生徒が…

・多文化のもたらす恩恵を吟味し、異なった文化の価値観について考える。
・人種差別のさまざまな側面を探求する。
・1975年に制定された反人種差別法についての理解を深める。

・差別が個人、家族、友人、一般社会にどのような影響をおよぼしているかを把握する。
・住んでいる社会での多文化を評価し、差別に対処する戦略や計画を考え実行する。

国は3月21日を「和合の日」に指定し、文化の多様性を祝い全国民が参加できる各種行事や活動を実施している。この日は国連の人権差別撤廃の日と重なる。「すべての人が属する」というキャッチ・フレーズで社会の参加、包括、多様性の尊重と敬意をモットーに1999年からスポーツ団体、文化団体、地方自治体、協会、学校、企業を含むさまざまな団体が5万5000件を超すイベントを開催してきた。

写真7-2　和合の日を振興するポスター

また「人種差別　―　私がとめる」キャンペーンを全国的に展開している。企業には文化多様性キットを準備し配布している。事業者に多文化にどのように対処し、多民族で構成されている職場を効率よく経営するためのツールを提供している。他にもさまざまな啓蒙資料を作成、配布したり、青少年やコミュニティー対象のツールを開発し提供している。紙面の関係上ここではそれぞれの活動についての詳細は省略するが、このようにオーストラリアの反人種差別・多文化政策は細部にわたり徹底し実績を上げているが、初めての経験で理想とする多文化謳歌時代にはまだ厳しい道のりである。

4　共生社会へかじ取り

戦後の歴史を振り返ると政府の同化・融和政策もおしなべて成功裏に行われ、移民がオーストラリアの経済発展に多大な寄与をした。国民も大いに多文化の恩恵を享受している。もちろんすべて物事が順調に進んだわけではない。戦後まもなく、南ヨーロッパからの未熟練労働者の急激な移住増加で、犯罪など公共生活に問題が生じたことも事実である。しかし、アメリカなどで起きている問題まで発展しなかった。これは、まさしくオーストラリアの伝統的な価値観、国民性である平等主義、フェアゴー精神、仲間意識（メイトシップ）、寛容の精神が発揮され、移民の同化・融和、そして共存共栄が社会に根付いて成果を上げている証である。

アジアからの移民も1970年代から盛んになり、現在全人口の約10％を占める。日本からの移民も年々徐々にではあるが増え、オーストラリア社会の中で活躍するようになってきている。今後もアジアからの移民は、毎年全移民の40％近くで推移していくと予測される。アフガニスタン、イラン、イラクからの避難民、亡命希望も増えるであろう。また他の地域での内戦や紛争が勃発すれば、世界的に避難民が増える。その中からオーストラリアへの入植希望者も増えるであろう。

現在の予測では2025年までにアジア出身は、オーストラリア全人口の20％近くになるといわれている。しかし、多くは2世、3世の世代で、この世代はオーストラリアで生まれ、肌の色が違っても同じ言葉を話し、西洋文化に抵抗がないので、社会に同化、融和する上であまり問題がないと思われる。

オーストラリア社会に同化・融合し活躍しているアジア人は多い。実業界のみならず、政治、教育、法曹、医療などの分野で活躍している。例を挙げればきりがないほど多い。例えば、政治の世界では、連邦の前労働党内閣の大臣にマレーシア移民の女性が選ばれた。彼女は8歳の時両親に連れられて、マレーシアからオーストラリアに移住した。アデレードの中学、高校で奨学金を受け、アデレード大学では法律を勉強、弁護士になったのちに労働党に参加。現在、南オーストラリア州選出の連邦議会の上院議員である。また州都の中でアデレード、メルボルン、ダーウィンなどの市長に、過去中国からの移民やその末裔が選ばれている。現在の南オーストラリア州総督は、もともとベトナムからの難民である。ひと昔前には決して考えられなかったことである。

元来アジアからの留学生は、オーストラリアでの勉学が終了すると、本国に帰国するのが移民法での決まりであった。しかし、オーストラリアでの生活に魅せられてオーストラリアにとどまり、オーストラリアで生活をしたいという学生があとを絶たず、継続して滞在を許された留学生が多い。そんなアジア人は、オーストラリア社会に同化し、社会の多方面にわたって活躍するようになる。都市の首長や地方自治体の議会議員の中にも中国系の移民が活躍している。このような事実を見ても一般のオーストラリア人の人種差別、偏見は薄れている。多文化主義教育の結果、若年層においては違和感がなくなっている。非ヨーロッパからの移民に関しては、オーストラリア社会に同化し、社会の一員として法律を守り、オーストラリアの価値観を受け入れ、地域の住民と共存すればそれほど反対されないのである。またオーストラリア社会も移民によって発展し、移民が社会に大きく寄与していることを認識している。

全人口の約28％が外国生まれである。この割合はスイスの18％、カナダの17・4％、アメリカの10％と比べて高い。しかし、オーストラリアの社会は大きな混乱もなく、もともと移民によって作られた国であるので、歴史的に宗教の違い、文化や言葉の違いなどに寛容で、今だに人種偏見、差別など根強い問題が露出し、暴動や深刻な社会問題になっているアメリカ社会などとは違い、平和な国である。この観点からしてもオーストラリアはラッキーかつハッピー・カントリーといえる。しかし、世界的なテロの脅威、各地で続く内戦、内紛など、西洋諸国では移民法の強化が叫ばれている中で、オーストラリアでも移民法が強化され、人種偏見、差別と見られる政策が実行される傾向にあるので今後の政策を注視する必要がある。

労働党政権によって１９７５年に人種差別禁止法が施行されて、法律的には罰則ができたが、前節で検証したとおり先祖にアングロ・サクソン系を持つオーストラリア人の心の底に人種差別の小悪魔が存在している。保守政権になるとそれがまた頭をもたげてくる。実際法律を立案する国会議員の内訳を見ても、依然アングロ・サクソン系で占められている。それも90％以上である現状からして多民族国家としての体裁が十分に整っているとはいえない。人口の28％が外国生まれという事実、全人口の10％がアジアからの移民で、半分近くが元来のアングロ・サクソン系以外の民族を背景とした移民で構成されている現状を認識すると、国権の最高機関である国会にアングロ・サクソン系以外の民族代表がもっと多く議員として国政に携わる必要があるように思える。現在連邦議会でのアジア系議員は全議員数の約２％、総人口の3％を占める先住民の議員は1％にも満たないのが現状である。

またマスコミににおいて、テレビやラジオなどに出演するアナウンサーやコメンテイターなどは、まだまだアングロ・サクソン系の人々で占められている。アメリカやイギリスと比較すればよくわかる。政界、メディアに加えて、社会に大きな影響を及ぼす教育、企業、出版、エンタメ、公務員などの分野での指導的立場にいる人たちに、現実の多民族多文化の反映があまり見られない。ここでもアングロ・サクソン系の顔が大きく幅を利かせているのが現状である。非英語圏のオーストラリア人にとって採用や昇進について大きなハンデを背負っている。だから指導的な立場になれない。偏見や差別がまかりとおっている。

オーストラリアの国是である社会的公正、平等という観点からするとまだ道のりがあるように思えるので、このような現実を一つひとつ解決することによって、法の下での平等が実際に実現するのではなかろうか。オーストラリアはこれからも真の多民族・多文化国家に成熟するための実験台としてその役割を果たしていくだろう。

このためにはオーストラリア福祉省の役割が重要で、いかに多民族多文化に対応し、理想的な共生社会を構築していくかその力量にかかっている。「多文化国家　オーストラリア―結束と力強さと成功を」と銘打って、今後の多文化共生社会のさらなる発展のために政府が公式声明をだしている。そして今後の優先課題と戦略的方針が表明されている。その骨子を紹介しておく。

その政府声明文の日本語訳をここで引用する。

我が国の成功した、力強い多文化社会は、すべてのオーストラリア人が誇れるものである。オーストラリアの物語は、はるか昔にオーストラリアのアボリジニおよびトレス海峡諸島民の人々と共に始まり、英国の制度・機関の確立と共に成長し、世界各地からやって来る人々と共に紡ぎ続けられている。

われわれが享受している自由と安全は、偶然の産物ではない。歴代の政権は、我が国固有のアイデンティティーと国民の融和と結束の重要性を強く訴えると同時に、多様性を信じてそれを推進させるという、われわれの社会のあるべき姿を定めてきた。

そしてテロや過激思想の増加に多くの人が不安を募らせているこの時代だからこそ、民主主義やさまざまな機会、そしてわれわれが共有する価値観への、我が国の揺るぎなく確かな決意をあらためて表明すべき最善のときであると言えるだろう。

オーストラリア政府は我が国の安全と、国民の自由の保護に確かな決意をもって取り組んでいる。また、『多文化国家オーストラリア―結束と力強さと成功を』の声明の中では、これまで我が国に成功をもたらし、将来の我が国の繁栄にもつながる価値観が挙げられている。

本声明は文化の多様性を我が国最大の強みのひとつとして認識し、誰もが社会への帰属意識と素晴らしい生活を送る機会を持つことができる未来を築いていくための力を、われわれに与えてくれる要素であると考えている。本声明は我が国の民主主義制度と法の支配の重要性を支持するだけでなく、我が国のアイデンティティーにおける市民権の意義を強調し、同胞である他のオーストラリア人を尊重すると言う、われわれの責任についても明確にしている。

この声明は、われわれが我が国の多文化社会をさらに発展させていくための基礎となるものであり、すべてのオーストラリア人の皆様と共に、自由と繁栄の不断の追求に取り組んでいくことを期待する。

この公式な声明には具体的に以下のことが記されている。

共有する価値観

われわれの価値観は結束をもたらし、社会の連帯感を生み出す。こうした価値観は、誰もが帰属意識を持つような、われわれの社会とわれわれが共有する未来の基礎を築き上げる。われわれの価値観は、つぎに挙げるものに基づいている。

敬意・尊重

われわれは法の支配とオーストラリアへの忠誠を尊重し、これらを確かな決意で守る。

われわれはすべての個人の自由と尊厳に、敬意を持つ。

われわれは我が国の多様性を重んじ、相互尊重と共生、公平性、そして思いやりを信じてこれらを推進させる。

平等

われわれは男女の平等を支持する。

われわれは法のもとの平等を信じる。

われわれはすべての人に対する機会の平等を信じる。

自由

われわれの自由への確かな決意は、欠くことのできない根源的なものである。

われわれは思想・言論・信教・営業・結社の自由を支持する。

われわれは議会制民主主義を確かな決意を持って保護する。

われわれは責任を持って市民としての義務を遂行する。

われわれの価値観を損ない、これを害するような慣行・行動は、それがいかなるものでもオーストラリアでは認めらない。

我が国の経済的な成功、そして文化・信教の自由と多様性は、われわれすべてに恩恵をもたらす。われわれが共有する価値観を守るための確かな決意を維持することは、オーストラリアの人々にとって最善の利益につながる。

共有する権利と責任

われわれは相互尊重と相互責任の重要性を認識する。

我が国の多文化社会としての成功は、安定性と弾力性を備えていて調和のとれた社会を保証している権利と責任のバランスにより実現されており、われわれはその社会において、すべての人に我が国の繁栄に貢献する機会と、その繁栄を享受する機会を与えようと努めている。

我が国の社会は各個人の基本的な権利が冒されることのない、自由民主主義の伝統のもとに築かれた社会である。

市民権は特権であり、新たに市民権を得た人々はオーストラリアの市民権授与式の一環として「オーストラリア国民の民主主義の価値を共有し、その権利と自由を尊重し、オーストラリアの法を遵守してこれに従い、オーストラリアとその国民への忠誠」を表明・宣誓する。

オーストラリア人は、それがオーストラリア国民かどうかにかかわらず、我が国にいるすべての人がオーストラリアの法に従い、我が国の民主主義的なプロセスを支持し、すべての人に敬意と尊厳をもって接することを、正しく当然のこととして望んでいる。

安全が保障されたオーストラリア

オーストラリアの多様性に富み調和のとれた社会を支えているのは、我が国の安全保障である。オーストラリア政府は、すべてのオーストラリア人の安全と安全保障に、最優先事項として取り組んでいる。世界各地で最近発生している一連のテロ攻撃はオーストラリアの地域コミュニティ内に懸念をもたらしており、これは妥当な反応であると言える。政府はこうした脅威への対応として、引き続きテロ対策や厳格な国境管理、そしてより強固な国家安全保障への投資を実施していく。こうした取り組みは、オーストラリア社会が開かれた、共生を支持する自由で安全なものであり続けるよう徹底するのに役立つ。

しかし、われわれはそれらの脅威に直面しつつも、われわれが共有する価値観と、国としての結束を損なったり、それらに関して妥協することはない。政府は、われわれを団結させているものを重視し、互いの差異については相互尊重の姿勢で取り組んでいくことこそが、オーストラリアの地域コミュニティの安全を強化する最善の方法であると確信している。

共有する未来像

オーストラリアは、我が国と民主主義的な制度・価値観を守り続けるというわれわれが共有する確かな決意により、結束されている。われわれは、誰もが受容性や相互理解を推進させること、そしてわれわれの社会が今後も安全で団結していて調和のとれたものであり続けるよう徹底することを、強く望んでいる。

政府はこの声明においても、相互尊重の原則を推奨し、人種的な憎悪や差別についてはそれらをオーストラリア社会とは相容れないものとして非難するという姿勢を維持してる。

この声明は政府のその他の政策やプログラムを補うものであり、以下に例を挙げるそれらの政策やプログラムは、さまざまな地域コミュニティやボランティア活動と共に、われわれの結束に活力と持続可能性をもたらしつつその結束を支えている・・

●「成人移民向け英語プログラム」は、要件を満たしている移民および人道的な移民を対象に、オーストラリアにおける社会活動・経済活動に参加できるようになるよう、基礎英語および定住に必要な生活スキルの学習を支援をしている。

●「政府の多文化アクセスおよび公平性政策」は諸々のプログラムやサービスが、文化・言語的な背景にかかわらず、すべてのオーストラリア人のニーズに応えるものであるよう徹底している。

●市民権取得に向けての過程により、新たに到着した移民の人々が市民社会生活に積極的かつ完全なかたちで参加する機会が与えられている。

●政府はラジオや印刷刊行物、オンライン、そしてテレビなどの媒体での、力強く多様性に富んだ多文化メディアを支持している。

●文化の多様性を推進させる日として1999年に制定された『和合の日』は、今では毎年多くのオーストラリア人により祝福されており、すべての人のための共生と尊重、そして帰属意識のメッセージを発信する機会となっている。

●「オーストラリア多文化審議会」は主要な諮問機関として機能し、政府に対して確固たる助言を独立した立場から提供している。

オーストラリア人は、我が国の調和性と繁栄を当然のものだとおもっているわけではない。われわれは今後も個人として、集団として、そして国・州・自治体という行政のすべての階層において、われわれが共有する価値観と以下に挙げる戦略的方針に従い、共に協力し、より強固で団結・繁栄した地域コミュニティを築き続けて行く。

新たに到着した移民の人々による経済・社会活動への参加の奨励

オーストラリアには、これまで我が国の社会的・経済的な枠組みの構築・発展に貢献してきたさまざまな移民の人々が紡いできた、豊かな歴史がある。この歴史は今日にも引き継がれており、共生を奨励するオーストラリアの多文化社会では、新たに到着した移民の人々が我が国の成功に貢献するための機会が提供されている。

地域コミュニティや学校、非営利団体、宗教・信仰団体や雇用主、そして政府がそれぞれ努力をし、協力することにより、新たな人々がオーストラリア社会に積極的に貢献するための機会が提供されている。オーストラリアに移民する人々には、新たな機会やより良い暮らしを求めているという共通点がある。

その一方で、新たに到着した移民とその家族が経済的・社会的にオーストラリアに溶け込んで行くことも、その移民や家族の将来のために欠かせないことである。新たな居住地とのつながりを実感し、オーストラリア社会の一員となることは、自尊心と帰属意識を生むことにもつながる。

オーストラリア政府は、新しく到着した移民の人々が、オーストラリアでの生活にすみやかに溶け込めるよう支援することを目的とした、移住後の定住のための支援枠組みを設けており、この取り組みはいわゆるベスト・プラクティス（最良慣行）として多方面から評価されている。定住支援プログラムは、移民が自立した生活をして、オーストラリアの地域コミュニティの一員として市民生活に積極的に参加できるようになるための支援を提供している。

新たに到着した移民、特にオーストラリアの難民・人道的移民受け入れプログラムをとおしてやってきた人々の中には、特別な支援の恩恵を受けられる人もいる。こうしたプログラムには、英語学習や、教育・雇用に必要なスキルの習得などが含まれている。政府は人道的な移民の支援、特にオーストラリア到着後最初の5年間の支援を今後も提供して行くという確かな決意をしており、そうした移民の人々がオーストラリアでより良い生活を築き、経済的に自立した社会の一員として完全な貢献を果たせるようになることを目指している。オーストラリア政府は現在、定住サービスを受けた人道的な移民の人々の英語学習や教育・雇用における成果を向上させるべく、同サービスの見直しを進めている。

我が国の多様性と共有する国益の強みを活かして

英語は現在もそして将来的にも我が国の公用語であり続け、移民の人々がオーストラリア社会へと溶け込んでいくのに欠かせないツールである。その一方で、我が国の多言語スキルを備えた労働力は、グローバル化が進む経済環境の中でビジネスの可能性を広げ、オーストラリアの競争力を向上させている。

我が国の文化的な多様性はイノベーションや創造性、そして活力を誘発するものであり、われわれが持つ最も強力な資産のひとつである。我が国の経済は、オーストラリアの多様性豊かな労働力が有するスキルや知識、言語能力、人脈等のネットワーク、そして創造性により、強化されている。我が国の生産性や競争力は、国際的な経済関係につながる機会を見出してそれを獲得する能力により、さらに向上していく。

自らのオーストラリア滞在期間中に我が国の経済や社会に貢献する数多くの短期移民の才能も、そのような我が国の強みのひとつである。移民の多くはオーストラリアに定住して永住するが、母国に帰ったり他の国に移動したりする人もおり、そのようにして形成されていくつながりは、我が国が海外で獲得し得る文化・貿易・経済的な機会をさらに強固なものとしていくことだろう。

政府とビジネス界・産業界がそれぞれ役割を果たして行くことにより、我が国の多様性豊かな労働力がもたらす恩恵が推進され、最大限に活用されている。

調和性と社会的団結力のある地域コミュニティ構築の継続

われわれが共有するオーストラリアの価値観は、我が国の経済的な繁栄だけでなく、社会的団結力のある社会の基礎となるものである。われわれがそれぞれ継承してきた文化的な財産を共有することは、われわれがオーストラリア人でいることの意義を祝福することにもつながり、誰もがわれわれの社会の一員であると実感できるようにしていくことにも役立つ。

国家の結束は、地域コミュニティ内の調和により築かれる。経験・体験を共有していくことでこそ、共有された歴史が紡がれ、共有する未来が形成されていく。

これに対し、人種差別をはじめとする差別は、われわれの社会を損なうもので、われわれは、人種間の憎悪を煽動する者を非難する。

異なる宗教・文化間の対話を定期的に持つことは、地域コミュニティ内の緊張が高まるリスクを軽減するため、そして団結力と調和性を強化するために必要不可欠である。

こうした対話は偏見を減らすだけでなく、文化間の相互理解の促進や、異なる民族・宗教グループ間の関係改善、そして帰属意識と信頼関係の向上にも役立つ。

オーストラリアにいるすべての人、そしてオーストラリアにやってくるすべての人は、その文化的背景や出生地、宗教にかかわらず、お互いに関心を持って相手を理解しようと努める責任を負っており、人種差別や暴力的な過激思想については、いかなるかたちのものであろうと、それを否定する。

以上が２０１７年自由党政権によって発表された公式な政府声明の全容である。

確かに、オーストラリアの多文化主義はヨーロッパ諸国と比べて成功している。その理由はすでに述べたとおりであり、この政府声明がそれを証明している。しかしこの声明文に紹介されている戦略的政策はその必要性があるからである。美辞麗句を長々と並べただけでなくその実現が多文化主義の挑戦なのである。移住者がオーストラリア社会にいかに溶け込み、その確かな一員になるためには、母国から持ち込んだ文化がいかに融合していくか。言葉の問題はその融合の過程でハンデとなる。実際移住者の家族においては英語がわからず社会参画に支障がでている。そのために具体的な言語支援策を講じ実現しているのである。

一方では戦後大挙移住してきた南欧、つまりイタリアやギリシャは日常生活に必要なサービスや物販、教育、介護などを確立しているから英語がわからなくても日常の生活に不自由しない。イタリア語やギリシャ語で日常生活が十分にできる。しかしこれだと、オーストラリアが求めている真の多文化主義には距離がある。社会に融合し社会参加が日常行事として行われ、平等、公正そして社会・国に対して帰属意識が醸成されてはじめて望まれる多文化共生社会の実現が可能になる。

移住者にとってオーストラリアの子供は自由すぎるという印象がある。移住してきた親としては、自分たちの文化を子供の教育について新天地の文化とどのように融合させるのか悩みが大きい。社会的階級意識の強いアジアからの移住者は子供の教育上学歴を重視する。高学歴によって地位と富を得ようという傾向になるが、南欧からの移住者は実利主義で、高等教育、学歴よりも早いうちに手に職を得て自分の家を持ち財を形成し、成功を誇示することを優先させる傾向がある。現実問題として向き合い解決していくかこれからも長い戦いになる。

最近の調査によると、オーストラリア国民の4分の3はこれ以上の人口増を望んでいない。これ以上人口が増えるとインフラ整備（道路、住宅、病院、学校、公共乗り物など）が追い付かないばかりか国民生活の質に大きな影響をおよぼす。その上、オーストラリアの国民性や価値観が失われかねないと懸念する声が強い。人口増が今後も続けば現在世界で一番住みやすいといわれている状況が悪化すると同時に、10年ごとに現在のメルボルンに匹敵する都市（500万人）を新たに作り上げねばならない。それはもはや管理や持続性において可能ではないと指摘する経済学者もいる。

戦後政府の政策で移民を急増させたが、その多くは宗主国のイギリスやヨーロッパからでアングロ・サクソン民族、キリスト教文化が主であった。そのため急激な人口増にもかかわらず国民性や価値観に対する影響がほとんど生じることはなかった。しかし、今日のようにヨーロッパ以外の国からの移民の方が多い状態において、その多文化、多民族のオーストラリア社会に与える影響は計り知れないし初体験のことである。この状況にオーストラリアがいかに直面し、乗り越えていくか世界が注目している。

日本では国際化の認識が深まり、推し進められてから時間が経過するが、多民族・多文化社会に対応するビジョンや政策がまだはっきりと確定していない。日本は労働力不足や、人口減少による国力の維持発展のための移民政策なるものは、まだ政治の世界で考えられていない。しかし好むと好まざるにかかわらず、国境の壁はもっと低くなり人的流動がいっそう進む。加えて、深刻化する少子高齢化、労働力不足で外国人労働者が増加することを鑑みると、日本もどんどん多民族共生国家に進んでいくだろう。日本の真の国際化、日本の将来の国家運営のために、オーストラリアの多文化主義から学び参考にすることが非常に多いことを指摘してこの章を閉じる。

おわりに

われわれの周りでは日常的に異文化と接触し、共存する現実が強くなっている。本書ではその現実を解析し、異文化理解の重要性を喚起した。そして、そのための異文化コミュニケーションの方法論やその役割、問題点などを検証した。その上で、日本にとって過去、現在そして未来にわたり、死活的なパートナーであるオーストラリアに焦点を当ててその文化全般について、日本と比較検証しながら展開した。

西洋諸国の中で、一番日本語が学習されているのがオーストラリアである。小学校から大学にいたるまで日本語を学ぶことができる。中等教育現場では全国2000校以上の学校で35万人以上の生徒が日本語を勉強している。43ある大学ではほとんどに日本語・日本学部・学科が設けられており、日本について勉強・研究が積極的に行われている。この結果、毎年日本についての専門家が多く輩出されている。半世紀以上も前、筆者は東京のオーストラリア大使館にビザを取得するために何度も足を運んだ。当時大使館に勤務していたオーストラリア人で日本語が話せる人はほとんど存在しなかった。横柄な日本人スタッフの姿が今でも思いだされる。それが今日では、大使をはじめほとんどのオーストラリア人の職員が日本語を流暢に話せる。

それに反して、1000以上存在する日本の大学（大学781校、短大339校）では、オーストラリア学を専門学科として教えているところはない。日本ではほんの一握りの大学でオーストラリアについて、例えば、経済学部の労働関連の講義の中でオーストラリアの労働状況、国際経済講義の一部として、オーストラリアの戦後の経済政策などを不定期に講義をしているケースがあるが、オーストラリアについての専科ではない。

21世紀はアジアの時代。赤道をはさんで北と南の両端に位置し、強力かつ親密な関係を発展させ維持しているオーストラリアと日本が、アジア・環太平洋地域での新たな役割をともに構築する時がきている。両国は自由貿易を促進させ、民主主義、個人の自由と尊厳、法の支配を国是とする先進国である。無尽蔵で豊富な資源大国のオーストラリアと技術・貿易立国の日本が、今後この環太平洋地域でどのように協力・協働できるのかを真摯に語り合い、結果をだしていくべきである。

アジア地域では、南シナ海や東シナ海での中国の強引な進出が脅威になっている。最近中国はその経済力に物言わせて、南太平洋にも軍事拠点を構築する計画を進めているといわれている。実際バヌアツ政府との予備協議では中国海軍の艦船がバヌアツに寄港し、燃料などの補給を受けることを可能にする初期協定が議題となっている。この協定が最終的には、必要な機能を完全に備えた軍事基地につながることになるといわれている。バヌアツはオーストラリア北部から約２０００キロメートルに位置する。オーストラリア政府はこの地域での中国による軍事基地建設に強い危機感を募らせている。このような中国の進出を鑑みて、地域の安全保障のために両国の協力関係を進化させることが期待される。両国はすでに安全保障協力に関する宣言をしている。これは、日本にとってアメリカ以外でははじめてである。このように両国は、アジア地域の安全と平和に寄与するための使命、資源、ノウハウを持っている。21世紀は、日豪の進化した協力・協働関係の時代でもある。

日本の国民生活、経済活動、安全保障において日豪関係はますますその重要度を高めることを疑う余地がない。そのためには、日本におけるメディア、政治、教育の現場に加えて、社会全体でオーストラリアについてより踏み込んだ学習、理解を高める努力が必要である。本書がそのために少しでも役に立てばこの上ない喜びである。

参考文献・資料

・『日本語の特質』金田一春彦　日本放送出版協会
・『キリスト教を知る事典』高尾利数　東京堂出版
・『日本人・中国人・韓国人』金文学　白帝社
・『異文化コミュニケーション』改訂版　有斐閣
・『国際ビジネス交渉における日米の時間の概念』山本雄一郎
・『豪州解体新書』田中豊裕　大学教育出版
・『豪州読本　オーストラリアを丸ごと知る』田中豊裕　大学教育出版
・『異文化コミュニケーション　1』三修社
・『異文化コミュニケーション入門』鎌倉健悦　丸善ライブラリー
・『異文化コミュニケーション』原沢伊都夫　明石書店
・『異文化理解』青木保　岩波新書
・『寛容のレシピー』アル・グラスビー　ＮＴＴ出版
・『おバカ大国』オーストラリア　沢木サニー祐二　中公新書
・『外国の学び方』ラピュータ
・『ケースで学ぶ異文化コミュニケーション』久米昭元・長谷川典子 有斐閣
・『変革すべき企業風土と監査風土』柴田秀樹
・『面白くて眠れなくなる社会学』橋爪大三朗
・『異文化コミュニケーション　キーワード』古田　暁　有斐閣双書
・『歴史をかえた誤訳』鳥飼玖美子　新潮社
・『日本語と外国語』鈴木孝夫　岩波書店
・『国際化理解と教育』遠藤克弥　川島書店
・『ボディートーク　世界の身振り事典』デズモンド・モリス　三省堂

・『非言語コミュニケーション』マジョリー・バーガス　新潮選書
・『身振りとしぐさの人類学』野村雅一　中公新書
・『世界の三大宗教』歴史の謎を探る会　河出書房新社
・『しぐさでバレル　男のホンネ、女の本心』オードリー・ネルソン　草思社
・『多文化主義・多言語主義の現在』西川長夫他　人文書院
・『オーストラリア人』ロス　テリル　時事通信社
・『新移民時代』西日本新聞社
・『人は見た目が9割』竹内一郎　新潮社
・山久瀬洋二ブログ
・総務省ホームページ
・厚生労働省ホームページ
・外務省ホームページ
・経済産業省ホームページ
・法務省ホームページ
・日本貿易振興機構（Ｊｅｔｒｏ）
・特定非営利活動法人しごとのみらい
・The Australian Graduate Survey 2015. Graduate Careers Australia.
・Australian government websites
・Department of Social Services
・Australian Apprentice
・Fair Work Commission
・Center Link
・Department of Immigration & citizenship
・Australian charities report 2015
・Wikipedia

・Scanlon Foundation survey 2015
・State Government websites
・Australian Broad Casting（ABC)
・「Communication styles in two cultures: Japan and USA」 by Barnlund, D. C.
・「Racism, Equality and Civil Liberties in a Multicultural Australia」 by Ozdowski
・「Negotiating International Business」 by Lothar Katz.
・「Australia and Japan Beyond the Mainstream」 by Manuel Panagiotopoulos
・「A New Era for Australia-Japan Economic Ties」 by JETRO Sydney

■著者紹介

田中　豊裕（たなか　とよひろ）

1943年京都生まれ
大阪外語大で英語を学び1966年渡豪
アデレード大学、南オーストラリア大学に留学
1967年南オーストラリア豪日協会創設、初代会長に就任
1970年オーストラリア総合商社エルダーズ社に入社
東京支社長補佐、大阪支店長、東京支社営業部長を歴任、
1979年エルダーズ社日本法人社長に就任
1979年～2000年南オーストラリア州政府駐日代表、コミッショナー、南オーストラリア州観光公社日本代表を兼任
半世紀にわたり日豪貿易、経済協力、企業誘致、観光促進、文化交流に貢献

著　書『豪州読本』2011、大学教育出版
『資源争奪戦時代』2012、大学教育出版
『迫りくる食糧危機』2015、大学教育出版
『豪州解体新書』2017、大学教育出版

異文化理解とオーストラリアの多文化主義

2019年9月30日　初版第1刷発行
2022年3月1日　初版第2刷発行

■著　者――田中豊裕
■発行者――佐藤　守
■発行所――株式会社 **大学教育出版**
〒700-0953　岡山市南区西市855-4
電話（086）244-1268　FAX（086）246-0294
■印刷製本――モリモト印刷㈱

ISBN978－4－86692－037－5